*Com sabedoria se constrói a casa,
e com entendimento ela se fortalece.
Pelo conhecimento seus cômodos se enchem
de toda espécie de bens preciosos e desejáveis.*

Provérbios 24.3-4

EXPERIÊNCIA DO LAR

Como tornar sua casa um lugar de amor e paz

Devi Titus
Trina Titus Lozano

Traduzido por SUSANA KLASSEN

THOMAS NELSON
BRASIL

Título original: *Home Experience, Making Your Home a Place of Love and Peace*

Copyright © 2017, por Living Smart Resources
Copyright © 2024, nova edição, por Home Experience CLL

Conceito gráfico: Williams Cavalcante
Fotografias: Bryson A. Lozano, Young B. Kim, Williams Cavalcante, Carsten Frasier
Foto de capa: Carsten Frasier

Todos os direitos desta publicação são reservados por Vida Melhor Editora LTDA.

As citações bíblicas são da *Nova Versão Transformadora* (NVT), usado com permissão da Tyndale House Publishers, Inc., salvo indicação específica.

Os pontos de vista desta obra são de responsabilidade de seus autores, não refletindo necessariamente a posição da Thomas Nelson Brasil, da HarperCollins Christian Publishing ou de sua equipe editorial.

Edição: Bruna Gomes
Revisão: Isabella Schempp e Francine Torres
Adaptação de miolo: Filigrana e Maria Cecília
Adaptação de capa: Beatriz Cardeal

EQUIPE EDITORIAL
Diretor: Samuel Coto
Coordenador: André Logos
Assistente: Lais Chagas

Dados Internacionais de Catalogação na Publicação (CIP)
Aline Graziele Benitez – CRB-1/3129

T321e Titus, Devi
　　1.ed.　Experiência do lar: edição memorial: como tornar sua casa um lugar de amor e paz/ Devi Titus, Trina Titus Lozano; tradução Susana Klassen. – 1.ed. – Rio de Janeiro: Thomas Nelson Brasil, 2023.
　　320 p.; 20,5 x 27,5 cm.

Título original: Home experience: making your home a place of love and peace.
ISBN 978-65-5689-631-1

1.Família – Aspectos religiosos – Cristianismo. 2. Mulheres cristãs – Conduta de vida. 2. Mulheres cristãs – Oração e devoção. 3. Mulheres cristãs – Vida cristã. I. Lozano, Trina Titus. II. Klassen, Susana. III. Título.

08-2023/42　　　CDD 248.843

Todos os direitos reservados a Vida Melhor Editora Ltda.
Rua da Quitanda, 86, sala 218 - Centro
Rio de Janeiro - RJ - CEP 20091-005
Tel.: (21) 3175-1030
www.thomasnelson.com.br

Sobre a autora
Devi Titus

Casada com Larry Titus por quase sessenta anos, Devi foi uma renomada palestrante internacional e autora. Seu grande objetivo era restaurar a dignidade e santidade do lar, trabalhando o conceito que homens e mulheres têm do lar em relação ao coração humano. Uma frase que Devi gostava de usar é: "O lar é onde o coração se forma". As aptidões de comunicação também podem ser observadas em seus livros singulares, cuja mensagem apoia sua missão. As palestras de Devi tocavam os ouvintes, mantinham um padrão elevado e causavam impacto em nações.

É fundadora da revista *Virtue* e recebeu o prêmio Superior Performance Award da Women's Washington Press Association, em 1978. Sua voz, ouvida há muitos anos, agora tem milhões de ecos. Foi membro de conselhos prestigiosos e também CEO da Kingdom Global Ministries, ONG presente em 21 países, inclusive no Brasil. Seu objetivo era conectar pessoas e ajudá-las a desenvolver sua missão de vida.

Devi era mãe de dois filhos, Trina Titus Lozano e dr. Aaron P. Titus. Tinha seis netos e onze bisnetos. Devi e Larry moravam em Dallas/Fort Worth, Texas, EUA.

Devi amava viver, e foi dito a seu respeito: "Conhecer Devi não é apenas um encontro, é uma experiência".

Colaboradora
Trina Titus Lozano

Casada com James Lozano desde 1983, é ministra cristã ordenada e conselheira pastoral. Seu grande objetivo é ver pessoas usarem ao máximo seu potencial, apropriarem-se de sua verdadeira identidade e viverem de forma vitoriosa.

Trina é filha de Devi e Larry Titus e, atualmente, é presidente da fundação Home Experience, iniciada por sua mãe. Elaborou *Wait, the Smart Choice*, um currículo educacional sobre abstinência sexual para escolas públicas e particulares, e ministrou esse curso durante vinte anos. Também atuou como professora adjunta de economia doméstica, ministrando o curso *Experiência do lar* no Christ For the Nations Institute, em Dallas, Texas, EUA.

Trina oferece serviços de aconselhamento pré-matrimonial na organização Twogether in Texas e é certificada pela organização Marriage on the Rock. É autora de *ABC's, Absolute Basic Criteria for Positive-Results Parenting* e gosta de pregar e ensinar ao redor do mundo. É sensível e franca, e sua mensagem se aplica às questões da vida real.

É mãe de quatro filhos adultos, Brooke Sailer, Brandon Lozano, Brittany White e Bryson Lozano e tem onze netos, todos em Dallas/Forthworth, Texas, EUA. Foi dito a respeito de Trina: "Quando ela entra em uma sala, enche-a de alegria. Trina transforma o comum em festa".

Expressões de gratidão de Devi

🏠 **...a meu marido extraordinário, Larry Titus.** Larry demonstra um nível de amor que me faz continuar a crescer. Dá ritmo e equilíbrio à minha vida. É minha plateia e sempre torce por mim quando me aventuro em um novo projeto. Acredita em mim como ninguém mais e sempre me incentiva a correr atrás de meus objetivos. Seu amor estabilizou nossa família.

🏠 **...a minha mãe, Oleta Walker,** uma fonte profunda de sabedoria. A busca prática de meus pais da piedade cristã me mostrou a fé verdadeira em contraste com uma religião pela qual eu não tinha o mínimo interesse. Mamãe cultivava um ambiente de hospitalidade enquanto trabalhava em período integral. Todos eram bem-vindos em nosso lar.

🏠 **...a meus filhos, Trina Titus Lozano e dr. Aaron P. Titus,** o deleite de meu coração. As famílias de Trina e Aaron fizeram a escolha pessoal de dar continuidade a nossa rica tradição familiar, passada de geração em geração: valorizar um lar temente a Deus e manter a família unida a qualquer custo. Ambos amam e servem a outros constantemente em seus respectivos lares, um autêntico valor familiar. A contribuição de Trina para o conteúdo desta nova edição foi inestimável. É uma grande emoção compartilhar esse momento de vida com ela, trabalhando em conjunto para dar esperança a outros.

🏠 **...a minha talentosa equipe.** Sua diligência e seu trabalho incrível contribuíram para que aterrissássemos este avião. Williams, Barbara, Peggy, Felipe, Jennifer e Trina. Sou muito abençoada de tê-los em minha vida. Sua excelência aprimorou este projeto. Amo-os de todo o coração e sou grata por seu talento.

🏠 **...a uma mulher incrível e serva fiel, Marilyn Weiher.** Marilyn e seu marido, Mike, passaram incontáveis horas ajudando a preparar a primeira edição deste livro. Sou eternamente grata por seu investimento neste sonho.

🏠 **...às muitas centenas de mulheres de meu público.** Sem vocês, eu não teria motivo para me levantar a cada manhã. Sou abençoada por seu entusiasmo em realizar todo o seu potencial. Vocês são minhas amigas nas redes sociais, curtem minhas páginas, compram meus livros e assistem a minhas mensagens no YouTube. Quem sabe algumas de minhas palavras venham a elevar sua qualidade de vida. Acredito em vocês e sei que amarão as pessoas como Deus as ama.

🏠 **...a você que escolheu ler este livro.** Independentemente do motivo que a levou a tomar a decisão de ler este livro, creio que encontrará aqui algo que abrirá seu coração para liberar plenamente seu poder feminino de contribuir para sua família de formas relevantes. Não tenha medo. Acolha cada verdade com espírito aberto e desfrute sua nova jornada. Você pode fazer diferença.

Introdução
Meu sonho se realizou

Todas nós gostamos de algo novo, e estou apaixonada por esta nova edição de *Experiência do lar*. Ela traz um novo *design*, novas cores, novas fotos e conteúdo expandido para uma nova geração.

A primeira edição de *Experiência do lar* foi publicada há dez anos. Princípios bíblicos são perenes, mas a forma como os apresentamos muda. Naquela época, eu não fazia ideia de que os conceitos de *Experiência do lar* iniciariam uma revolução de mentoria relacional que se propagaria por várias nações e alcançaria milhões de famílias.

Nesta edição, tenho a grande alegria de lhes apresentar minha filha, Trina Titus Lozano, colaboradora deste material atualizado. Trina me ajudou a produzir novo conteúdo para vários capítulos deste livro e é minha parceira no trabalho de mentoria. Seus anos de fidelidade no casamento, excelência na educação dos filhos e serviço abnegado lhe conferiram uma rica sabedoria, que você amará e lhe servirá de exemplo. Nossa família escolhe viver de modo a transmitir as bênçãos que Deus vem nos concedendo a cada geração.

Trina é casada com James Lozano há 34 anos, é mãe de quatro filhos e, até o momento, avó de onze netos. É uma palestrante dinâmica e conselheira pastoral pronta a ajudar pessoas a alcançarem vitória nos desafios extremamente difíceis. Trina também é instrutora dos cursos intensivos Experiência do Lar Titus. Juntas, passamos quatro dias em minha casa com oito mulheres, demonstrando-lhes amor e treinando-as em princípios domésticos bíblicos e em aptidões práticas de administração do lar, usando este livro como guia. Realizamos esse trabalho dez meses por ano. Trina ama as pessoas e acredita nelas. Seu conhecimento e sua sabedoria, combinados com sua experiência de vida e personalidade contagiante, deixam uma marca inesquecível na vida delas. Sou profundamente grata pela oportunidade de compartilharmos este momento de vida em que trabalhamos juntas.

Agora, permita-me contar minha história. Este não é apenas um livro que resolvi escrever. É resultado de um processo de gestação que ocorreu em minha vida muitos anos atrás. É a história de nascimento, morte e ressurreição de um sonho.

MINHA HISTÓRIA

Meu marido Larry e eu havíamos completado quarenta anos de ministério pastoral em tempo integral quando resolvemos mudar o foco de nossa vida e deixar a liderança da igreja local. Embora na época eu tivesse um ministério gratificante, dando palestras por todo país para muitas centenas de mulheres por ano, essa decisão me assustou. Depois de pastorear com sucesso quatro igrejas junto com meu marido, não conseguia imaginar como poderia mentorear mulheres sem ter como base uma congregação local, meu primeiro amor.

Durante mais de quarenta anos de casamento e ministério pastoral, também cuidamos de dezenas de jovens que moraram em nossa casa em algum momento, e hoje muitos deles se dedicam ao ministério em tempo integral. Além disso, hospedávamos famílias e casais com frequência. Embora meu papel principal fosse de apoiar meu marido e, com muita alegria, educar nossos dois filhos incríveis, nosso lar era um espaço aberto para a mentoria relacional; investíamos em pessoas. Mentorear era algo que acontecia naturalmente. Esse trabalho ganhou forma impressa em 1978, quando lancei *Virtue*, a primeira revista cristã inteiramente em cores voltada para o público feminino e que promovia valores bíblicos para as leitoras no auge do feminismo da década de 1970.

Sempre tive esperança de abrir um centro de desenvolvimento para treinar mulheres na administração criativa do lar e em aptidões relacionais básicas, tão necessárias em nossa sociedade em constante mudança. Ao longo dos anos, eu procurava de tempos em tempos um lugar para realizar meu sonho. Costumava perguntar ao Senhor: "É aqui? É agora?", mas ouvia apenas o silêncio como resposta.

A CONCEPÇÃO DE MEU SONHO

Meu marido estava entrando em uma nova fase de vida, preparando-se para deixar a liderança da igreja local e concentrar-se no ministério às nações. Enquanto essa nova fase ganhava forma, e à medida que dávamos os passos necessários para encerrar o trabalho pastoral, comecei a pensar cada vez mais em mentorear pessoas em casa. Então, três meses antes de deixarmos o pastorado em Youngstown, Ohio, Larry foi internado com um problema cardíaco genético, e uma cirurgia cardiovascular foi marcada para agosto de 2001. Encontrava-me mais uma vez diante da incerteza.

Nessa mesma época, foi colocada à venda uma residência histórica, de 1915, que ficava do outro lado de nossa rua. Larry a visitou enquanto eu estava fora dando palestras e me telefonou logo em seguida. Todo empolgado, disse-me que, com certeza, eu ia querer vender nossa casa e comprar essa residência histórica, duas vezes maior que a nossa. Surpreendentemente, não me encantou a ideia de morar em uma casa antiga com 750 m².

Embora eu não quisesse morar na "mansão", certo dia, quando voltava do hospital, vi alguém na entrada da garagem daquela residência magnífica, olhando para ela. Dentro de meu carro, deixei escapar: "Saia da minha entrada!".

Tempos depois, ainda preocupada com a saúde de Larry, terminei uma oração dizendo: "A propósito, Senhor, por que não quero morar naquela casa, mas também não quero que ninguém a compre?". De modo bastante claro, o Senhor respondeu: "Vinte anos atrás, eu lhe dei o sonho de mentorear mulheres na administração criativa do lar e em aptidões relacionais básicas. Aquela não é sua casa. É seu sonho realizado. É sua 'Mansão Mentorial'".

EXPANSÃO DO SONHO — O ULTRASSOM

Começou nossa busca por uma forma de comprar essa mansão histórica. Embora Larry e eu estivéssemos inteiramente de acordo, deparamos com obstáculos tremendos quando iniciamos o processo de adquirir essa casa sem vender a nossa. Perseveramos na oração enquanto eu ouvia a voz do Espírito dizer repetidamente: "Continue a pedir, continue a bater, continue a buscar". Algumas portas se fechavam, e outras se abriam apenas o suficiente para manter viva nossa visão.

Durante esse período, Deus começou a derramar revelação em meu coração para o conceito da Mansão Mentorial. Não conseguia dormir. Não conseguia comer. Não conseguia nem mesmo fazer compras! Entendi o propósito desse projeto, como uma força convergente; o plano ficou absolutamente claro. Seria um centro em que a mentalidade das mulheres, invadida pelo feminismo, seria restaurada ao prumo da verdade bíblica por meio de cursos intensivos de quatro dias de Experiência do Lar. Eu seria como uma mãe para as participantes e comecei a formar a equipe necessária.

Convidei Marilyn Weiher, profissional da área de educação em nossa cidade, a se tornar minha parceira de ensino. Marilyn, e inúmeras voluntárias, colaboraram comigo durante muitos anos. Marilyn elaborou o curso que ministraríamos, e eu complementei o primeiro material que se tornou o Manual de Mentoria Doméstica, apresentado em um fichário. Ainda não tinha condições de comprar a residência histórica. Sabia, porém, que os recursos estavam em algum lugar. Só precisava encontrá-los.

As palavras de Mateus 7.7, "Peçam, e receberão. Procurem, e encontrarão. Batam, e a porta lhes será aberta", pulsavam em meu espírito dia e noite, e, na mesma proporção da resistência, a forte promessa ressoava: continue a pedir. Continue a procurar. Continue a bater. Durante meses, essa diretiva foi minha única fonte de esperança.

Resolvemos vender um terreno da família e, em janeiro de 2002, finalmente demos o passo de fé e fizemos a oferta oficial de compra da mansão histórica, mas com um valor bem inferior àquele que o proprietário havia pedido inicialmente. Fui ainda mais longe e pedi que ele doasse todos os belos móveis e antiguidades da casa. Para nosso espanto, a resposta foi "sim!".

DORES DE PARTO

Não há parto sem dor. O momento de maior risco para o bebê é pouco antes de ele nascer, quando a cabeça começa a aparecer. Quando empurramos com dor, vem o foco, e mais um empurrão traz vida. A dor é indescritível, mas até que a mãe ouça o choro de seu bebê nada mais importa. Foi o que aconteceu ao dar à luz meu sonho.

Por um milagre, o proprietário aceitou nossa oferta de compra da mansão, mas ela dependia da venda do terreno de minha família. Conseguimos um comprador para o terreno, e o processo se acelerou. Embora ainda não houvéssemos fechado oficialmente a venda, o gerente do banco nos garantiu que daria um empréstimo ao comprador de nosso terreno.

Com base nesses fatos, pela fé imprimimos panfletos e lançamos a campanha de divulgação da Mansão Mentorial em tempo de promover esse novo ministério nacional para mulheres em um grande congresso denominacional com milhares de participantes.

No dia antes de eu pegar o voo para esse evento, cheia de empolgação com o lançamento da Mansão Mentorial, recebi uma ligação de minha filha, que morava na Pensilvânia. O marido dela havia pedido divórcio. Senti como se meu coração tivesse se rasgado. Diante da dor profunda de minha filha, a incredulidade me deixou entorpecida. Ele era nosso genro querido. O que o havia levado a tomar essa decisão? Tinha tantas perguntas não respondidas. Queria pegar o próximo voo para ir ao encontro de Trina e seus quatro filhos, envolvê-la em um abraço e chorar com ela. Sentia-me presa e dividida. Havia assumido o compromisso de falar em um congresso em Las Vegas e de apresentar o projeto da Mansão Mentorial no Colorado. Trina me incentivou a manter os compromissos e visitá-la em seguida.

Dois dias depois, enquanto estava em Las Vegas, recebi outra ligação, desta vez da Califórnia. Meu pai me informou que tinha havido uma complicação em uma cirurgia de rotina à qual minha mãe tinha sido submetida e que sua vida corria perigo. Ele insistiu que eu continuasse com minha programação e prometeu manter-me informada caso eu precisasse ir vê-los. Queria estar com minha filha na Pensilvânia e com minha mãe na Califórnia. Sob o peso dessas tribulações, fui para o Colorado. Enquanto aprontava o estande da Mansão Mentorial, fingindo entusiasmo ao colar nos participantes do congresso adesivos dourados com o nome do projeto, meu celular tocou. Era o gerente do banco dizendo que havia suspendido a aprovação de empréstimo para o comprador do terreno. Isso significava que não tínhamos mais como fechar negócio com o proprietário da mansão.

Era como se meu mundo tivesse desabado. Estava promovendo algo que não existia. Minha integridade, meu marido, minha filha e minha mãe estavam todos em crise. Cheia de dor emocional e desespero, ouvi o Espírito me dizer mansamente: "Continue a pedir. Continue a bater. Continue a procurar".

O NASCIMENTO

Os três meses seguintes foram os mais horríveis de minha vida. Minha fé, do tamanho de um grão de mostarda, resultou em meses de trabalho árduo, dia e noite, em meio à crise de minha filha, à enfermidade séria de minha mãe e à saúde fragilizada de meu marido. Também estava debaixo de pressão para fechar a compra da mansão em tempo de cumprir os compromissos que havia assumido publicamente. Viajei várias vezes entre Ohio e Califórnia para ver minha mãe. Fiz a viagem de cinco horas de carro até minha filha na Pensilvânia. Enquanto estava em casa, cuidei de meu marido, cujo estado de saúde era instável, e comecei a trabalhar na mansão.

Parece loucura, mas creio que realizar trabalho braçal pesado foi meu mecanismo para lidar com os desafios que estava enfrentando. Com a permissão do proprietário, comecei a reformar a parte externa da mansão, como se tudo estivesse correndo conforme programado. No topo de uma escada alta, raspava a tinta velha e descascada ao redor de algumas das 93 janelas, enquanto orava: "Não ficarei amargurada nem ressentida se não conseguir comprar esta casa. Farei este trabalho por amor, para os próximos donos. Mas, por favor, ó Deus, concede-nos um milagre para que consigamos comprá-la. Por favor, Senhor, providencia para que nosso terreno seja vendido".

O mês de agosto se aproximava rapidamente, e as mulheres começaram a se inscrever para nosso primeiro curso intensivo Experiência do Lar. Caí na real. Ainda não tínhamos dinheiro para comprar a mansão. Em forte desespero, acordei certa manhã às 5 horas, sem querer que o dia clareasse, sabendo que teria de tomar a decisão de não comprar a mansão. Todas as portas pareciam fechadas. Chorei. Orei. E, então, ouvi uma voz interior dizer: "Primeiro Livro de Crônicas".

Abri a Bíblia em 1Crônicas 28.20-21: "Seja forte e corajoso e faça o trabalho. Não tenha medo nem desanime, pois o Senhor Deus, meu Deus, está com você. Ele não o deixará nem o abandonará durante toda a construção do templo do Senhor [...] Outros, com todo tipo de habilidade, se oferecerão para ajudar".

Essa passagem foi tão específica que me deu esperança para prosseguir pela fé enquanto tentávamos vender o terreno e preparar o exterior da casa para a inauguração em 1º de agosto.

Apenas dez dias antes da inauguração, recebemos a resposta: o terreno foi vendido e pudemos pegar as chaves da mansão! Quarenta trabalhadores habilidosos de nossa região, e mais alguns de outras partes do país, vieram nos ajudar. Todos trabalharam juntos para reformar a casa por dentro e por fora e prepará-la para receber nossas primeiras hóspedes.

Em 2 de agosto de 2002, Marilyn e eu realizamos o primeiro curso intensivo Experiência do Lar, conforme programado. Foi como o choro de um bebê para sua mãe.

Minha mãe, hoje com 94 anos, está bem de saúde. O casamento de minha filha foi restaurado. Ela e o marido compartilham a bênção de onze netos até o momento. Meu marido viaja pelo mundo, pregando o evangelho. Sua saúde está perfeita. Mais de 1.200 mulheres se hospedaram em nossa casa para quatro dias de mentoria. O bebê recebeu o nome de Mansão Mentorial.

OUTRO SONHO REALIZADO

Em 2007, o fichário se transformou no livro *Experiência do lar*, uma obra de referência com 275 páginas repletas de fotos coloridas e um guia de mentoria. Agora, passados mais de dez anos, a procura pelo livro se espalhou para muitos países, em muitas línguas. O resultado é esta nova versão de *Experiência do lar: Como tornar sua casa um lugar de amor e paz*.

Vendemos a primeira mansão e nos mudamos para o Texas. Hoje, Larry e eu temos uma linda residência com cinco suítes chamada Casa Titus. Nosso lar não é uma mansão, e já não usamos o nome Mansão Mentorial. Agora, nossa filha Trina e eu realizamos a Experiência do Lar Titus em minha casa.

A restauração da dignidade e da santidade do lar é uma realidade. De acordo com uma pesquisa de 2015, houve uma redução no número de divórcios nos EUA.

Hoje, inúmeras mulheres estão transformando seu lar em refúgio de paz e santuário de amor. Quando as participantes do curso voltam para casa, muitas delas se tornam coordenadoras da Experiência de Mentoria no Lar, em que ensinam a um pequeno grupo de amigas os princípios que aprenderam no curso intensivo Experiência do Lar Titus e no livro *Experiência do lar*. Essa revolução reveladora continua a se espalhar para vários países.

O mundo mudou, mas a necessidade de relacionamentos mais profundos e significativos jamais mudará. Sou grata pela tecnologia. *Smarthphones* nos ajudam a manter contato com pessoas que estão longe. Lembre-se, porém, de que também podem nos desconectar daqueles que estão perto. Sejamos atentas e não permitamos que isso aconteça.

Sua experiência do lar é aquilo que você constrói. Vamos nos propor a tornar essa experiência maravilhosa para todos, incluindo você. Deixe seu livro novo sempre à mão e consulte-o com frequência. Assimile cuidadosamente as verdades que ele traz. Deixe que se sedimentem e permeiem seu ser. Trata-se de um livro profundo, prático e aplicável. É meu presente de vida e de amor para você.

Seja inspirada. Seja capacitada. Seja encorajada. Experimente amor. Experimente paz. Nunca é tarde demais para se aprimorar.

Amo você, minha amiga maravilhosa.

Devi Titus

Tito 2.3-5

UM INIMAGINÁVEL PERÍODO DE QUATRO ANOS...

Em setembro de 2018, minha mãe recebeu o diagnóstico de câncer de endométrio e passou por uma cirurgia de emergência. Nesse período, continuamos a realizar os cursos intensivos do ministério Experiência do Lar, e mamãe ia fazer o tratamento enquanto eu lecionava. Foi um desafio que enfrentamos com coragem e, juntas, fizemos dar certo.

Em março de 2020, o mundo fechou em razão da Covid-19 e nós tivemos de interromper os cursos do Experiência do Lar. Deus tinha um plano. Meus pais venderam sua casa e se mudaram para um lugar menor, mais adequado para essa fase da vida. O Experiência do Lar teve continuidade por Zoom, cursos online, redes sociais e YouTube.

Famílias foram obrigadas a ficar em casa, e os princípios deste livro viralizaram e começaram a ser implementados em grande escala em vários países. Estava em andamento uma revolução de revelação nos lares! Esse foi um período sem igual no mundo. Mamãe e eu ouvimos depoimentos de milhares de pessoas sobre a fidelidade do Deus que foi ao encontro delas em seu lar e a sua mesa. Ele havia ordenado soberanamente um tempo para que as famílias ficassem juntas em casa.

Ao longo dos anos seguintes, um sonho se realizou com o lançamento da versão em espanhol do livro *Experiência do Lar*. Quero aproveitar essa oportunidade para agradecer a todos que se comprometeram e trabalharam com excelência e dedicação para a realização deste sonho para a expansão deste ministério para a língua espanhola. Agradeço, também, a toda a equipe de trabalho, todos foram incríveis ao se adaptar a cada desafio e nos ajudar a "transmitir os princípios", apesar das dificuldades enfrentadas.

Para este novo tempo que começamos, temos uma nova voz para representar a língua portuguesa. Obrigada, Bruna Duarte, por ser nossa voz para o Brasil, Portugal e Europa. A todos vocês, nossa família lhes dá imenso valor e somos gratos pela sua contribuição.

O tempo passou e o mundo começou a reabrir. Embora a saúde de mamãe estivesse em rápido declínio, alguns meses antes de falecer ela continuava a trabalhar e fez sua última viagem internacional com papai, a fim de ensinar às pessoas da Colômbia os princípios bíblicos deste livro. Ela voltou e pregou seu último sermão sobre o Princípio da Mesa em Oxnard, Califórnia.

A última refeição de mamãe em uma mesa belamente posta foi em sua casa, com nossa família, no dia de Natal, em 2022. Jesus estava presente ali. Sabíamos que seria nosso último Natal juntos, mas não percebemos que seria nossa última refeição à mesa. Também nesse caso, Deus tinha um plano, e foi perfeito. Mamãe deu seu último suspiro e entrou serenamente na presença do Senhor três dias depois, em casa. Tinha vencido a corrida.

Seu trabalho aqui na terra está concluído. Agora e por toda a eternidade ela está em seu lar celestial com Jesus. Eu a imagino ajudando Jesus a arrumar a mesa, preparando-a para que todos nós participemos do banquete de casamento do Cordeiro.

Este livro é, sem dúvida alguma, o presente de amor e vida de mamãe para nós. É seu legado. Em sua vida e, agora, também em sua morte. Inspire-se. Capacite-se. Encha-se de ânimo. Experimente amor. Experimente paz. Não sabemos o que o amanhã trará para nós. Não sabemos quanto tempo ainda temos. Mamãe, em suas palavras finais para a família, nos desafiou a "tornar cada dia especial".

Façamos isso!

Você é incrível. Eu a amo também!

Trina Titus Lozano

O Lar: um lugar de amor

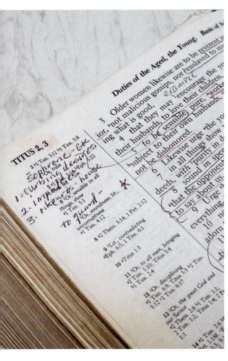

PRINCÍPIOS ESSENCIAIS

01	A dignidade e a santidade do lar	06
02	O Princípio da Mesa	26
03	O Princípio do Também	42
04	O Princípio de Usar O Que Você Tem	58

APTIDÕES RELACIONAIS BÁSICAS

05	O Princípio da Honra	70
06	Relacionamentos entre pais e filhos	88
07	Dinâmicas de personalidade	100
08	Resolução de conflitos familiares	118

O Lar: um lugar de paz

ORDEM NO LAR
- **09** Administração de prioridades — um valor de ordem 132
- **10** Organização da casa — um valor de paz 146
- **11** Limpeza — um valor de gratidão 160

ESTILO DE VIDA NO LAR
- **12** Hospitalidade — um valor de serviço 174
- **13** Etiqueta — um valor de gentileza 186
- **14** Decoração — um valor de beleza 196
- **15** Culinária — um valor de consideração 206
  Arquivo de receitas da Devi

Guia da Mentora

PARTICIPE DA REVOLUÇÃO
- **16** A revolução da mentoria no lar 246
- **17** Transmita os princípios 254
- **18** O que é uma mentora? 260

TORNE-SE UMA MENTORA
- **19** Como mentorear 266
- **20** Como organizar uma Experiência de Mentoria no Lar 272
- **21** Programa do curso Experiência de Mentoria no Lar 278

Recursos adicionais 305

O LAR

um lugar

PRINCÍPIOS ESSENCIAIS

01 *A dignidade e a santidade do lar*
02 *O Princípio da Mesa*
03 *O Princípio do Também*
04 *O Princípio de Usar O Que Você Tem*

de Amor

APTIDÕES RELACIONAIS BÁSICAS

05 O Princípio da Honra
06 Relacionamentos entre pais e filhos
07 Dinâmicas de personalidade
08 Resolução de conflitos familiares

TITUS 2, 3

3 a1 Tim. 3:11 b1 Tim. 3:8
1Or, train

Sōphrone – Gk
1. curbing desires
2. impulses

5 a1 Tim. 5:14 b Eph. 5:22
1Tim. 6:1

3. oikourgos – house

to guard – ✱

6 1Or, sensible in all
things; show
a1 Tim. 5:1

1Or, soundness; lit.,
uncorruptness
a1 Tim. 4:12

8 a2 Thess. 3:14; 1 Pet. 2:12

9 1Lit. contradicting
aEph. 6:5; 1 Tim. 6:1

10 aTitus 1:3

11 1Or, to all men, bringing
a2 Tim. 1:10; Titus 3:4
b1 Tim. 2:4

12 1Or, disciplining
a1 Tim. 6:9; Titus 3:3
b3:12 c1 Tim. 6:17

13 1Or, the great

Duties of the Age[d]

ior, anot malicious gossi
ing what is good,
4 that they ma
their husbands, to
5 to be ser
bsubject to the
not be dishon

6 Like
7 in
deeds, w
8
athat
to

01

A DIGNIDADE E A SANTIDADE DO LAR

Com sabedoria se constrói a casa, e com entendimento ela se fortalece. Pelo conhecimento seus cômodos se enchem de toda espécie de bens preciosos e desejáveis.

Provérbios 24.3-4

O LAR É ONDE O CORAÇÃO SE FORMA

A primeira instituição que Deus criou foi a família. No primeiro lar, o jardim do Éden, ele estabeleceu a ordem divina para a vida em família, no ambiente dela. Deu instruções específicas aos primeiros administradores do lar, Adão e Eva, para que fossem obedientes e férteis, se multiplicassem e exercessem domínio sobre seu ambiente. Deus organizou a família e definiu autoridade e propósito antes de dar a Lei e antes de enviar seu Filho à cruz. Ao criar para Adão e Eva um lugar de habitação caracterizado por segurança, fartura e realização, definiu uma verdade simples: o ambiente de moradia, o lar, seria o lugar de formação do coração humano. O modo como o coração é formado determina se a pessoa prospera ou fracassa.

De Cântico dos Cânticos de Salomão a Apocalipse, a igreja é chamada "noiva de Cristo". Essa expressão simboliza a preeminência da família no coração de Deus. Uma vez que Deus escolheu o relacionamento conjugal para retratar nosso relacionamento com ele, fica evidente que dá grande valor e honra ao relacionamento entre marido e esposa. Ao longo das Escrituras, vemos que Deus conferiu dignidade e santidade ao lugar em que o homem e a mulher vivem juntos: o lar.

O QUE É "DIGNIDADE E SANTIDADE" DO LAR?

DIGNIDADE

A dignidade do lar consiste em que os que nele habitam enxerguem e experimentem seu valor. O dicionário define dignidade como "qualidade moral que infunde respeito; consciência do próprio valor; honra, autoridade, nobreza".

Elevar o valor do lar tendo como foco as pessoas que o compõem resulta em uma combinação de esforços para valorizar o tipo de lar e suas características. Um lar que tem dignidade define padrões de ordem e criatividade com características piedosas de amor, paz, honestidade e lealdade.

SANTIDADE

A santidade do lar é sua pureza de coração e de propósito, sua integridade e santidade em tom e disposição. O lar é um dueto de devoção e valorização: devoção a Deus combinada com a valorização uns dos outros. O lar deve ser um santuário onde a alma humana é recarregada, renovada, revigorada e restaurada.

Leia o que outras autoras disseram a respeito do valor e da integridade do lar para o coração.

O LAR É ONDE O CORAÇÃO SE FORMA

> "Não precisa ser perfeito para ser belo."[i]
> MYQUILLYN SMITH

> "O lar é onde residem as afeições."[ii]
> ALEXANDRA STODDARD

> "Cuidar bem do lar é uma aptidão. E a boa notícia para nós é que aptidões podem ser aprendidas."[iii]
> BROOKE SAILER

> "Quando você cuida da casa, usa a cabeça, o coração e as mãos para criar um lar: o lugar em que você vivencia as partes mais importantes de sua vida pessoal."[iv]
> CHERYL MENDLESON

O lar deveria ser nosso bem mais precioso. No entanto, um número cada vez maior de mulheres tem dedicado a maior parte de seu tempo e de sua energia a atividades fora dele. Infelizmente, o desejo intenso por mais formação acadêmica, por desenvolver uma carreira e contribuir para a provisão da família tem solapado os valores, as prioridades e os interesses

A DIGNIDADE E A SANTIDADE DO LAR

do lar. Realização profissional e até mesmo necessidade financeira não mudam o fato de que Deus designou as mulheres para serem as principais influenciadoras do lar. Embora as mulheres desempenhem um papel ativo no mercado de trabalho, Deus lhes deu o domínio sobre o lar. Ele é nossa responsabilidade e nossa área de atuação.

O CORAÇÃO FOI PROJETADO PARA O AMOR E A PAZ

Quando Deus criou o coração humano, projetou-o para que prosperasse em um ambiente de amor e paz. Toda alma anseia por essas duas necessidades fundamentais. Quando não são providas no lar, inicia-se uma busca que se estende por toda a vida e que pode levar a lugares extremamente sombrios. Uma vez que o lar é o sistema central no qual ocorre o desenvolvimento humano, a função do lar precisa ser cuidadosamente designada. Quando a família coloca em prática seu plano para proporcionar o crescimento necessário para cada pessoa que vive no lar, os resultados podem ser maravilhosos. Quando Deus criou a humanidade, formou-a à sua imagem, homem e mulher.

> *Assim, Deus criou os seres humanos à sua própria imagem, à imagem de Deus os criou; homem e mulher os criou. Então Deus os abençoou e disse: "Sejam férteis e multipliquem-se. Encham e governem a terra".*

O lar deve ser nosso bem mais precioso.

EXPERIÊNCIA DO LAR | 9

PRINCÍPIOS ESSENCIAIS

Gênesis 1.27-28

TODO CORAÇÃO PRECISA DE AMOR

Logo, devemos perguntar: "O que é a imagem de Deus?". Deus é amor. Em amor, ele criou o ser humano para ser amado e para amar. Para prosperar, toda alma precisa de amor e de vínculos com outros que ofereçam esse amor. Se, em lugar de amor, há rejeição e abandono, a consequência é uma alma que sofre dor emocional e um coração repleto de mágoas.

Quando uma pessoa não recebe expressões de amor, surgem inúmeras disfunções emocionais que prejudicam a percepção de relevância e segurança. O coração fica ferido, se endurece e, com frequência, deixa de vicejar. O medo de não ser amado e a dor da rejeição tornam a pessoa vulnerável à agressividade. Com isso, ela passa a afastar os outros antes que a rejeitem. Em geral, é uma dinâmica que ocorre de modo subconsciente, como reação defensiva diante da necessidade de amor.

Embora digamos "amo você", é preciso que o amor seja compreendido como verdadeiro para que exerça impacto formativo e proporcione segurança emocional a quem ouve essas palavras. Você pode dizer que ama uma pessoa, mas se, ao mesmo tempo, tratá-la com desrespeito, criticá-la e humilhá-la, ela não se sentirá amada. Por isso, seu amor não exercerá influência alguma sobre ela.

Veja por este ângulo. Deus ama você imensamente, mas é só quando você crê nisso que o amor dele exerce impacto verdadeiro sobre seu relacionamento com ele. O amor opera da mesma forma em seus relacionamentos pessoais. Precisa ser verossímil a fim de que proporcione segurança à pessoa amada. Uma vez que *o lar é onde o coração se forma*, devemos concluir que o ambiente do lar precisa ter amor a fim de que aqueles que ali vivem se desenvolvam.

TODO CORAÇÃO PRECISA DE PAZ

> *"Porque Deus amou tanto o mundo que deu seu Filho único, para que todo o que nele crer não pereça, mas tenha a vida eterna. Deus enviou seu Filho ao mundo não para condenar o mundo, mas para salvá-lo por meio dele."*

João 3.16-17

Deus enviou Jesus, o Príncipe da Paz, a um mundo repleto de medo, guerra, incesto e toda espécie de libertinagem imaginável. Pastores cuidavam de ovelhas perto de Belém quando Jesus nasceu. Naquela noite, um anjo lhes apareceu.

> *Mas o anjo lhes disse: "Não tenham medo! Trago boas notícias, que darão grande alegria a todo o povo. Hoje em Belém, a cidade de Davi, nasceu o Salvador, que é*

É preciso que o amor seja compreendido como verdadeiro para que exerça impacto formativo.

*Cristo, o Senhor! Vocês o reconhecerão por este sinal: encontrarão o bebê enrolado em faixas de pano, deitado numa manjedoura". De repente, juntou-se ao anjo uma grande multidão do exército celestial, louvando a Deus e dizendo: "Glória a Deus nos mais altos céus, e **paz** na terra àqueles de que Deus se agrada!".*

Lucas 2.10-14, grifo nosso

Temos paz quando, pela fé, cremos que Jesus é o Filho de Deus. O amor de Deus nos dá paz ainda que estejamos cercadas por tudo o que rouba nossa paz. Ansiedade, inquietação, murmuração, discussões e contenda: todas essas coisas tiram a paz.

Deus criou a humanidade para que precise dele: Amor. Também nos criou para que precisemos de Jesus, nosso Salvador: Paz. Pense no amor e na paz da seguinte forma. Deus = Amor. Jesus = Paz. Agora, veja as palavras de Jesus:

"Eu sou o caminho, a verdade e a vida. Ninguém pode vir ao Pai senão por mim."

João 14.6

Tendo em vista esse versículo, uma vez que Jesus é o único caminho para Deus, podemos dizer que o *amor* só é verdadeiramente revelado por meio da *paz*. A equação final é paz = amor. Sua família só se sentirá amada quando houver paz em seu lar. Quando a paz está presente, o amor está presente, e o coração viceja.

O LAR É A BASE DA SOCIEDADE HUMANA

Um dos livros mais lidos de todos os tempos é *Declínio e queda do Império Romano*. Nessa série de seis volumes, Edward Gibbon fornece "cinco motivos básicos por que grandes civilizações definharam e morreram". Por certo, esses motivos são tão reais hoje quanto o eram quando Gibbon escreveu, em 1788.[v]

> **1.** O enfraquecimento da *dignidade e da santidade do lar*, a base da sociedade humana.
> **2.** Impostos cada vez mais altos; uso do dinheiro público para custear pão e circo para o povo.
> **3.** Paixão ensandecida por prazer; esportes mais brutais e imorais a cada ano.
> **4.** Construção de armamentos de grande proporção quando o verdadeiro inimigo era interno: a deterioração da responsabilidade individual.

O amor só é verdadeiramente revelado por meio da paz.

5. A deterioração da religião; fé transformada em mera formalidade, sem vínculo com a vida, sem poder para guiar o povo.

Embora Gibbon tenha feito essa declaração séculos atrás, continuamos a assistir à morte da sociedade, a começar pelo enfraquecimento da *dignidade e da santidade do lar*. Tem sido a missão de minha vida restaurar a dignidade, elevar a santidade e conduzir pessoas de volta aos princípios essenciais do lar que lhes permitem prosperar.

O LAR É A BASE DO DESENVOLVIMENTO HUMANO

Viverei com integridade em minha própria casa.
Não olharei para coisa alguma que seja má e vulgar.

Salmos 101.2b-3

O lar deixou de ser o centro das atividades da família no mundo de hoje. Foi substituído por creches, campos de futebol, quadras poliesportivas e lanchonetes. Até mesmo o excesso de atividades na igreja pode usurpar o tempo de que a família precisa no lar. Embora muitas coisas sejam importantes e boas, não há absolutamente nada que possa substituir o ambiente de um lar saudável, propício para o desenvolvimento. *Quem* a pessoa se torna é reflexo direto de *onde* e *como* passa a maior parte do tempo. O lar precisa estar no topo da lista de *onde* você passa seu tempo; e paz, amor e vínculos com a família precisam ser a maior prioridade de *como* você passa seu tempo.

COMO UMA CASA SE TORNA UM LAR

O lar não é uma atividade. Também não é apenas uma estrutura física onde a família reside. Foi criado para ser um ambiente estimulante para os relacionamentos pessoais dos membros da família. Lembre-se de que *o lar é a base da sociedade humana* e *o lar é onde se forma o coração*. Poucos argumentariam que não precisamos melhorar a condição atual de nossa sociedade e de nosso coração. Podemos concluir, portanto, que devemos melhorar a condição de nosso lar.

A casa se torna lar quando nela as pessoas usam o tempo para formar vínculos. Até mesmo uma tenda pode se tornar um lar quando as pessoas que ali residem se dedicam ao desenvolvimento mútuo de relacionamentos saudáveis. Discussões, raiva, caos e separação enfraquecem a dignidade e a santidade do lar, pois destroem relacionamentos piedosos. O ambiente familiar da residência define o destino daqueles que ali moram. Quando sua família cria um ambiente de amor e paz que, juntos, produzem alegria, seu lar se torna um lugar de dignidade e santidade, conferindo valor e integridade aos que ali vivem.

> Viverei com integridade em minha própria casa. Não olharei para coisa alguma que seja má e vulgar.
>
> Salmos 101.2b-3

PRINCÍPIOS ESSENCIAIS

O PLANEJAMENTO CUIDADOSO DO LAR

Costumo dizer que sou capaz de identificar os valores de uma pessoa ao olhar para seu talão de cheque, sua agenda e a organização de sua casa. Não importa que valores ela afirme ter, o fato é que o modo como gasta seu dinheiro e seu tempo e o modo como vive em sua casa revelam o que é verdadeiramente importante para ela.

O planejamento de sua casa (não a planta baixa) deve ter o propósito intencional de garantir que prioridades agradáveis a Deus serão incutidas na vida dos membros da família. A organização de seu lar e o que você faz nele determinarão o resultado. Por exemplo, se deseja um ambiente tranquilo, seu lar precisa de organização e ordem. Se deseja um lugar confortável, precisa de móveis que convidem as pessoas a querer relaxar. Se deseja que sua família seja diligente, precisa dar responsabilidades para cada membro. Se deseja que seu lar expresse amor, precisa estar disposta a sacrificar seus objetivos egoístas e escolher colocar os outros antes de si mesma.

Se deseja que seu lar seja hospitaleiro, precisa providenciar os itens necessários para o conforto das pessoas que planeja convidar. Se deseja que seu lar honre a Deus, precisa reconhecer Deus em todas as suas decisões.

A DEFINIÇÃO DE VALORES FAMILIARES

Valores são o que você considera importante em sua vida. Faça uma lista de seus principais valores. Ela talvez inclua seu marido, filhos, amigos, familiares, Deus e trabalho. Compare essa lista com a agenda de sua família. Infelizmente, pode haver uma discrepância enorme entre aquilo que dizemos e aquilo que fazemos. Em outras palavras, quando avaliamos como vivemos de fato, usando o parâmetro de como *pretendemos viver*, encontramos incongruências. Talvez você diga: "A família é importante", pois sabe que valores familiares são saudáveis. No entanto, não basta fazer essa afirmação. É preciso criar tempo em família em sua agenda e estar disposta a investir financeiramente em atividades familiares.

Eis algumas prioridades para incluir, como rotina, na agenda de sua família:

- *Noites a sós com o cônjuge.*
- *Tempo exclusivo com cada filho.*
- *Noites para jogos ou filmes em família.*
- *Rotinas de final de semana, como trabalhos domésticos no sábado, igreja e jantar especial no domingo.*
- *Férias em família.*

> *O ambiente familiar da residência define o destino daqueles que ali moram.*

14 | EXPERIÊNCIA DO LAR

O tear de riso, lágrimas, consolo e ânimo tece uma família fortemente unida.

RELACIONAMENTOS EXIGEM TEMPO DE CONVIVÊNCIA

A análise de sua lista e de sua agenda também revelará a importância das pessoas em sua vida. Como você escolhe gastar o tempo revela a verdade a respeito de seus valores.

Lembre-se de que, quando vocês passam tempo juntos em casa, precisam interagir uns com outros. Essa interação pode se dar na forma de conversas, recreação ou trabalho. Pode ser um tempo para compartilhar fatos bons. Pode ser um tempo de cura. O tear de riso, lágrimas, consolo e ânimo tece uma família fortemente unida. No entanto, isso só acontece quando vocês passam tempo juntos, em casa.

Cuide para não substituir as conversas por mensagens de texto. Em vez de as pessoas atraírem a atenção umas das outras conversando face a face, comunicam-se entre cômodos diferentes da casa por meio de mensagens de texto. Essa forma de comunicação pode ser facilmente desprovida de sentimento e levar a interpretações equivocadas, criando afastamento em lugar de proximidade. Precisamos reservar tempo para conversar pessoalmente e ouvir o coração uns dos outros. Para que isso aconteça, precisamos criar tempo.

TRAGA A FAMÍLIA FRAGMENTADA DE VOLTA PARA CASA

É hora de dizer "não" para algumas coisas a fim de poder dizer "sim" para o tempo de qualidade em casa com o cônjuge e filhos. Observe com que frequência você olha para uma tela enquanto sua família está presente. Cancele os compromissos desnecessários e abra espaço em sua agenda. Crie tempo em sua rotina diária a fim de deixar tudo preparado para que os membros de sua família passem tempo juntos em casa.

Uma vela acesa sobre o balcão da cozinha, fogo na lareira, o odor agradável de um ensopado cozinhando no fogão (com o telefone longe dos olhos) são coisas que dizem: "Estou aqui, estou em casa". O que mais esses gestos afetuosos expressam? São convites sutis que dizem: "Entre, sente-se, converse comigo. Você é importante e quero sua companhia".

A mesa arrumada com cores e esmero diz: "Vamos ficar face a face, desligar os celulares e conversar, rir e ouvir. Vamos honrar e respeitar uns aos outros". Mesmo que seja para compartilhar apenas arroz e feijão, pode ser uma refeição farta em relacionamentos. A essência do lar não é aquilo que temos, mas como usamos o que temos.

OS CÔMODOS FALAM

Criar um ambiente de amor e paz incentiva os membros da família a buscarem refúgio em casa, e não longe dela. Nossa filha Trina tem quatro filhos e onze netos. Os amigos deles são atraídos para sua casa. Muitos têm residências maiores, mais sofisticadas e mais caras, mas preferem passar tempo na casa de minha filha. O motivo é simples. Quando as crianças chegam, são recebidas com alegria, diversão e comida. Há sempre um lanche sobre o balcão,

> *"Entre, sente-se, converse comigo. Você é importante e quero sua companhia".*

apresentado de forma criativa. Sua única área de estar tem sofás, poltronas e pufes confortáveis, além de cobertores e almofadas. É um cômodo que diz: "Sentem-se, deitem-se, olhem uns para os outros, conversem, riam ou cantem. Queremos sua companhia!".

Olhe para sua casa e pergunte-se: "O que meus cômodos dizem para quem entra aqui?". O excesso de coisas diz: "Procure outro lugar! Aqui não tem espaço para você"? A formalidade diz: "Sente-se direito! Troque de roupa! Não faça barulho"? O fogão frio diz: "Se está com fome, prepare alguma coisa. Estou ocupada demais com atividades mais importantes para mim do que você"? Seus filhos se dispersam por outras casas na vizinhança? Seu marido tem pressa de voltar para casa depois do trabalho? Seja corajosa e pergunte-se: "Que mudanças posso fazer em minha casa para criar um ambiente mais acolhedor e convidativo?".

CASADA OU SOLTEIRA, VOCÊ É A "GUARDIÃ"

> *As mulheres mais velhas devem [...] instruir as mulheres mais jovens a amar o marido e os filhos, a viver com sabedoria e pureza, **a trabalhar no lar**, a fazer o bem e a ser submissas ao marido. Assim, não envergonharão a palavra de Deus.*
>
> Tito 2.3-5, grifo nosso

Essa passagem define claramente a incumbência da mulher de preservar de modo relacional responsabilidades e valores femininos. Cada geração deve transmitir esses ensinamentos para as mulheres mais jovens. Devemos ensiná-las a amar o marido e os filhos, a ser sensatas e puras (em suas motivações), a trabalhar no lar, a fazer o bem e a ser submissas ao marido para que a palavra de Deus não seja desonrada.

Na época em que essa passagem foi escrita, na cultura grega da ilha de Creta, as mulheres trabalhavam e competiam em todas as áreas da sociedade. Eram líderes no comércio e competiam com homens nas arenas de esportes. Os gregos confeccionavam e adoravam deusas. A sociedade de Creta se tornou matriarcal. As mulheres abandonaram o lar física e emocionalmente. Essa realidade contrariava os valores judaico-cristãos da igreja primitiva. Paulo e Tito começaram uma igreja nessa cultura secular pagã. E nesse contexto Paulo reestabelece os valores bíblicos para as mulheres.

Quero que você preste atenção especialmente nas palavras "trabalhar no lar". O que significam? Traduzem o termo grego *oikouros*, que vem de duas palavras: *oikos*, "habitação", e *ouros*, "guardar". Portanto a mulher deve guardar sua habitação. Ela é a guardiã de seu lar.

PRINCÍPIOS ESSENCIAIS

Na prática, isso significa que a mulher deve estar inteiramente a par de todas as atividades em sua casa. Deve zelar pela atmosfera que ela cria, para que nada leve as pessoas ou ela própria a perderem a paz e o amor no lar. Seja casada ou solteira, você exerce domínio sobre seu ambiente. Mantenha a paz com um tom de voz baixo e gentil. Gritar uns com os outros não é permitido. Como minha mãe sempre diz, ninguém é surdo. Mantenha o amor controlando sempre suas reações, de modo a considerar os outros mais importantes que você mesma. Edifique-os em vez de derrubá-los.

Mantenha a paz fornecendo um plano de organização e estrutura para sua família. Crie padrões de ordem e sistemas de organização para acabar com a bagunça. Ter plena consciência do ambiente de seu lar também significa ter o direito de entrar no quarto de seus filhos sem avisar, de olhar as coisas deles quando não estão em casa e de ter as senhas de acesso de todos os dispositivos eletrônicos deles. Ocasionalmente, quando os filhos estiverem ali sozinhos ou com amigos, os pais devem inspecionar o quarto sem avisar. Também devem verificar todos os dispositivos eletrônicos e contas de redes sociais. Os filhos devem estar cientes de que isso pode acontecer a qualquer momento.

VOCÊ É GUARDIÃ DA PAZ

Ser guardião da paz é um chamado nobre. Significa que você é guardiã de sua boca, de suas atitudes, de seu ambiente e tudo o que entra nele. E isso inclui dispositivos eletrônicos.

O avanço da tecnologia gerou separação em lugar de união. Mesmo quando os membros da família estão no mesmo cômodo, TVs, *smartphones*, computadores e *tablets* nos tornam alheios uns aos outros. Ainda que estejamos fisicamente presentes, o coração e a mente podem estar ausentes enquanto nós e nossos filhos olhamos incontáveis imagens, jogos e informações que não guardam relação alguma com as pessoas e as atividades do lar. Muitas vezes, nossos filhos são diariamente bombardeados nas redes sociais com milhares de imagens provenientes de fontes incompatíveis com os valores da família. Se não tivermos cuidado, eles

A mulher deve guardar sua habitação.

20 | *EXPERIÊNCIA DO LAR*

podem passar horas a fio trocando fotos e mensagens com "amigos" que nem sequer convidariam para uma festa de aniversário ou um jantar. Enquanto isso, os pais também passam o tempo visualizando uma série interminável de fotos, acrescentando comentários positivos (quando, na verdade, gostariam de dizer algo diferente) e publicando suas melhores fotos ou as palavras de outras pessoas como se fossem suas e contribuindo para nossa lista já imensa de desafios nos relacionamentos.

Acordem, mães. Sejam presentes quando estiverem em casa. Há um inimigo real que deseja romper os relacionamentos familiares, e você pode determinar: "Isso não vai acontecer enquanto eu estiver vigiando!". É possível. Você é capaz! Eis algumas sugestões para considerar:

- *Se você é casada, mostre para seus filhos como é um relacionamento afetuoso entre marido e mulher. Coloque o casamento no centro de sua família. O casamento é até a morte. A educação dos filhos limita-se a um período. Não seja uma família que gira em torno dos filhos.*
- *Se você é mãe sozinha, sempre fale bem do pai de seus filhos para eles. Encontre algo positivo para dizer. Afinal, em outros tempos, você se casou com ele por algum motivo. Lembre-se desse motivo e fale sobre ele.*
- *Quando seus filhos estiverem em casa, faça o possível para também estar.*
- *Sempre que houver oportunidade, realizem atividades juntos.*

VAMOS FALAR SOBRE DISPOSITIVOS ELETRÔNICOS

Faz muito tempo que eduquei meus filhos, mas nossa família está cheia de crianças, desde pequeninos até adolescentes, e meus dois filhos têm filhos adultos e netos. Uma vez que sou bisavô, e não tive de lidar com esses desafios quando eduquei nossas crianças, entrevistei meu filho Aaron e a filha adolescente dele, Michaela, para esta seção. Também busquei o conselho de alguns pais sábios. Por favor, entenda que a intenção não é apresentar regras rígidas, mas ideias para reflexão. Cada família tem os próprios desafios, e o que funciona para uma família ou pessoa pode não funcionar para você. Eis algumas recomendações:

- *Defina períodos em que todos os membros da família usarão seus dispositivos eletrônicos ao mesmo tempo. Durante todos os outros períodos, devem ficar longe deles.*
- *Converse com seus filhos sobre perigos on-line e como se proteger deles.*
- *Mostre quais são os limites antes que seus filhos cometam algum erro. Defina diretrizes quanto ao tempo que poderão passar on-line, ao que poderão assistir e quais aplicativos serão permitidos. Ajude-os a desenvolver domínio próprio, fornecendo diretrizes em lugar de ameaças.*
- *Se seus filhos têm idade suficiente e conquistaram o privilégio de ter dispositivos eletrônicos no quarto, remova-os na hora de dormir. Podem usar um rádio relógio*

para acordar de manhã.

- *Siga seus filhos nas redes sociais.*
- *Saiba ao que assistem e aprenda a visualizar itens que foram apagados. Use um aplicativo ou programa para monitorar as atividades de seus filhos on-line.*
- *Todos os dispositivos eletrônicos devem ser desligados durante as refeições. Nada de telas à mesa, nem mesmo para os pequeninos. Esse é um tempo para conversar e interagir.*
- *Em nossa casa, meu marido Larry e eu sabemos as senhas um do outro, podemos ver quem são os "amigos" um do outro no Facebook e olhamos o telefone um do outro a qualquer momento. Esse clima de transparência é necessário para promover segurança e confiabilidade dentro da família.*

REORIENTE O FOCO PARA A RECONSTRUÇÃO

As tendências que estão na moda na sociedade não devem, jamais, ditar o que você faz ou deixa de fazer em seu lar. Dentro da lei civil e debaixo da Lei de Deus, temos uma autoridade superior. Nossa vida se tornou tão confusa e cheia de ansiedade porque deixamos de focalizar a dignidade e o valor que Deus atribui ao lar e à família. Além disso, as redes sociais trazem para os celulares os valores da sociedade, cuja cultura popular faz uma lavagem cerebral nos filhos.

Quando as mulheres aceitarem sua incumbência de guardiãs do lar, teremos uma sociedade melhor. Famílias se fortalecerão e comunidades serão revitalizadas. Varandas serão varridas e guirlandas serão penduradas nas portas. Talvez crianças voltem a brincar no quintal e vizinhos se conheçam pelo nome. Adolescentes aprenderão em casa a ter domínio próprio e a administrar sua vida. Será que em nosso mundo dominado pela tecnologia nem isso é possível? Só se você for presente, focar sua atenção e realinhar seu coração inteiramente para o lar. Caberá a você definir limites, promover diálogo e definir horários para as refeições e para dormir. Caberá a você estimular o interesse pelo aprendizado, pela leitura e pelas conversas. Não é tarde demais para reconstruir.

O que será necessário para que seu lar se torne um refúgio de paz e um santuário de amor? O que você está disposta a fazer para restaurar a santidade e a dignidade se seu lar a fim de que o amor de Deus e a paz do Senhor Jesus habitem em seu meio? Não fique angustiada. O livro que você tem em mãos é um mapa criado para guiá-la.

UMA EXPERIÊNCIA DIVERTIDA E ESCLARECEDORA

Criei esta experiência para ajudá-la a identificar seus verdadeiros valores e, ao aplicá-los, avaliar como gasta seu tempo. Este exercício a auxiliará na tarefa de ajustar sua agenda de modo que cada membro da família vivencie seus valores.

Vamos começar:

- Crie uma agenda de uma semana que relacione todas as atividades de todas as pessoas que moram em sua casa. Agora, faça uma lista de seus valores familiares. Ela pode abranger trabalho, lazer, casamento, crescimento espiritual, estudos, exercício físico, entretenimento, educação dos filhos, tempo em família, finanças etc. Use uma abreviação para representar cada categoria. Por exemplo, T para trabalho, EST para estudos, e assim por diante.
- Agora, marque cada atividade programada na agenda de uma semana com o código correspondente ao valor.
- Avalie o resultado. Algumas possíveis observações:
  » Tempo demais para lazer e de menos para trabalho.
  » Recreação demais e desenvolvimento espiritual de menos.
  » Trabalho demais e tempo em família de menos.

PRINCÍPIOS ESSENCIAIS

Não é tarde demais para reconstruir.

Deu para entender, não é mesmo? Agora, compartilhe os resultados com sua família e converse com os membros apropriados sobre os ajustes que precisam ser feitos em sua agenda semanal. Priorize seus valores e faça as alterações necessárias de modo a fortalecer aquilo que é mais importante para vocês como família.

Observação: quero incentivá-la a expandir esse exercício para um mês. Você terá uma ideia mais exata de quão alinhada sua agenda está com seus valores e terá mais tempo para usá-la na priorização de seus valores.

Reúna-se com sua família e incentive mudanças onde forem necessárias. Promova a dignidade do lar ao trabalharem juntos para melhorar seus hábitos. À medida que alinharem a vida diária com os caminhos de Deus, poderão restaurar cada vez mais a dignidade e a santidade de seu lar e experimentar o amor e a paz de Deus. Esse é um alvo que pode ser alcançado.

---

[i] Myquillyn SMITH, *The Nesting Place: It Doesn't Have to Be Perfect to Be Beautiful* (Grand Rapids, Michigan: Zondervan, 2014).
[ii] Alexandra STODDARD, *Creating a Beautiful Home* (Nova York: William Morrow and Company, 1992).
[iii] Brooke SAILER, *(I'm Failing At) This Thing Called Home: One Busy Moms' Thoughts on Changing the Narrative, Embracing Possibilities and Remaking Home* (CreateSpace Independent Publishing Platform, 2016).
[iv] Cheryl MENDLESON, *Home Comforts: The Art and Science of Keeping House* (Nova York: Scribner, 2005).
[v] Edward GIBBON, *The Decline and Fall of the Roman Empire*. Quezon City, Philippines: Phoenix, 2005. [Publicado em português sob o título *Declínio e queda do Império Romano*. São Paulo: Companhia de Bolso, 2016.]

De todo o meu coração te busquei; não permitas que eu me desvie de teus mandamentos. Guardei tua palavra em meu coração, para não pecar contra ti.

Salmos 119.10-11

PRINCÍPIOS ESSENCIAIS

02

O PRINCÍPIO DA MESA

> *"Coloque sobre a mesa os pães da presença, de modo que fiquem diante de mim o tempo todo."*
>
> Êxodo 25.30

Os membros de uma família típica já não fazem refeições, juntos, à mesa. Às vezes, os pais chegam em casa tarde, cansados depois de um longo dia de trabalho. É comum os filhos precisarem cuidar da própria alimentação. Muitas famílias recorrem a lanchonetes *fast food* e comem no carro, ou a mãe pega a comida a caminho de casa e a serve direto das caixas de papelão, sobre o balcão da cozinha, como solução rápida para o jantar da família. Às vezes, mesmo quando todos os membros da família estão em casa, fazem as refeições diante de dispositivos eletrônicos, olhando fotos ou textos, assistindo a vídeos divertidos ou lendo notícias.

A mesa foi substituída por padarias, lanchonetes, restaurantes *drive-thru* e refeições congeladas que podem ser levadas ao micro-ondas e que os membros da família preparam separadamente e comem sozinhos. Em resumo, a hora da refeição deixou de ser uma oportunidade para construir relacionamentos mediante a interação interpessoal, ao conversarem uns com os outros e relatarem os acontecimentos do dia.

O Princípio da Mesa lhe mostrará o drástico impacto que o simples ato de fazer uma refeição juntos pode ter sobre as pessoas mais importantes de sua vida. Reuni estudos acadêmicos comprovados e pesquisa histórica bíblica para mostrar o valor inquestionável de fazer refeições em família. Você descobrirá como ter relacionamentos mais profundos e significativos.

Sua família colherá os bons frutos pela escolha de ajustar seu estilo de vida agitado a fim de reunir-se com as pessoas amadas ao redor da mesa.

A IMPORTÂNCIA DA MESA

O Princípio da Mesa é uma verdade que transcende culturas e épocas. Desde a criação da primeira mesa, há 3.400 anos, ela tem importância fundamental para o sistema familiar. Esse princípio se aplica mesmo quando valores e estilos de vida mudam. O tempo empregado ao redor da mesa satisfaz um anseio do coração humano, pois uma mesa preparada com amor cria espaço para conversas em que as pessoas podem olhar-se nos olhos. Deus criou nossa alma para que seja preenchida com esse tipo de ligação. Quando nos reunimos ao redor da mesa, milagres acontecem, problemas são resolvidos, Deus se faz presente, e relacionamentos são estabelecidos. A mesa é o lugar criado por Deus para proporcionar redenção e conexão entre pessoas.

PESQUISADORES APONTAM PARA A MESA DA FAMÍLIA

Pesquisadores falam de um fator comum que tem prejudicado o bem-estar dos jovens: em nosso estilo de vida, já não há espaço para refeições regulares em família.

Uma busca no Google pelas palavras "refeições em família" traz inúmeros artigos e resultados de pesquisas de diversas e conceituadas universidades norte-americanas. Todos concordam que fazer refeições em família com frequência e manter diálogos positivos são práticas que criam laços familiares mais profundos, relacionamentos mais saudáveis e filhos mais seguros de si.

A Associação Norte-Americana de Psicologia publicou há mais de quinze anos um estudo que ilustrava o papel fundamental da refeição em família na vida de adolescentes. De acordo com o estudo, adolescentes equilibrados, que têm melhores relacionamentos com colegas, mais motivação acadêmica e pouco ou nenhum problema com drogas e depressão, jantam com a família em média cinco dias por semana.[i]

O Centro Nacional de Vício e Abuso de Substâncias da Universidade Columbia realizou uma pesquisa com milhares de adolescentes norte-americanos e seus pais ao longo dos últimos

A mesa é o lugar criado por Deus para proporcionar redenção e conexão entre pessoas.

dezesseis anos para identificar fatores que aumentam ou diminuem a probabilidade do uso de drogas nessa faixa etária. No relatório, intitulado "A importância do jantar em família, parte VI", os pesquisadores dizem:

> Descobrimos que os pais são as figuras que exercem maior influência sobre a decisão dos filhos de serem usuários [cigarro, álcool, drogas legais ou ilegais].

Na sequência, enfatizam o valor do jantar em família:

> Nossas pesquisas mostraram, repetidamente, que quanto maior a frequência com que os filhos jantam com os pais, menor a probabilidade de fumarem, beberem ou usarem drogas, e que o envolvimento dos pais cultivado **ao redor da mesa de jantar** é um dos instrumentos mais eficazes para ajudá-los a educar filhos saudáveis, que não usem drogas.

O estudo investigou, também, o que os adolescentes pensam sobre jantares em família. Eis algumas das constatações:

> Os próprios adolescentes entendem o valor dos jantares em família: quase 3/4 dos adolescentes consideram que jantar com os pais é importante. A maioria (60%) que janta com os pais menos de 5 noites por semana gostaria de ter esse momento em família com mais frequência.[ii]

O relatório diz, ainda: "A mágica que acontece nos jantares em família não é o alimento sobre a mesa, mas a conversa ao redor dela".

> Comparados com adolescentes que costumam jantar com a família (5 a 7 vezes por semana), os que o fazem apenas ocasionalmente (menos de 3 vezes por semana) têm: 2 vezes mais probabilidade de consumir cigarros e álcool e 1,5 vezes mais probabilidade de usar maconha.[iii]

Em outras palavras, os jantares em família fazem uma grande diferença. Por que comer ao redor da mesa é tão importante? Essa pergunta me levou a fazer um levantamento da palavra "mesa" na Bíblia. Encontrei respostas profundas.

DEUS PROJETOU A PRIMEIRA MESA

Deus disse a Moisés: "Instrua os israelitas a construírem para mim um santuário, para que eu viva no meio deles". Ordenou que fizessem esse tabernáculo e toda a sua mobília exatamente "de acordo com o modelo que eu lhe mostrarei" (Êx 25.8-9). Deus forneceu a Moisés os detalhes para a confecção da arca da aliança em que sua presença habitaria na terra pela primeira vez. Em seguida, instruiu o líder israelita a construir uma mesa. A mesa do tabernáculo tinha o mesmo desenho que a peça de mobília que conhecemos hoje.

OS PÃES DA PRESENÇA

Deus ordenou a Moisés que construísse essa mesa e a arrumasse com pratos, vasilhas, jarras e tigelas semelhantes aos itens que usamos hoje em uma mesa de jantar. Especificou:

> "A mágica que acontece nos jantares em família não é o alimento sobre a mesa, mas a conversa ao redor dela".

"Faça também uma mesa de madeira de acácia [...] Faça recipientes especiais de ouro puro para a mesa: tigelas, colheres, vasilhas e jarras, que serão usados para as ofertas derramadas."

Êxodo 25.23,29

"Coloque sobre a mesa os pães da presença, de modo que fiquem diante de mim o tempo todo."

Êxodo 25.30

Que são os pães da presença? No Novo Testamento, Jesus se refere a si mesmo como pão da vida (Jo 6.48). Lembre-se de que Jesus é eterno. Existia antes do tempo e continuará a existir depois dele. Antes de Jesus vir à terra como homem, estava com Deus e era Deus. O pão da presença é a presença de Jesus.

Quando familiares e amigos se reúnem ao redor de uma mesa preparada, uma presença sobrenatural permeia e fortalece os relacionamentos. A presença à mesa é Jesus, o pão da vida. Ele promete que, se lhe abrirmos a porta do coração, ele virá e fará uma refeição conosco.

Jesus disse:

*"Preste atenção! Estou à porta e bato. Se você ouvir minha voz e abrir a porta, entrarei e, **juntos, faremos uma refeição, como amigos**."*

Apocalipse 3.20, grifo nosso

Embora os pesquisadores reconheçam que fazer refeições em família seja importante por diversos motivos, não conseguem explicar plenamente por que faz tanta diferença na vida de uma pessoa. Esse fato me leva à conclusão de que existe um elemento sobrenatural: a obra da presença divina.

O PRINCÍPIO DA MESA EM AÇÃO

As Escrituras apontam para muitos benefícios decorrentes de se fazer refeições à mesa. Eis algumas ilustrações em que uma refeição ao redor da mesa influenciou de algum modo a vida dos que foram convidados a participar. Cada ilustração mostra o impacto transformador resultante dessa prática.

SUBSTITUA A DOR DA REJEIÇÃO E DO ABANDONO POR VALOR PESSOAL E CONFIANÇA

Depois da morte de Jônatas, o rei Davi buscou maneiras de honrar a aliança que havia feito com seu amigo. Convidou Mefibosete, filho aleijado de Jônatas, para fazer suas refeições à mesa com ele.

> *"Não tenha medo", disse Davi. "Quero mostrar bondade a você por causa de Jônatas, seu pai. Vou lhe dar todas as terras que pertenciam a seu avô Saul, e você comerá sempre aqui comigo, à mesa do rei."*
>
> 2Samuel 9.7, grifo nosso

Mefibosete havia se referido a si mesmo como "um cão morto", indigno de ser notado. Quando Jônatas morreu, Mefibosete se sentiu rejeitado e sozinho. Nenhum membro da família ou amigo cuidou dele, apenas desconhecidos. Foi abandonado. O abandono sempre exerce impacto negativo sobre a autoestima de uma pessoa. Não é de admirar que ele se considerasse um cão morto. Quando Davi tratou Mefibosete como filho ao incluí-lo em sua mesa, deu-lhe nova percepção de valor pessoal. Sua autoestima foi restaurada.

Convide para sua mesa alguém que foi rejeitado ou se sente indigno e permita que o amor sobrenatural toque o coração dele. A presença divina o restaurará. Tudo o que você precisa fazer é preparar a mesa e mantê-la à disposição de novos convidados.

HONRE AQUELES QUE VOCÊ JULGOU

O rei da Babilônia libertou o rei de Judá depois de 37 anos de prisão injusta. Ao ser preso, Joaquim havia perdido seus bens, sua reputação e sua autoridade. O rei babilônio restaurou a honra e a dignidade do rei Joaquim ao incluí-lo em sua mesa.

> *Providenciou roupas novas para Joaquim, no lugar de roupas de prisioneiro, e permitiu que ele comesse na presença do rei enquanto vivesse.*
>
> 2Reis 25.29

Caso você tenha acusado alguém injustamente e excluído essa pessoa de sua vida, traga-a para sua mesa como ato sincero de restituição. Essa demonstração de amor é mais eficaz para promover restauração que apenas dizer "sinto muito".

> *O tempo passado ao redor da mesa satisfaz um anseio do coração humano.*

PRINCÍPIOS ESSENCIAIS

A mesa é o melhor lugar para expressar seu amor.

RESTAURE RELACIONAMENTOS FAMILIARES

A mesa desempenhou importante papel na restauração do filho perdido. Quando o filho volta de uma terra distante para casa, desejoso de restaurar o relacionamento com seu pai e sua família, o pai anuncia:

"Faremos um banquete e celebraremos."

Lucas 15.23b

O pai celebrou a volta do filho para casa sem culpá-lo ou envergonhá-lo por aquilo que havia feito no passado. O pai sabia o que o futuro lhes reservava? Não. No entanto, seu acolhimento e a decisão de oferecer um banquete de celebração deram ao filho rebelde esperança de um novo futuro.

Prepare uma refeição para seus filhos adultos que tomaram decisões terrivelmente erradas. Talvez vocês tenham tido discussões acaloradas e dito coisas das quais se arrependem. A mesa é o melhor lugar para expressar seu amor. Não fale sobre o passado.

Prepare a refeição predileta deles e convide-os para vir para casa. Crie um ambiente de amor para eles à mesa. O amor incondicional que você compartilhar ajudará a restaurá-los à família.

TOQUE OS REJEITADOS

Quando ele estava à mesa, uma mulher entrou com um frasco de alabastro contendo um perfume caro e derramou o perfume sobre a cabeça dele.

Mateus 26.7

Nesse relato, Jesus estava fazendo uma refeição à mesa de Simão, o leproso. Os leprosos viviam em comunidades isoladas e não tinham permissão de entrar na cidade. Enquanto Jesus estava à mesa de Simão, uma mulher indigna veio expressar seu amor por Jesus ao derramar perfume caro sobre ele. Quando os discípulos levantaram objeções em razão do alto custo do perfume, Jesus destacou o valor da mulher.

"Por que criticam esta mulher [...]? Eu lhes garanto: onde quer que as boas- -novas sejam anunciadas pelo mundo, o que esta mulher fez será contado, e dela se lembrarão."

Mateus 26.10,13

Vá além de sua vizinhança e procure aqueles que jamais esperariam sentar-se à sua mesa. Ou convide alguém que outros consideram indigno de participar de uma refeição com você. Essas pessoas se sentirão honradas por sua expressão de amor, como Simão e a mulher se sentiram honrados por Jesus. A quem você pode dar esperança ao fazer uma visita do outro lado da cidade? Quem precisa saber que é valioso e importante? Convide essas pessoas para participar de sua mesa, e elas serão tocadas pela presença divina.

É SÁBIO PREPARAR REFEIÇÕES

> *Preparou um grande banquete; misturou os vinhos e arrumou a mesa.*
>
> Provérbios 9.2

Quem é o sujeito desse versículo? A *Sabedoria*. O texto diz que é sábio pensar de antemão naquilo que a família comerá em uma refeição. Além de planejar o cardápio, fazer as compras ou pegar comida pronta em um dia corrido, também é sábio deixar a mesa arrumada para não ter de se apressar tanto antes da refeição.

Quando nossos filhos eram pequenos, meu marido era pastor de uma igreja grande que não parava de crescer. Sábado era o "dia de preparação" para nossa família. Os filhos ajudavam a arrumar a mesa da cozinha para o café da manhã rápido de domingo, enquanto eu arrumava a mesa da sala de jantar e preparava a comida para a refeição depois do culto. Com frequência, trazíamos uma família para almoçar conosco. Até hoje, Trina e eu temos o hábito de arrumar a mesa de antemão.

Hoje, Trina tem dez netos. Pouco tempo atrás, ela colocou em casa uma mesa para dezoito pessoas. Para que o móvel coubesse, aproveitou espaço do cômodo que antes era a sala de televisão. Na cozinha, também tem uma mesa menor para o uso diário da família. Sua mesa está sempre posta, à espera dos dias especiais em que família toda se reúne para uma refeição. Seja a terça-feira de comida mexicana uma vez por mês, seja uma festa de aniversário, ela faz os preparativos para receber a família com criatividade e arruma a mesa.

Convidados são sempre bem-vindos ao redor de nossa mesa. Estamos preparadas, quer avisem com antecedência, quer não.

FAZER REFEIÇÕES AO REDOR DA MESA CONSTRÓI O CARÁTER DOS FILHOS

> *Sua esposa será como videira frutífera que floresce em seu lar.*
> *Seus filhos serão como brotos de oliveiras ao redor de sua mesa.*
>
> Salmos 128.3

Não importa quais sejam as conquistas das mulheres ou quanto dinheiro ganhem, para quem tem filhos, só há realização plena quando os vemos vicejar na vida adulta. Consideramos, então, que fizemos um bom trabalho. Em contrapartida, não há desespero maior para uma mãe

Convidados são sempre bem-vindos ao redor de nossa mesa.

que ver os filhos adultos enfrentarem dificuldades na vida e fazerem, repetidamente, escolhas infelizes que lhes causam dor.

Para nós, esposas, a verdadeira proficuidade decorre do modo como administramos nosso casamento e nossa vida no lar. Quando o lar é bem administrado e os horários das refeições são priorizados, os filhos encontram estabilidade e desenvolvem caráter duradouro.

A força da oliveira está no fato de suas raízes serem tão profundas que nenhuma tempestade da vida é capaz de desarraigá-la. O mesmo se aplica à família. Priorizar a instrução de seus filhos sobre como sentar-se face a face ao redor da mesa quando são jovens os fará crescer e amadurecer. Ao ensiná-los a sentar-se corretamente, esperar, compartilhar, falar, ouvir, participar e servir, você está lançando os alicerces que fundamentarão o caráter deles para o resto da vida.

Não desanime se, por vezes, as coisas parecerem caóticas quando vocês estiverem reunidos ao redor da mesa. Lembre-se de que, durante a Última Ceia, até mesmo Jesus precisou lidar com a discussão entre Tiago e João sobre quem era "o maior entre eles". Judas também estava lá, provavelmente silencioso, pois guardava um segredo. De modo semelhante, se seus filhos estiverem escondendo algo, não desejarão vir à mesa para ficar diante de você. É preciso, contudo, atraí-los para esse convívio. Há fases complicadas na vida de toda família, mas, com o tempo, a prática de reunir-se ao redor da mesa se tornará a experiência conjunta mais saudável que vocês podem ter.

A MESA É UM LUGAR PARA REFUGIAR-SE DE SEUS INIMIGOS

Preparas um banquete para mim na presença de meus inimigos.

Salmos 23.5

> *Preparou um grande banquete; misturou os vinhos e arrumou a mesa.*
>
> Provérbios 9.2

Todos os membros da família sabem o que é conviver com pessoas que não gostam deles e que não os tratam bem. Retrair-nos é nosso instinto natural. A distância emocional e, por vezes, física que criamos nos protege temporariamente da dor da rejeição. Contudo, viver o tempo todo com esse tipo de angústia pode nos levar a um ponto em que temos vontade de desistir: do casamento, do emprego, da igreja, da escola ou do ambiente em que nos sentimos rejeitados ou acusados injustamente.

Nesses momentos mais difíceis, nosso Bom Pastor nos lembra de que ele prepara uma mesa para nós. Ele nos valoriza e está conosco, mesmo quando as circunstâncias não mudaram, isto é, *na presença de nossos inimigos*.

Seus filhos, seu cônjuge e você mesma talvez tenham de lidar com essas experiências quase diariamente e, ainda assim, voltar para uma casa em que não há uma mesa preparada. Em que não há refeições em família nem conversas para tranquilizar uns aos outros. O desespero pode

mentir para nós e nos dizer que não temos valor. Arrume sua mesa e prepare-se para receber os membros da família que estejam desanimados. Usem palavras bondosas e animem-se durante os tempos de provação. É o que o Bom Pastor faz por nós. Façamos o mesmo uns pelos outros.

Jesus passou tempo considerável com seus discípulos ao redor da mesa.

CRIE ESPAÇO PARA A PRESENÇA DIVINA

Será que Jesus deseja fazer uma refeição com você, à sua mesa, mas não pode porque você está envolvida demais com outras coisas? Está tão ocupada indo de um lugar para outro que não vem mais para a mesa onde o Rei dos reis e Senhor dos senhores quer sua companhia? Ele está batendo à porta, mas você está tão distraída que não o ouve? Abra a porta, prepare a mesa e permita que a presença dele a acompanhe em sua refeição.

E se o simples ato de fazer refeições juntos ao redor da mesa der início a uma obra sobrenatural em sua família? E se o mover de Deus pelo qual você anseia começar a acontecer enquanto está sentada com sua família ao redor da mesa?

Conheço mulheres cuja casa não tem mais mesa, ou em que a mesa está cheia de outras coisas. Há famílias com filhos adolescentes que nunca se reuniram ao redor da mesa em seu lar. Não é de surpreender que seus relacionamentos sejam tão tensos, superficiais e insatisfatórios. Essas mulheres relatam que seus filhos não têm paz e que não estão se desenvolvendo.

Por que não começar hoje? Basta arrumar a mesa e reunir a família ao redor dela. Você consegue!

BENEFÍCIOS DE FAZER REFEIÇÕES À MESA

A seguir, uma lista com alguns dos maravilhosos benefícios de fazer refeições à mesa:

- *Expressão de amor.*
- *Honra ao Senhor.*
- *Desenvolvimento de caráter.*
- *Treinamento de forma natural.*
- *Crianças praticam generosidade e domínio próprio.*
- *Membros da família aprendem a servir.*
- *Prática e aprimoramento de aptidões de comunicação.*
- *Demonstração de respeito pela prática de boas maneiras.*
- *Possibilidade de expressar gratidão, elogios e apreço.*
- *Resolução de conflitos.*

O PRINCÍPIO DA MESA

Fazer refeições à mesa requer esforço. Pais e mães terão de voltar direto do trabalho para casa. Mães terão de preparar cardápios de antemão. Filhos precisarão ajudar a arrumar e tirar a mesa, e todos deverão lavar a louça juntos logo em seguida. É uma atividade para a família.

COMENDO SOZINHA?

A mesa não é um lugar apenas para pais e filhos. É também um lugar em que pessoas sozinhas podem ser tocadas pela presença do Senhor. Não faça suas refeições sempre às pressas ou na frente da televisão. Deixe o telefone em outro cômodo. Faça algo especial para si mesma: arrume a mesa, acenda uma vela, coloque uma música edificante e relaxe na presença de Jesus enquanto come. Imagine que seu "marido judeu rico" está jantando com você.

A MENTIRA EM CONTRASTE COM A VERDADE

Cremos na mentira de que não importa onde comemos, como comemos e o que comemos. Nosso raciocínio segue uma linha do tipo: "O mais importante é que estejamos juntos, mesmo que seja em um estádio de futebol comendo cachorro-quente". Isso não é verdade.

Sim, importa que estejamos juntos. Também importa que desenvolvamos o hábito de fazer refeições juntos ao redor da mesa. Que outra atividade do cotidiano nos dá a oportunidade de ter conversas de qualidade, rir e aprender uns com os outros a pouco mais de um metro de distância? Preze pela simplicidade. Torne essa experiência divertida.

Aquilo que comemos também importa. O cérebro é o sistema central da alma humana, que contém nossa capacidade de pensar e sentir. Se não nos alimentamos bem, não desenvolvemos seu potencial pleno.

Para nós, como esposas, a verdadeira proficuidade decorre de como administramos nosso casamento e nossa vida no lar.

EXPERIÊNCIA DO LAR | 37

PRINCÍPIOS ESSENCIAIS

Perguntamo-nos por que as notas de nossos filhos nas provas escolares estão caindo e por que eles têm dificuldade de se concentrar. Será que o cérebro está deixando de receber a nutrição necessária para o aprendizado?

Mães, vocês são responsáveis por dar a seus filhos comida de verdade. Nada de alimentos desidratados em forma de lanches, como "refeição" de pacote. Garantam que seus filhos aprendam a ingerir alimentos bons e nutritivos, com porções diárias de proteínas, carboidratos e vegetais que os ajudarão a crescer e se fortalecer.

"FAÇAM ISTO EM MEMÓRIA DE MIM"

A última atividade que Jesus quis realizar com seus amigos mais chegados foi compartilhar com eles uma refeição. Depois dessa refeição, a vida mudaria radicalmente para todos eles. Lembre-se de que todos que circundavam a mesa eram imperfeitos e nem sempre faziam a coisa certa.

Durante a refeição conhecida como Última Ceia, Jesus e os discípulos estavam reclinados ao redor da mesa. Jesus tomou o pão, o partiu e o distribuiu, dizendo:

> *"Este é o meu corpo, entregue por vocês. Façam isto em memória de mim." Depois da ceia, Jesus tomou o cálice de vinho e disse: "Este é o cálice da nova aliança, confirmada com o meu sangue, que é derramado como sacrifício por vocês."*
>
> Lucas 22.19-20

Preze pela simplicidade. Torne essa experiência divertida.

38 | EXPERIÊNCIA DO LAR

O PRINCÍPIO DA MESA

O que Jesus quis dizer com as palavras "Façam isto em memória de mim"? A meu ver, ele quis dizer: Lembrem-se de que Jesus jamais os deixará; ele nunca os abandonará. Lembrem-se de que não importa o que o dia traga, Jesus é seu Redentor e os ajudará a atravessar qualquer situação. Lembrem-se de que Jesus está com vocês, haja o que houver.

A ORAÇÃO À MESA

Considere a possibilidade de mudar o jeito como você ora à mesa. Sempre inclua a lembrança daquilo que Jesus fez por nós. Talvez sua oração possa ser semelhante a esta, mas com suas próprias palavras:

> *Jesus, somos muito gratos por tua presença em nossa vida. Obrigado porque estás conosco hoje, não importa o que tenha acontecido. Obrigado pelo preço que pagaste para que recebamos o perdão de nossos pecados quando o pedimos. Obrigado por tua provisão e porque podemos compartilhar esta refeição. Nós te amamos e oramos em nome de Jesus. Amém.*

Suas orações à mesa devem ser autênticas, simples e breves.

A MESA É UM LUGAR DE NEGOCIAÇÃO

As ideias a seguir mostram como você pode se beneficiar das várias possibilidades de se usar a mesa para negociações pessoais.

1. Negocie conflitos de casamento à mesa.

Quando os cônjuges precisarem tratar de decepções, instruções ou correções, o melhor lugar é a mesa, com os filhos presentes. Saiam para jantar ou jantem em casa, à mesa. Sua linguagem corporal será mais controlada e haverá maior probabilidade de ter uma conversa mais profunda do que se conversarem em outro lugar.

2. Negocie conflitos entre pais e adolescentes à mesa.

Quando tiver de chegar ao fundo de uma questão com seu adolescente, escolha conversar com ele à mesa. É mais provável que os pais estejam calmos e é menos provável que o adolescente saia da sala de jantar (o que não deve ser permitido, mas acontece). Os pais têm mais oportunidade de levar a conversa até o fim.

3. Faça reuniões de família à mesa.

Defina objetivos financeiros para a família à mesa. Quando houver necessidade de preparar a família para um corte no orçamento, é melhor discutir a questão face a face à mesa, de modo que todos saibam que estão envolvidos. Faça-o de maneira positiva.

Planeje as férias, a agenda de atividades e as responsabilidades de cada um enquanto estão

> *Basta arrumar a mesa e reunir a família ao redor dela. Você consegue!*

EXPERIÊNCIA DO LAR | **39**

PRINCÍPIOS ESSENCIAIS

Suas orações à mesa devem ser autênticas, simples e breves.

à mesa. Todos serão informados e, ao mesmo tempo, valorizados. Afinal, uma família é uma equipe. Portanto, vivamos trabalhando em equipe.

PASSOS PRÁTICOS

- *Se você negligenciou esse princípio valioso, arrependa-se diante do Senhor e comece a mudar suas prioridades.*
- *Aumente o número de refeições que vocês fazem em família.*
- *Sempre edifiquem uns aos outros quando estiverem ao redor da mesa.*
- *Use sua melhor louça com sua família.*
- *Prepare refeições que agradem seu marido.*
- *Inclua alimentos nutritivos, como verduras e legumes frescos.*
- *Sempre que possível, convide mais uma pessoa para sentar-se junto à mesa.*

MAIS SOBRE A MESA

Depois de escrever este capítulo para a primeira edição de *Experiência do lar* dez anos atrás, escrevi o livro *A experiência da mesa: O segredo para criar relacionamentos profundos*. Se quiser estudar mais sobre o valor da mesa, melhorar seus relacionamentos e ter mais paz em seu lar, incentivo-a a ler *A experiência da mesa*, que também traz pesquisas acadêmicas, referências bíblicas e relatos diversos.

(Veja mais informações sobre produtos no final deste livro.)

Um guia de estudo gratuito está disponível em <www.homeexperience.global>.

[i] Catherine A. Bryan, "Frequency of Family Meals May Prevent Teen Adjustment Problems", American Psychological Association, 8 de agosto de 1997.
[ii] QEV Analytics, Ltd., Knowledge Networks for The National Center on Addiction and Substance Abuse at Columbia University, "The Importance of Family Dinners VI", setembro de 2010.
[iii] Idem.

Cuida bem de tudo em sua casa e nunca dá lugar à preguiça.

Provérbios 31.27

03

O PRINCÍPIO DO TAMBÉM

Pelo contrário, tem prazer na lei do Senhor e nela medita dia e noite. Ele é como a árvore plantada à margem do rio, que dá seu fruto no tempo certo. Suas folhas nunca murcham, e ele prospera em tudo que faz.

Salmos 1.2-3

Este capítulo apresenta verdades que exercerão impacto sobre diversos aspectos de sua vida. O Princípio do Também edificará seu caráter de modo a torná-la alguém que faz mais. A atitude de fazer mais desenvolverá sua fé, transformará sua provisão em prosperidade, a motivará a viver em obediência e criará em você desejo intenso de ter um relacionamento íntimo com Deus. Você se tornará uma árvore plantada junto às águas, que dá frutos deliciosos. Prosperará em tudo o que fizer e dará exemplo a seus filhos de uma forma que garantirá prosperidade também para eles.

O Princípio do Também é demonstrado diversas vezes nas Escrituras e sempre diz respeito a caráter, obediência e herança. Manifesta-se por meio da atitude e da disposição de olhar para além de nós mesmas e levar outros em consideração, mesmo quando é inconveniente. Quando o Princípio do Também é entretecido em nosso caráter e somos obedientes à palavra de Deus, experimentamos as bênçãos de Deus conhecidas como "herança de Abraão". Trata-se da promessa que transmite um caráter abnegado e piedoso à geração seguinte.

PERGUNTAS PARA SI MESMA

Sou uma pessoa que faz mais?

Se você tem a atitude de fazer mais, vê além de seus deveres e também faz algo por outra pessoa. Quando fica pronta dez minutos antes, pensa: "Tenho dez minutos, então posso levar o lixo para fora ou começar a arrumar a mesa". Você aproveita ao máximo seu tempo e seu potencial.

Sou uma pessoa que faz menos?

Se você tem a atitude de fazer menos, costuma pensar: "Não vou fazer mais nada. Já fiz o suficiente. Outra pessoa pode fazer isso". Você procrastina, não realiza tarefas importantes que estão bem a sua frente e diz para si mesma que não tem tempo. Preocupa-se apenas em fazer o que é sua responsabilidade e não estende a mão para ajudar outros com as responsabilidades deles.

Imagine o que pode acontecer em um lar quando todos aprendem e se adaptam de modo a tornar-se pessoas que fazem mais. Todos os membros da família participam das responsabilidades diárias de cuidar de seus pertences e também ajudam a cuidar de outros. O Princípio do Também desenvolve cooperação e união na família. Todos se beneficiam, e os cuidados da casa não ficam só para uma pessoa. Aprender a ter responsabilidade desde cedo prepara os filhos para uma vida adulta responsável em que alcançarão promoções, respeito e sucesso em tudo o que fizerem.

Quando o Princípio do Também é entretecido em nosso caráter e somos obedientes à Palavra de Deus, experimentamos as bênçãos de Deus conhecidas como "herança de Abraão".

A DIFERENÇA ENTRE INSTRUÇÃO E PRINCÍPIO

Antes de prosseguirmos, deixe-me explicar a diferença entre princípio e instrução. Seria muito mais fácil lhe dizer exatamente o que fazer para garantir que seus esforços deem bons resultados. Mas a vida não funciona dessa forma.

- *Uma instrução lhe diz, passo a passo, como fazer algo. É específica para determinada tarefa. Em geral, não pode ser aplicada a outras áreas da vida. Por exemplo, instruções para preparar um bolo não podem ser usadas como referência por alguém que deseje baixar um programa de computador. Instruções não envolvem o raciocínio no cumprimento de uma tarefa. Você simplesmente segue os passos indicados, faz o que lhe dizem e terá o resultado desejado, quer entenda o processo, quer não.*
- *Um princípio, em contrapartida, é uma verdade que lhe dá o motivo e lhe permite raciocinar. Um princípio, portanto, pode ser aplicado a qualquer área da vida. Por exemplo, de acordo com o princípio da semeadura e colheita, você colhe o que semeou. Embora seja uma expressão ligada à agricultura, não lhe diz como plantar algo; isso seria uma instrução. O princípio é que você colhe o que plantou.*

Raciocinemos agora sobre o princípio da semeadura e colheita e apliquemos esse princípio a áreas diversas de sua vida. Se você semear bondade nos relacionamentos, receberá bondade.

Se semear dinheiro no banco, receberá esse dinheiro com juros do banco. Se ajudar outros, será ajudada por outros.

COMO FUNCIONA O PRINCÍPIO DO TAMBÉM

De acordo com a narrativa de Gênesis 24.10-26, Abraão enviou seu servo para sua terra natal a fim de escolher uma esposa para seu filho, Isaque. Por quê? Abraão desejava certificar-se de que a esposa de Isaque teria as qualidades, o caráter e os valores que, tradicionalmente, faziam parte da educação em sua família, educação que, pelo visto, não existia entre o povo cananeu no meio do qual ele habitava. Abraão precisava da garantia de que a esposa de Isaque trabalharia em conjunto com seu filho para promover os valores da família.

A herança que ele desejava transmitir a sua linhagem abrangia os seguintes elementos:

- Fé
- Provisão
- Prosperidade
- Obediência
- Intimidade com Deus

UMA ORAÇÃO INCOMUM

Levando consigo dez camelos, o servo de Abraão viajou até a cidade onde morava Naor, irmão de Abraão. Chegou no fim do dia, quando as mulheres saíam para tirar água do poço. O servo orou a Deus para que lhe fosse revelado quem devia ser esposa de Isaque. Orou a Deus para que a mulher certa respondesse a seu pedido por água com as palavras: "Sim, beba. Também darei água a seus camelos". Com isso, ele saberia quem o Senhor havia escolhido para ser esposa de Isaque.

CARÁTER ESSENCIAL

Foi uma forma interessante de selecionar uma moça em meio a muitas outras. No entanto, ele sabia que uma jovem disposta a tirar duzentos litros de água para dez camelos, além de sua responsabilidade habitual de tirar água para sua família, teria caráter e não seria preguiçosa. Quando Rebeca agiu desse modo, o servo perguntou se poderia se hospedar em sua casa. Mais que depressa, ela lhe ofereceu a hospitalidade de sua família. A história relata que ela se tornou a esposa de Isaque. Considere os traços de caráter que qualificaram Rebeca para viver dentro das bênçãos da herança de Abraão.

- Responsabilidade
- Serviço
- Diligência
- Cortesia
- Bondade
- Generosidade
- Hospitalidade
- Disposição de terminar o que começou
- Sujeição à autoridade de sua família

Fé, Provisão, Prosperidade, Obediência, Intimidade com Deus.

PRINCÍPIOS ESSENCIAIS

> *O Princípio do Também lhe dá condições de ser sensível às necessidades alheias e disposição não apenas de percorrer uma milha a mais, pois uma milha tem limite, mas de fazer o que for necessário.*

O Princípio do Também é definido pela disposição de fazer mais do que lhe é pedido. Essa atitude lhe dá condições de ser sensível às necessidades alheias e disposição não apenas de percorrer uma milha a mais, pois uma milha tem limite, mas de fazer o que for necessário. O Princípio do Também não tem limites. É a postura predominante de um caráter abnegado que considera as necessidades dos outros mais importantes que as suas.

Eis algumas lições de vida em que as Escrituras enfatizam claramente esse princípio.

O PRINCÍPIO DO TAMBÉM NOS HÁBITOS DE TRABALHO

> *Em tudo que fizerem, trabalhem de **bom ânimo** [grego, psuche], como se fosse para o Senhor, e não para os homens. Lembrem-se de que o Senhor lhes dará **uma herança como recompensa** e de que o Senhor a quem servem é Cristo.*
>
> Colossenses 3.23-24, grifo nosso

Psuche é um termo grego traduzido de várias formas: "mente", "alma", "fôlego", "coração" ou "vida". Os versículos acima dizem que devemos dedicar todo o coração e toda a alma a tudo o que fizermos. Não realize seu trabalho com uma atitude indiferente, mas com toda a sua mente, todo o seu fôlego, toda a sua vida. Acrescente um "também" a tudo o que fizer.

- *Quando terminar o expediente no trabalho, fique mais um pouco — também.*
- *Arrume sua escrivaninha, tire o pó — também.*
- *Dirija seu carro, limpe-o — também.*
- *Tome um banho, tire o cabelo do ralo — também.*
- *Lave suas mãos, seque a pia — também.*
- *Quando lavar a louça, seque-a — também.*

Agora que captou a ideia, você pode criar sua lista de afazeres em que, por vezes, deixa de praticar o "também". Olhe para além de si mesma e veja o que pode fazer por outra pessoa, especialmente por sua família. Observe que Jesus concede a bênção de Abraão a Zaqueu quando este se oferece para pagar não apenas o que deve, mas também um valor adicional.

> *Enquanto isso, Zaqueu se levantou e disse: "Senhor, darei metade das minhas riquezas aos pobres. E, se explorei alguém na cobrança de impostos, devolverei quatro vezes mais!". Jesus respondeu: "Hoje chegou a salvação a esta casa, pois **este homem também é filho de Abraão**".*
>
> Lucas 19.8-10, grifo nosso

A herança de Abraão, a saber, fé, provisão, prosperidade, obediência e relacionamento com Deus, foi concedida a Zaqueu e sua casa porque ele se dispôs a dar mais do que era esperado: o também.

O PRINCÍPIO DO TAMBÉM EM SUA CASA

> *"Quando um servo chega do campo depois de arar ou cuidar das ovelhas, o senhor lhe diz: 'Venha logo para a mesa comer conosco'? Não, ele diz: 'Prepare minha refeição, apronte-se e sirva-me enquanto como e bebo. Você pode comer depois'. E acaso o senhor agradece ao servo por fazer o que lhe foi ordenado?* **Da mesma forma***, quando vocês obedecem, devem dizer: 'Somos servos inúteis; apenas cumprimos nosso dever'."*
>
> Lucas 17.7-10, grifo nosso

Todo mundo volta para casa depois de fazer algo que consumiu sua energia ao longo do dia. A maioria das mães e dos pais volta do trabalho, e os filhos voltam da escola. Todos estão cansados, mas é preciso preparar o jantar, fazer a lição de casa e realizar as tarefas domésticas. Jesus ensina claramente que, depois de termos feito nosso trabalho, ainda devemos servir uns aos outros. Eis algumas ideias simples para colocar em prática o Princípio do Também em sua casa.

- *Depois de arrumar a mesa, acenda uma vela também.*
- *Depois de lavar e secar as roupas, dobre-as também.*
- *Depois de tomar banho, deixe o boxe limpo também.*
- *Depois de usar o vaso sanitário, abaixe a tampa também.*
- *Depois de trocar-se, pendure as roupas também.*
- *Depois de lavar a louça, seque-a também.*
- *Depois de dormir, arrume sua cama também.*

O PRINCÍPIO DO TAMBÉM EM SEUS RELACIONAMENTOS

Há diversos momentos na vida, quer você tenha filhos pequenos, quer adolescentes, em que a rotina da família pode ser agitada. Ou, como eu, talvez você tenha filhos adultos e seja só você e seu marido. Mais um motivo para ficar atenta e não cair em hábitos preguiçosos que tornam o relacionamento sem graça. É fácil ater-se apenas ao essencial e deixar de valorizar as pequenas coisas que tornam a vida especial para todos.

- *Quando o marido voltar do trabalho, pare o que estiver fazendo e receba-o com um sorriso e um beijo — também.*
- *Quando o marido sentar-se na cadeira dele, traga-lhe uma bebida — também.*
- *Quando corrigir seu filho adolescente, faça-lhe um elogio — também.*
- *Quando colocar os filhos na cama, ore com eles — também.*
- *Quando ajudar os filhos a arrumar o quarto deles, transforme o trabalho em diversão — também.*
- *Quando buscar os filhos na escola, leve um lanche para eles — também.*

O PRINCÍPIO DO TAMBÉM EM SEU MODO DE FALAR

Vivam com sabedoria entre os que são de fora e aproveitem bem todas as oportunidades. Que suas conversas sejam amistosas e agradáveis, a fim de que tenham a resposta certa para cada pessoa.

Colossenses 4.5-6

CONVERSAS — O DESAFIO DOS DISPOSITIVOS ELETRÔNICOS

Puxe conversa. Tome a iniciativa. Ter conversas "amistosas e agradáveis [também]" significa honrar e favorecer a pessoa com quem você está falando ao lhe dar toda a sua atenção. É triste observar como a sociedade se tornou egocêntrica. É raro encontrar alguém que tome a iniciativa de ter uma conversa mais profunda.

Sherry Turkle, autora de *Reclaiming Conversations: The Power of Talking in a Digital Age* [Resgatando a conversação: O poder de dialogar em uma era digital], é a principal pesquisadora nos Estados Unidos no campo do impacto da tecnologia sobre os relacionamentos. Sherry diz: "Com frequência, somos silenciados por nossas tecnologias — de certa forma, somos 'livrados de falar'". Esses silêncios, muitas vezes na presença dos filhos, geraram uma crise de empatia que nos degradou em casa, no trabalho e na vida pública.

De acordo com Sherry, a cura para nossos relacionamentos digitais distantes é a conversa face a face, olho no olho, a aptidão de ouvir e de ser paciente com o outro. A seu ver, os telefones celulares precisam ser deixados intencionalmente em outro cômodo para que possa haver conversas autênticas sem distrações.[i]

ACRESCENTE GRAÇA A SUAS CONVERSAS

A definição simples de graça é "concessão de um favor imerecido".

- *Ouça quando estiverem falando com você. Seja afável mesmo que estejam tagarelando sobre algo que não seja de seu interesse. Lembre-se de que ouvir diz respeito à outra pessoa, e não a você.*
- *Aprenda a puxar conversa. Não espere até a outra pessoa falar com você; a maioria não o fará.*

Quando nossa neta Brooke fez 17 anos, no fim do ensino médio, começou a frequentar uma prestigiosa escola de teatro. Até então, havia participado de outro curso de teatro e, portanto, não conhecia ninguém na escola nova. Depois do primeiro dia, perguntei como tinha sido. Ela respondeu: "É ótimo estar em um ambiente novo, em que não conheço ninguém. É impressionante como as pessoas não sabem puxar conversa, então eu assumo a responsabilidade de facilitar as coisas para elas".

Quando está em um grupo, você assume a responsabilidade de interagir com as pessoas? Ou espera que elas tomem a iniciativa? Infelizmente, perdemos muitas experiências relacionais extraordinárias ao nos fecharmos ou nos contentarmos com um simples "olá" cordial. Você envia mensagens de texto para seus filhos mesmo dentro de casa em vez de ir até onde eles estão (também) e conversar com eles? Estudos mostram que conversar pessoalmente cria relacionamentos mais profundos e expressivos. A comunicação digital é mais rápida e fácil, mas cria distância nos relacionamentos e os transforma em meras conexões.

Agora leia Mateus 5.38-48. Esse texto traz várias aplicações do Princípio do Também. Considere as seguintes:

- *Se alguém lhe der um tapa na face direita, ofereça também a outra.*
- *Se você for processado no tribunal e lhe tomarem a roupa do corpo, deixe que levem também a capa.*
- *Se alguém o forçar a caminhar uma milha com ele, caminhe mais uma também.*
- *Dê a quem pedir e também não volte as costas a quem quiser tomar emprestado de você.*

> *"Se amarem apenas aqueles que os amam, que recompensa receberão? Até os cobradores de impostos fazem o mesmo. Se cumprimentarem apenas seus amigos, que estarão fazendo de mais? Até os gentios fazem isso. Portanto, sejam perfeitos, como perfeito é seu Pai celestial."*
>
> Mateus 5.46-48

O que Jesus quer dizer com perfeição? Analise o contexto. Ele diz que é possível ir além daquilo que é esperado em todos os seus relacionamentos, concedendo favor imerecido como nosso Pai celeste lhe concedeu favor imerecido, ou seja, sem mérito. Devemos imitar a generosidade dele para com outros, abrindo mão de nossa conduta egoísta e dando espaço para a abnegação dele. Perfeitas. É possível.

CONFRONTE SEUS OBSTÁCULOS

O caráter de Rebeca a qualificou para herdar as bênçãos de Abraão e transmiti-las à geração seguinte. O mesmo pode acontecer com você. Se deseja viver na fartura de Deus com fé, provisão, prosperidade, obediência e em um relacionamento pessoal com ele, é importante confrontar os obstáculos que a impedem de servir outros e de adotar o Princípio do Também.

O Princípio do Também é o oposto de ser preguiçosa; consiste em desenvolver uma ética de trabalho positiva em tudo o que faz. Essa abordagem garantirá seu sucesso e o sucesso de cada membro da família. Todas nós precisamos trabalhar para desenvolver nossa fé, formar relacionamentos saudáveis e administrar nossa provisão de modo que se torne prosperidade. Até mesmo nossa intimidade com Deus requer priorização e dedicação para que aprofundemos nosso entendimento espiritual. Devemos "[esforçar-nos] para entrar nesse descanso" (Hb 4.11).

Os textos bíblicos a seguir se referem aos resultados de alguém que é o oposto do Princípio do Também. A Bíblia usa o termo "preguiçoso". Ser "preguiçoso" é ser vagaroso, adiar e procrastinar. Ao ler esses versículos de Provérbios, confronte qualquer atitude ou ação preguiçosa em sua vida que possa estar obstruindo sua bênção.

REJEITE A PREGUIÇA

Mas você, preguiçoso, até quando dormirá?
Quando sairá da cama? Um pouco mais de sono, mais um cochilo,
mais um descanso com os braços cruzados,
e a pobreza o assaltará como um bandido;
a escassez o atacará como um ladrão armado.

Provérbios 6.9-11

Quem tem preguiça de arar a terra na época certa
não terá comida no tempo da colheita.

Provérbios 20.4

O preguiçoso deseja muitas coisas, mas acaba em ruína,
pois suas mãos se recusam a trabalhar.
Algumas pessoas cobiçam o tempo todo,
mas o justo gosta de repartir o que tem.

Provérbios 21.25-26

PRINCÍPIOS ESSENCIAIS

> *Devemos imitar a generosidade dele para com outros, abrindo mão de nossa conduta egoísta e dando espaço para a abnegação dele. Perfeitas. É possível.*

ADOTE A DILIGÊNCIA

O oposto de preguiça é diligência, um traço de caráter adotado em todo o livro de Provérbios. Os sábios são diligentes e receberão bênçãos do Senhor por seu trabalho dedicado.

> *Quem trabalha com dedicação chega a ser líder,*
> *mas o preguiçoso se torna escravo.*
>
> Provérbios 12.24

> *O preguiçoso logo empobrece,*
> *mas os que trabalham com dedicação enriquecem.*
>
> Provérbios 10.44

> *O preguiçoso muito quer e nada alcança,*
> *mas os que trabalham com dedicação prosperam.*
>
> Provérbios 13.4

ASSUMA RESPONSABILIDADE POR SEU ESPAÇO PESSOAL

> *Passei pelo campo do preguiçoso,*
> *pelo vinhedo daquele que não tem juízo.*
> *Tudo estava cheio de espinhos e coberto de ervas daninhas,*
> *e seu muro de pedras, em ruínas.*
> *Então, enquanto observava e pensava no que via,*
> *aprendi esta lição:*
> *Um pouco mais de sono, mais um cochilo,*
> *mais um descanso com os braços cruzados,*
> *e a pobreza o assaltará como um bandido;*
> *a escassez o atacará como um ladrão armado.*
>
> Provérbios 24.30-34

Para você, a parte mais importante dessa última passagem é: "Enquanto observava e pensava no que via, aprendi esta lição". Comece a aplicar o Princípio do Também em todos os âmbitos de sua vida.

Faça uma lista de áreas de seu dia a dia que são como um "muro de pedras, em ruínas". Em outra coluna, relacione o "também" que você pode acrescentar para começar a reconstruir esse muro em ruínas. Ao assumir o propósito de melhorar seus hábitos, você começa a estabelecer o legado de Abraão para sua família, um legado de fé, provisão, prosperidade, obediência e intimidade com Deus.

NOSSO LEGADO

Minha bisavó era uma mulher temente a Deus. Quando o marido dela faleceu, seu filho mais velho, meu avô, tornou-se o provedor da família. Ele havia se casado fazia pouco tempo com minha avó, e todos os membros da família moravam juntos. Minha avó não era de um lar temente a Deus. Mas, durante esse período em que todos moraram juntos, sua sogra lhe mostrou uma vida de oração, fé, amor e bondade. Foi exemplo de verdadeiro cristianismo para ela. Minha avó se tornou uma pessoa piedosa, e educou uma mulher piedosa, minha mãe.

SEJA EXEMPLO

Escolhi os caminhos do Senhor graças ao amor abnegado demonstrado em meu lar. Eu de fato tinha temor do Senhor, temor de levar qualquer outro tipo de vida, pois não desejava a dor, a rejeição, a angústia e o caos que acompanham uma vida de pecado. Queria um lar e uma família com amor e paz, exatamente como o lar em que cresci. Sabia que podia decidir aceitar a verdade de Jesus para mim e abrir mão de meu egoísmo a fim de viver em submissão e sacrifício. É um modo maravilhoso, tranquilo e amoroso de viver.

O exemplo de minha mãe se tornou minha realidade, e passamos essa "herança" adiante para nossa filha e nosso filho. Eles, por sua vez, transmitiram esses mesmos valores e escolhas de vida para seus filhos adultos. Agora, nossos bisnetos estão aprendendo a viver conforme esses princípios. É uma verdade extraordinária.

Se deseja viver na fartura de Deus com fé, provisão, prosperidade, obediência e em seu relacionamento com ele, é importante confrontar os obstáculos que a impedem de servir outros.

PRINCÍPIOS ESSENCIAIS

Cultivamos um estilo de vida em que honramos a Deus, sua Palavra e uns aos outros.

Talvez você pergunte: "Como vocês conseguem?". A resposta é simples. Somos autênticos em nossa busca por amar e conhecer a Deus e por viver não apenas sabendo o que a Bíblia diz, mas colocando esse conhecimento em prática. Por exemplo, levamos extremamente a sério este versículo:

> *Evitem o linguajar sujo e insultante. Que todas as suas palavras sejam boas e úteis, a fim de dar ânimo àqueles que as ouvirem. Não entristeçam o Espírito Santo de Deus, o selo que ele colocou sobre vocês para o dia em que nos resgatará como sua propriedade.*
>
> Efésios 4.29-30

ELEVE SEUS PADRÕES

Somos muito cuidadosos com aquilo que dizemos e com o modo como o dizemos na situação que estamos vivenciando. Oferecemos graça a outros quando estão errados e não desejamos que nossas reações entristeçam o Espírito Santo de Deus. Imagine se famílias colocassem esses dois versículos de Efésios em prática continuamente: que ambiente diferente teriam em seus lares e seus relacionamentos!

Não há justificativa para a desobediência. Quando você errar, humilhe-se diante de seus filhos ou de seu cônjuge e dê exemplo de como corrigir o que está errado. Eles aprendem essas lições de vida de você. Acessos de raiva não devem ocorrer quando temos domínio próprio. Mas, se ocorrerem, recupere o controle de imediato e fale sobre o que você permitiu que acontecesse. Seus filhos aprenderão a controlar as emoções negativas deles ao ver você controlar as suas.

A religião é mortal. Em essência, diz: "Faça o que eu digo (o que a Bíblia diz), mas não faça o que eu faço". É melhor jamais citar passagens bíblicas do que citar passagens que você não pratica. Essa incoerência cria nos filhos uma ruptura no entendimento da fé e do relacionamento com Jesus, nosso Salvador. De que Jesus nos salvou? De nossa natureza pecaminosa. Eles precisam ver que você foi salva de sua "natureza pecaminosa". Como disse o apóstolo Paulo: "Já não sou eu quem vive, mas Cristo vive em mim" (Gl 2.20).

PASSE ADIANTE

Meus pais se mostraram bons administradores de seus recursos. Aprendemos a cuidar bem do que tínhamos. Não se permitia desperdício. Não podíamos pedir comida em um restaurante e deixar no prato o que havíamos pedido. Também não podíamos encher o prato além do que conseguíamos comer. Podíamos nos servir de quanto desejássemos, desde que não fosse mais que nosso apetite.

Eles nos ensinaram a ser gratos pela provisão e a cuidar dela. A provisão escassa se tornou prosperidade.

PRINCÍPIOS ESSENCIAIS

Papai sempre nos dava dinheiro para entregar como oferta na igreja e nos ensinou a separar uma parte de nossa mesada, o "dinheiro do Senhor", como forma de agradecer a Deus por sua provisão. Essas coisas parecem extremamente simples, mas são importantes. Fomos ensinados a obedecer a nossos pais, de modo que obedecer a outras autoridades e a Deus não era difícil. Ver meus pais ler a Bíblia porque gostavam de fazê-lo me fez desejar saber também o que ela dizia. Eles não faziam estudos bíblicos em família, e nós também não fazemos. Cultivamos um estilo de vida em que honramos a Deus, sua Palavra e uns aos outros.

Mesmo que você seja a primeira geração de crentes em Jesus Cristo, pode começar um novo legado para as gerações seguintes de sua família. Esse legado também é uma promessa para você, se praticar esse princípio.

PASSOS PRÁTICOS

- Crie uma lista de áreas em que deseja aplicar o Princípio do Também. Não se preocupe com o que lhe falta; concentre-se no que deseja fazer melhor. Seu passado não existe. Crie um novo futuro.
- Conte para alguém seu desejo de mudar e dê relatórios a essa pessoa de tempos em tempos. Essa prestação de contas a motivará quando você cair em seus velhos hábitos (o que certamente acontecerá, mas isso não é problema).
- Quando falhar, contemple o amanhã, e não o hoje. Reconheça seu erro, crie uma solução ao olhar para além de si mesma e comece de novo. Você terá prazer em viver de nova maneira — também.

---

[1] Sherry Turkle, *Reclaiming Conversation: The Power of Talk in a Digital Age* (Nova York: Penguin Books, 2015), p. 9. Veja também *Alone Together: Why We Expect More from Technology and Less from Each Other* (Nova York: Basic Books, 2012).

"Você foi fiel na administração dessa quantia pequena, e agora lhe darei muitas outras responsabilidades. Venha celebrar comigo."

Mateus 25.21

PRINCÍPIOS ESSENCIAIS

04

O PRINCÍPIO DE USAR O QUE VOCÊ TEM

"Você foi fiel na administração dessa quantia pequena, e agora lhe darei muitas outras responsabilidades. Venha celebrar comigo."

Mateus 25.21

ENTENDA O PRINCÍPIO

Essa passagem das Escrituras se tornou real para mim quando eu tinha vinte e poucos anos e era jovem esposa e mãe. Ela moldou meu modo de pensar e serviu de paradigma de vida. Larry e eu estávamos começando nossa primeira igreja. A congregação era pequena, e nossa visão era grandiosa. Embora fosse uma cidade pequena, acreditávamos que poderíamos alcançar todos os seus habitantes com as novas empolgantes de que Jesus era a resposta para os jovens *hippies* em busca de amor e paz.

Quebramos tradições religiosas, colocamos de lado o apego à instituição e começamos a edificar o reino em vez de construir nossa igreja. Tornamo-nos tema de comentários na cidade, nem todos eles positivos. Em doze anos, desenvolvemos ministérios bem-sucedidos e uma igreja grande e vimos milhares de pessoas aceitarem a Cristo. Dali, espalhamos as boas-novas para as nações.

No início, eu ia ao supermercado com uma calculadora na mão, para me certificar de que ficaria dentro do orçamento. Fazia diversos trabalhos para complementar a renda e cobrir as despesas essenciais. Éramos felizes. Tínhamos contentamento e gostávamos de receber em nossa pequena casa alugada, mobiliada com peças de segunda mão, aqueles que desejavam saber mais sobre um uma nova forma de viver.

Lembro-me de ler a história registrada em Mateus 25.14-29. Ao ensinar seus discípulos, Jesus compara o reino dos céus ao relacionamento de um homem com seus servos. De acordo com a história, o reino de Deus é semelhante a um homem que parte em uma viagem longa e confia seu dinheiro a três servos, de forma proporcional à capacidade deles. A um dos servos ele dá cinco talentos; a outro, dois; e a outro, um. Quando volta de viagem, pergunta-lhes como usaram o que receberam.

Os dois primeiros dobraram o valor que lhes foi dado, enquanto o terceiro, por medo e preguiça, enterrou o que tinha. A todos os três foram confiados recursos para administrar, recursos de um senhor extremamente rico. Um talento equivalia a cerca de vinte anos de salário.

Vi claramente que Jesus era esse senhor e que ele estava contando essa história a respeito de si mesmo. Jesus estava para ir embora da terra. Os discípulos não sabiam que isso aconteceria, mas Jesus contou essa história para prepará-los. Mais adiante, compreenderiam. A riqueza que Jesus deixaria para os discípulos seria constituída de suas experiências, verdades, princípios e, em alguns casos, da necessidade de usar o que tinham, mesmo que fosse apenas um par de sandálias. Fossem eles profissionais afluentes ou pescadores, essa história os desafiou a usar o que lhes havia sido confiado e a multiplicar esses recursos.

Jesus chamou todos que o conheciam para usar o que aprenderam e vivenciaram a fim de propagar as boas-novas de que ele era o Messias. Queria que multiplicassem seu investimento neles; para isso, deviam anunciar sua história: ele morreu, está vivo e voltará. Usavam suas casas, as sinagogas, os estádios, a encosta de montes e outros lugares para contar a outros que Jesus é o Caminho, a Verdade e a Vida.

TRÊS ELEMENTOS

O Princípio de Usar O Que Você Tem abrange três elementos:

- *Fidelidade*
- *Administração*
- *Consequências*

Os valores no reino de Deus não dizem respeito a quanto você tem ou não tem. O Senhor deseja que você se esforce ao máximo para aproveitar da melhor maneira aquilo que tem.

Vejamos os elementos que Jesus ensina e a recompensa por ele oferecida a cada uma de nós que escolhe colocar essas verdades em prática.

PRIMEIRO ELEMENTO: FIDELIDADE

A fidelidade é, verdadeiramente, determinada por sua atitude. Voltemos à história: o servo infiel não usou o que tinha, não administrou os recursos que recebeu e deixou de abençoar outros com o que lhe foi confiado. Quando o senhor voltou e pediu que os três servos lhe prestassem contas, o que tinha enterrado o talento, em vez de usá-lo com sabedoria, reagiu de modo defensivo. Em sua amargura, tornou-se irracional em relação àquele que havia provido para ele e culpou o senhor por sua improdutividade e infelicidade.

> *"Por último, o servo que havia recebido um talento veio e disse: 'Eu sabia que o senhor é homem severo, que colhe onde não plantou e ajunta onde não semeou. Tive medo de perder seu dinheiro, por isso o escondi na terra. Aqui está ele'."*
>
> Mateus 25.24

O plano do Senhor não consiste em tirar dos ricos e dar aos pobres. O reino de Deus não é socialista. Deus tem recursos de sobra. O Senhor tira dos infiéis e dá aos fiéis, de modo que tenham o bastante para distribuir aos pobres fiéis. Há ricos infiéis e pobres infiéis. Seja você rica ou pobre, o princípio é o mesmo: seja fiel com o que tem. Se não administrou bem seus recursos, não culpe circunstâncias ou pessoas. Mude de atitude. Assuma responsabilidade e comece hoje mesmo.

O PRINCÍPIO DE USAR O QUE VOCÊ TEM

Quando recursos são desperdiçados, o senhor os remove e os confia a alguém que os administrará com sabedoria e fidelidade para que possa continuar a multiplicá-los. É um sistema inteiramente contrário à nossa cultura.

A fidelidade maximiza o potencial. A preguiça minimiza o potencial. Você é chamada, acima de tudo, a aproveitar ao máximo seu potencial em todos os aspectos da vida. Vemos claramente esses dois tipos de atitude no relato em Mateus. Dois homens são gratos pelo que o senhor lhes confiou; um homem é ingrato. A gratidão gera motivação. A motivação resulta em multiplicação.

> "O servo ao qual ele havia confiado cinco talentos se apresentou com mais cinco: 'O senhor me deu cinco talentos para investir, e eu ganhei mais cinco'. O senhor disse: 'Muito bem, meu servo bom e fiel. Você foi fiel na administração dessa quantia pequena, e agora lhe darei muitas outras responsabilidades. Venha celebrar comigo'."
>
> Mateus 25.20-21

Seja você rica ou pobre, o princípio é o mesmo: seja fiel com o que tem.

Sua percepção de realização pessoal e seu respeito próprio estão diretamente ligados a sua maneira de usar o que tem para proporcionar vida e alegria a outras pessoas. Se você não multiplicar o que tem, desenvolverá uma perspectiva negativa que a impedirá de desfrutar o mundo ao redor. Essa atitude ingrata reprimirá sua criatividade para aproveitar o que tem de modo realizador.

EXPERIÊNCIA DO LAR | 61

PRINCÍPIOS ESSENCIAIS

A fidelidade maximiza o potencial. A preguiça minimiza o potencial.

Acabe com a mentalidade que diz: "Quando eu tiver uma casa melhor, móveis melhores e mais dinheiro, colocarei em prática o Princípio de Usar O Que Você Tem". Jesus disse que somos provados no modo como usamos nossa "quantia pequena". O oposto também é verdade. E se você tem muito dinheiro, uma casa grande e um carro de luxo? Seu desafio é continuar a usar essa fartura de recursos que Deus lhe confiou. Não é raro vermos pessoas que prosperam começarem a viver isoladas e deixarem de compartilhar sua vida e seus bens com alguém de fora da família. Como consequência, já não se sentem realizadas.

Jesus nos confia bens. Não são apenas para uso próprio. Ele espera que aproveitemos ao máximo o potencial de nossos bens, dinheiro, educação, habilidade, lar, carro, alimento, roupas e até mesmo de nossa história, ou seja, de tudo o que temos. Ele também nos responsabiliza conforme sua expectativa de que, ao voltar, tenhamos multiplicado o potencial daquilo que ele nos permitiu administrar. Afinal, tudo o que temos é empréstimo de Deus; não pertence de fato a nós, embora tenha nosso nome na documentação.

Seus bens devem ser usados para desenvolver uma nova geração (sua família), a fim de que ame a Deus e edifique seu reino. Há outros esperando para experimentar o amor de Deus por seu intermédio. Seu lar é seu melhor recurso.

SEGUNDO ELEMENTO: ADMINISTRAÇÃO

O sentido de administração que temos em mente aqui é um pouco diferente de seu uso geral. Estamos falando de uma ética que abrange planejamento e gerenciamento responsável de recursos. Os conceitos de administração podem ser aplicados ao meio ambiente e à natureza, à economia, à saúde, a bens, informação, teologia etc.

Em termos simples, administrar significa cuidar de modo responsável daquilo que você tem. A Palavra de Deus estabeleceu um alicerce para a prática da administração em minha vida.

No começo, tínhamos muito pouco. Certo dia, olhei ao redor e me perguntei: "Se isso é tudo o que Deus me confiou, eu não deveria aproveitá-lo ao máximo?". Sem dúvida, desejava contribuir para o reino de Deus e não queria que o Senhor removesse o que me havia confiado e entregasse minha oportunidade para outra pessoa. Para dizer a verdade, queria mais e, portanto, resolvi aproveitar da melhor maneira possível minha "quantia pequena", na esperança de que Deus me confiaria ainda mais. E foi o que ele fez.

Na história relatada por Mateus, o servo que enterrou o talento o perdeu. O senhor o tirou dele, pois ele não o administrou bem. Desperdiçou o que havia recebido. O senhor entregou esse talento àquele que tinha a quantia maior.

Vale a pena examinar o texto:

> *"'Tive medo de perder seu dinheiro, por isso o escondi na terra. Aqui está ele.' O senhor, porém, respondeu: 'Servo mau e preguiçoso! Se você sabia que eu colho onde não plantei e ajunto onde não semeei, por que não depositou meu dinheiro? Pelo menos eu teria recebido os juros'. Em seguida, ordenou: 'Tirem o dinheiro deste servo e deem ao que tem os dez talentos. Pois ao que tem, mais lhe será dado, e terá em grande quantia; mas do que nada tem, mesmo o que não tem lhe será tomado'."*
>
> Mateus 25.25-29

Eis algumas formas de aplicar a administração às atitudes e aos hábitos de sua família.

Boas administradoras cuidam do que têm

- *Mantenha sua casa limpa e organizada.*
- *Faça reparos quando algo quebrar.*
- *Pinte o muro de sua casa.*
- *Corte a grama e remova as ervas daninhas.*
- *Plante flores.*
- *Guarde as ferramentas de jardinagem.*
- *Mantenha seu carro limpo.*
- *Guarda bicicletas e brinquedos.*
- *Organize seus armários.*

Faça o melhor com o que tiver, mesmo que seja emprestado. Devolva itens emprestados no devido tempo e em condições melhores do que recebeu. É trabalhoso cuidar bem daquilo que você tem. Por isso o Senhor nos testa nas coisas pequenas.

Boas administradoras não desperdiçam. O desperdício é um péssimo hábito. Pode gerar uma atitude de descuido em diversos âmbitos de nossa vida. Eis algumas áreas em que pode acontecer de desperdiçarmos por descuido:

- **Alimento.** *Não sirva porções grandes demais. Nosso lema é: "Sirva-se do que puder comer. Coma aquilo de que se serviu". Você sempre pode repetir. Pedir pratos demais no restaurante e deixá-los para que sejam jogados fora é um desperdício de alimento e de dinheiro. Seja consciente.*
- **Tempo.** *Desperdiçar tempo é como enterrar a oportunidade de fazer algo novo. A preguiça leva à pobreza. As horas excessivas na frente de dispositivos eletrônicos, dormindo, fazendo compras on-line e correndo de um lado para o outro são um tempo*

A gratidão gera motivação. A motivação resulta em multiplicação.

> *Alegria, realização e prosperidade estão diretamente relacionadas a assumir responsabilidade por multiplicar o que temos, a aproveitá-lo ao máximo.*

que poderia beneficiar sua família. Empregue seu tempo com sabedoria. Plante um vaso para colocar junto à porta da frente, prepare-se para as refeições em família, receba em casa seus vizinhos, ou os amigos de seus filhos, ou os colegas de seu marido. Seja produtiva.

- **Dinheiro.** Estabeleçam objetivos financeiros como família, abrangendo necessidades e desejos. Não seja mesquinha; seja generosa. No entanto, não desperdice comprando coisas desnecessárias quando há outros itens mais importantes em sua lista. Gaste, mas gaste com as coisas certas: renovando a decoração da casa, passando tempo em família, fazendo um programa com o marido etc. Gaste com aquilo que contribua para seus valores familiares.

Boas administradoras economizam

- *Separe dinheiro para o futuro, mesmo que seja uma pequena quantia. Futuro pode significar várias coisas, desde as próximas férias até a faculdade dos filhos. Guarde em curto ou longo prazo. Só não gaste tudo.*
- *Economize para dar a outros.*

Boas administradoras contribuem

- *Contribua em sua igreja.*
- *Contribua com pessoas que têm menos que você.*
- *Contribua com organizações que sirvam sua comunidade.*
- *Contribua com ministérios em cuja visão você acredite.*
- *Contribua com missões.*
- *Contribua com pouco ou com muito. Contribua de modo proporcional ao que Deus está lhe confiando neste momento de vida.*

TERCEIRO ELEMENTO: CONSEQUÊNCIAS

A história dos talentos mostra que nosso Senhor nos dará responsabilidades de acordo com nossa aptidão. Além disso, ele voltará para ver como administramos e investimos o que ele nos confiou. Nossa responsabilidade é multiplicar o que Deus nos concedeu para os propósitos de seu reino. Na história, os servos fiéis recebem grandes recompensas. O senhor diz:

> *"Muito bem, servo bom e fiel! Você foi fiel no pouco; eu o porei sobre o muito. Venha e participe da alegria do seu senhor!"*
>
> Mateus 25.21, NVI, grifo nosso

Para aquele que foi irresponsável, as consequências foram graves. Além de o senhor tirar dele o talento (entregue ao que havia demonstrado responsabilidade), o servo foi lançado

Multiplicação, produtividade e realização são as recompensas de cuidar com gratidão de seus recursos e compartilhá-los com outros. Não se pode governar algo de que não se cuidou fielmente.

para fora, na escuridão, onde haverá choro e ranger de dentes (Mt 25.30), que representam tormento e infelicidade.

Alegria, realização e prosperidade estão diretamente relacionadas a assumir responsabilidade por multiplicar aquilo que temos, a aproveitá-lo ao máximo. Os dividendos materiais e espirituais resultantes da boa administração não são apenas nossos. Quando somos responsáveis com o que nos é confiado, nossa obediência encoraja e beneficia outras pessoas. Edificar o reino significa transmitir as lições de vida que aprendemos pela prática de princípios bíblicos.

A alegria do Senhor

Multiplicação, produtividade e realização são as recompensas de cuidar com gratidão de seus recursos e compartilhá-los com outros. Não se pode governar algo de que se não cuidou fielmente. O princípio é definido de modo claro pelo senhor na parábola:

> *"Você foi fiel na administração dessa quantia pequena, e agora lhe darei muitas outras responsabilidades. Venha celebrar comigo."*
>
> *Mateus 25.23*

Seu lar, por mais simples ou extravagante que seja, deve ser devidamente mantido e usado em todo o seu potencial para o reino de Deus. Jesus disse:

> *"Busquem, em primeiro lugar, o reino de Deus e a sua justiça, e todas essas coisas lhes serão dadas."*
>
> *Mateus 6.33*

O termo grego traduzido por "busquem" é *zeteo*. Significa "desejar sinceramente" e "esforçar-se para ter". Se você deseja a alegria do Senhor fluindo em seu lar, investimentos que se multiplicam e realização pessoal — recompensas do Senhor —, deve buscar zelosamente as coisas que edificam o reino. Use com sabedoria o que você tem, em todo o seu potencial, para o reino de Deus.

Uma vida de tristeza

Se você for ingrata, queixar-se do que falta e acumular o que tem, não desfrutará alegria, produtividade ou realização. Seus relacionamentos serão tensos, sua infelicidade continuará e sua frustração e carência aumentarão. O resultado inevitável será a perda do que você tem, bem como a tristeza de ver suas coisas irem para outros que as receberão com alegria e as usarão com o coração grato, mesmo que já tenham mais que você! Foi o que aconteceu com o servo infiel que enterrou o dinheiro a ele confiado por seu senhor. A escolha é sua. O que você fará com o que tem?

PASSOS PRÁTICOS

- *Arrependa-se caso seu coração tenha sido ingrato.*
- *Reconheça seu erro caso tenha sido descuidada em relação ao que tem.*
- *Arrependa-se por usar seus bens apenas para si e sua família.*
- *Como você pode melhorar o que tem? Faça uma lista de ações. A quem você pode estender a mão para compartilhar seus recursos?*
- *Defina uma data para iniciar mudanças com o intuito de aplicar o Princípio de Usar O Que Você Tem.*

Quando você começa a seguir o caminho escolhido pelos dois servos fiéis, participa da alegria de seu Senhor, como eles fizeram. Lembre-se da promessa de Jesus nessa parábola e entenda que ele deseja que você participe da alegria dele.

> *"O Senhor respondeu: 'Muito bem, servo bom e fiel! Você foi fiel no pouco; eu o porei sobre o muito. Venha e participe da alegria de seu senhor!'."*
>
> *Mateus 25.23, NVI*

Um guia de estudo gratuito está disponível em <www.homeexperience.global>.

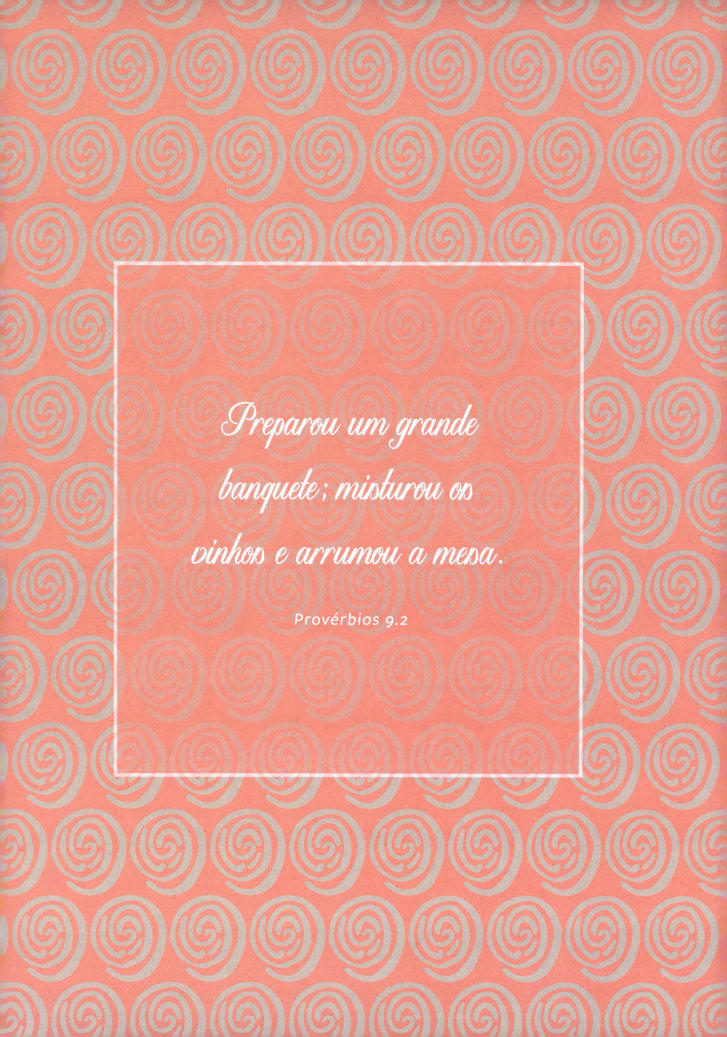

Preparou um grande banquete; misturou os vinhos e arrumou a mesa.

Provérbios 9.2

APTIDÕES RELACIONAIS BÁSICAS

O PRINCÍPIO DA HONRA

por Trina Titus Lozano

"Amem-se com amor fraternal e tenham prazer em honrar uns aos outros."

Romanos 12.10

Jesus nos diz que o mandamento mais importante é amar o Senhor, nosso Deus, de todo o coração, de toda a alma, de toda a mente e com todas as forças, e conclui com palavras quase surpreendentes, quando refletimos a seu respeito com calma: "Igualmente importante: 'Ame o seu próximo como a si mesmo'" (Mt 22.37-39).

Sou cristã, inteiramente dedicada a amar e honrar a Deus, mas não havia percebido que é igualmente importante para ele que eu ame e honre minha família e meus amigos também, isto é, meu próximo. Verdade? Da mesma forma? Deus e os outros têm a mesma prioridade absoluta?

Pense na pessoa mais próxima de você. Se é casada, quem está a seu lado na cama? Seu marido. Se não é casada, com quem divide seu lar? Seu próximo ocupa o outro quarto, ou mora na casa ao lado.

Todos nós queremos um propósito na vida. Todos queremos saber "Qual é o sentido de minha existência?", "O que dá significado a minha vida?". Há somente uma resposta: relacionamentos. Fomos criados para relacionamentos. Não fomos feitas para viver sozinhas. Deus nos criou à sua imagem, e ele vive em um relacionamento de honra e amor com Jesus e com o Espírito

Santo (a Trindade) e conosco, sua criação. Também fomos criados para nos relacionar com a Trindade e uns com os outros. Como Adão e Eva, fomos feitos para amar e formar vínculos.

"Tenham prazer em honrar uns aos outros": essa é a chave para a devoção e o amor em nossos relacionamentos. Seja você casada ou não neste momento de vida, a honra é o ingrediente essencial para todo relacionamento saudável.

HONRAR PAI E MÃE

> *"Honre seu pai e sua mãe." Esse é o primeiro mandamento com promessa. Se honrar pai e mãe, "tudo lhe irá bem e terá vida longa na terra."*
>
> **Efésios 6.2-3**

O relacionamento com os pais é o ponto de partida para a honra. O quinto mandamento é o único acompanhado de promessa: se você honrar pai e mãe, terá uma vida longa e plena e tudo lhe irá bem. O oposto também é verdade. Se não honrá-los, nada irá bem. Você tem uma vida plena? Ou está sempre lutando e se esforçando para alcançar sucesso, pois nada vai bem e tudo parece dar errado? A enfermidade está sempre batendo à porta? Pare e pergunte-se: "Por quê?". Talvez você não esteja honrando seu pai e sua mãe.

Sou conselheira, e a maioria de meus clientes tem mágoas causadas pelos pais desde a mais tenra infância. Se as feridas de sua infância não foram curadas e você não perdoou seus pais, é provável que tudo não vá bem e que você não tenha vida longa. Quer seus pais façam parte de sua vida, quer não, é preciso chegar ao ponto de escolher honrá-los, não importa o que tenha acontecido no passado.

Honrar os pais é uma ordem que você e seus filhos não podem desconsiderar. É uma de suas vocações mais sublimes e uma de suas maiores incumbências. Como sempre digo, é simples,

A honra é o ingrediente essencial para todo relacionamento saudável.

mas não é fácil. Se você escolher honrar seus pais, seus filhos aprenderão a honrá-la, e um legado de honra será transmitido de geração em geração. No caso de nossa família, a honra foi exemplificada em cinco gerações.

Quando criança, eu visitava minha avó e a via cuidar de minha bisavó. Agora, meus filhos me veem cuidar de minha avó, que mora em um apartamento contíguo a minha casa. Vovó costuma contar histórias sobre o lar em que cresceu. A mãe dela cuidou da sogra desde que a mãe se casou até que a sogra faleceu. É comum em nossa família cuidar dos idosos em casa quando possível. Não vemos isso como sacrifício, mas como uma honra.

As mulheres de nossa família têm vida longa e plena, e desejamos que tudo vá bem para nós. Minha bisavó morreu um ano antes de completar 100 anos; minha avó tem 94 anos, e minha mãe, Devi, tem 70. Minha mãe é um exemplo vibrante de saúde, charme e integridade. Embora esteja na casa dos setenta, tem o ritmo de uma mulher de trinta. Causa impacto no mundo com o evangelho e ainda recebe em casa grupos grandes todos os meses, cozinha todas as refeições e planta as flores de seu jardim.

Não é preciso passar muito tempo com minha mãe para ouvi-la honrar a mãe dela. Da mesma forma, minha avó diz coisas positivas sobre minha bisavó quase diariamente. Comenta como foi maravilhoso crescer em um lar em que Deus era real, e em nossa família praticamente todos os dias citamos alguma palavra da vovó.

Talvez você diga: "Mas meus pais não são pessoas honradas, portanto não preciso honrá-los". É engano imaginar que não precisamos honrar pai e mãe caso não sejam pessoas honradas. Lembre-se de que o mandamento diz respeito a você, e não a eles. Escolha honrar seus pais a qualquer custo e, se o fizer, será abençoada. Minha mãe diz: "Não importa o que seus pais não foram, não são ou jamais serão. Honre-os". Ademais, seus filhos seguirão seu exemplo e também terão vida longa e plena, transmitindo honra de uma geração para a outra.

HONRE SEU MARIDO

"A esposa deve respeitar o marido [prestar atenção nele, levá-lo em consideração, honrá-lo, estimá-lo]."

Efésios 5.33, acréscimo nosso entre colchetes

"Não importa o que seus pais não foram, não são ou jamais serão. Honre-os."

Devi Titus

APTIDÕES RELACIONAIS BÁSICAS

Quando escolhemos unir-nos em casamento, prometemos honrar nosso marido acima de nós mesmas. O verbo "honrar" pode ser definido como "considerar ou tratar (alguém) com admiração e respeito; dar reconhecimento especial a". Seu marido busca honra, respeito, elogios e incentivo seus e precisa deles. Aliás, não consegue funcionar bem sem eles. A ausência de honra na vida de seu marido terá consequências negativas para a disposição e energia dele. Ele considerará preferível estar em um sótão escuro e quente, morrendo de sede, a estar na presença de uma esposa que o deprecia, importuna, critica e humilha. Considere estes provérbios fundamentais:

*É melhor viver sozinho no canto de um sótão
que morar com uma esposa briguenta numa bela casa.*

Provérbios 21.9

*É melhor viver sozinho no deserto
que morar com uma esposa briguenta que só sabe reclamar.*

Provérbios 21.19

*A mulher virtuosa coroa de honra seu marido,
mas a que age vergonhosamente é como câncer em seus ossos.*

Provérbios 12.4

Durante a infância e a juventude, observei minha mãe e minhas avós honrarem os maridos. Meu pai e meus avôs eram homens fiéis, honrados e tementes a Deus. Quando me casei, imaginei que houvesse encontrado um homem honrado, e era extremamente fácil honrá-lo. Depois de dezenove anos de casamento, porém, descobri que meu marido estava tendo um caso havia nove meses e que planejava, em segredo, casar-se com a amante.

Tive de enfrentar o desafio de ser uma mulher honrada para um marido mentiroso, infiel e sem honra. Quando ele quis voltar para casa depois de entrar com os papéis do divórcio, minha única vontade era humilhá-lo. Ele lamentava o que havia feito, embora tenha levado sete anos para arrepender-se de fato e entristecer-se profundamente com a dor que havia causado em mim e em nossa família. Durante esse tempo, tive de lutar a cada dia para honrá-lo e perdoá-lo. Só foi possível amá-lo, honrá-lo e respeitá-lo pela graça de Deus.

E SE SEU MARIDO NÃO É UMA PESSOA HONRADA?

Quando seu marido não se comportar de forma honrada, siga esta instrução bíblica. Ela diz que devemos buscar algo bom para ocupar nossos pensamentos:

> *Concentrem-se em tudo que é verdadeiro, tudo que é nobre, tudo que é correto, tudo que é puro, tudo que é amável e tudo que é admirável. Pensem no que é excelente e digno de louvor.*
>
> **Filipenses 4.8**

Comecei a me concentrar no fato de que meu marido é dedicado ao trabalho dele; estava em casa; e, com o tempo, assumiu total responsabilidade por seu pecado. Hoje, ele é o homem mais honrado que conheço. Todos os dias, inspira outros homens a serem honrados, viverem com humildade e terem arrependimento.

Efésios 5.33, citado anteriormente, diz respeito a mim como esposa, e não a ele. Não trata de ele ser honrado e respeitável ou não. Trata do tipo de mulher que eu escolho ser. Trata de minha identidade, e não do comportamento dele. Quando meu marido voltou para nosso casamento e para casa, eu estava cheia de raiva. Estava desgostosa e caminhava para uma vida de amargura, mas não desejava que isso acontecesse. Não queria que essa fosse minha identidade. Portanto, escolhi encontrar maneiras de elogiá-lo e valorizá-lo, não obstante o que havia acontecido.

Nesse período de caos, a obediência à Palavra foi minha âncora. Sabia que precisava fazer todo o possível para encontrar paz.

> *Continuem a praticar tudo que aprenderam e receberam de mim, tudo que ouviram de mim e me viram fazer. Então o Deus da paz estará com vocês.*
>
> **Filipenses 4.9**

APTIDÕES RELACIONAIS BÁSICAS

"Não há desculpa para não honrar seu marido".

Trina Titus Lozano

Com base naquilo que aprendi, recebi e ouvi de minha mãe e minhas avós, pratiquei honra, respeito, reverência, amor e admiração. E, agora, meu marido alcançou esse lugar em sua vida. Hoje, ele também me honra, e houve cura tão completa que não resta dor alguma quando falo sobre nossa história. A vida está indo bem para nós, e fico extremamente feliz de ter escolhido a honra. São 34 anos de casamento até aqui!

NÃO RETRIBUA MAL POR MAL

Como professora e conselheira, costumo lembrar as mulheres: "Não há desculpa para não honrar seu marido". Como diz a Palavra:

> *Por fim, tenham todos o mesmo modo de pensar. Sejam cheios de compaixão uns pelos outros. Amem uns aos outros como irmãos. Mostrem misericórdia e humildade. Não retribuam mal por mal, nem insulto com insulto. Ao contrário, retribuam com uma bênção. Foi para isso que vocês foram chamados, e a bênção lhes será concedida.*
>
> 1Pedro 3.8-9

Sem perceber, podemos sabotar com nossa atitude negativa aquilo que verdadeiramente desejamos: um lar de paz e amor. Retribuímos mal com mal e insulto com insulto em vez de termos compaixão uns dos outros. Essa atitude cria um círculo vicioso de brigas, enquanto a Bíblia diz que devemos retribuir com bênção. É de seu interesse, portanto, retribuir insultos com compaixão, humildade e bondade.

Gosto do que June Hunt diz: "Perdoar não é deixar passar. É deixar Deus cuidar". Se retribuirmos insulto com insulto, nossas orações não serão ouvidas.

> *Os olhos do Senhor estão sobre os justos, e seus ouvidos, abertos para suas orações. O Senhor, porém, volta o rosto contra os que praticam o mal.*
>
> 1Pedro 3.12

Se retribuir o mal com o mal, Deus voltará o rosto contra você.

> *Mas, ainda que sofram por fazer o que é certo, vocês serão abençoados. Portanto, não se preocupem e não tenham medo de ameaças [...]. Lembrem-se de que é melhor sofrer por fazer o bem, se for da vontade de Deus, do que por fazer o mal.*
>
> 1Pedro 3.14,17

Precisamos assumir o compromisso de fazer o que a Bíblia (e não a cultura) diz que é certo. Retribuir insulto com insulto não funciona! Ou você pensa que dá certo? Como diz dr. Phil: "Está funcionando para você?". NÃO! Então pare!

"Este é meu mandamento: Amem uns aos outros como eu amo vocês."

João 15.12

Retribua insultos com compaixão, humildade e bondade.

SEPARE OBJETIVOS DE DESEJOS

Quando era recém-casada, aprendi um princípio importante com Donna Otto: devo separar meus objetivos de meus desejos. Ela me ensinou a assumir responsabilidade por meus objetivos e entregar meus desejos ao Senhor. Uma vez que nossos desejos requerem cooperação de outros, não somos capazes de realizá-los sozinhas. É essencial que nossa vida seja dividida em duas colunas: *objetivos* e *desejos*. Tenho poder e responsabilidade de realizar meus objetivos; mas tudo o que requer cooperação de outros é um desejo. Faço minha parte e tenho de entregar o resto ao Senhor. Não tenho poder para fazer outras pessoas cooperarem. Não posso mudá-las nem controlá-las; posso apenas mudar e controlar a mim mesma.

Por exemplo, é meu objetivo ser uma esposa que honra o marido; é meu desejo que ele seja um homem honrado. No casamento, como em todos os relacionamentos, meu objetivo é controlar minhas atitudes e não ser vítima de minhas emoções. Sua atitude é fundamental, e a maior armadilha é a autopiedade; fique atenta para ela, pois abre a porta para emoções negativas de toda espécie, como raiva, ressentimento, amargura e ansiedade, que a levam para o fundo do poço. Meu objetivo é ficar fora desse poço. Meu objetivo é ter alegria e contentamento.

A passagem a seguir tem fortalecido toda a minha família, e a boa notícia é que está plenamente a seu alcance cumpri-la em sua vida, pois diz respeito a controlar a si mesma! É meu objetivo ler a Bíblia, e é meu objetivo obedecer ao que ela diz.

Há alguma compaixão e afeição? Então completem minha alegria concordando sinceramente uns com os outros, amando-se mutuamente e trabalhando juntos com a mesma forma de pensar e um só propósito. Não sejam egoístas, nem tentem impressionar ninguém. Sejam humildes e considerem os outros mais importantes que vocês. Não procurem apenas os próprios interesses, mas preocupem-se também com os interesses alheios. [...] Façam tudo sem queixas nem discussões, de modo que ninguém possa acusá-los. Levem uma vida pura e inculpável como filhos de Deus, brilhando como luzes resplandecentes num mundo cheio de gente corrompida e perversa. [...] E quero que todos vocês participem dessa alegria.

Filipenses 2.1b-4,14-15,17

Eis sua motivação! Você quer alegria e não quer ser criticada. Quer evitar críticas, certo? Então, pare de reclamar e discutir. Seja humilde. Considere os outros, incluindo seu marido, melhores que você, e sua luz brilhará como uma estrela resplandecente em um mundo corrompido e perverso. Há pessoas corrompidas e perversas em seu lar! Somos todos assim! Portanto, precisamos todos aprender a lidar com essa realidade. Como? Abençoamos os outros quando se mostram corrompidos. Honramos os outros quando não agem com honra. Com o tempo, mudarão de conduta, pois semeamos paz. É simples, mas não é fácil. Na verdade, não é tão difícil. Dificultamos as coisas porque resistimos. Se, contudo, obedecermos à Palavra de Deus, colheremos aquilo que semeamos em nosso casamento. Semeie bênção e paz e você colherá bênçãos no relacionamento com Deus e com sua família. E lembre-se: nada de reclamar ou discutir. Nada.

HONRE SEUS VOTOS

"Eu _____ recebo você _____ por meu esposo para tê-lo e conservá-lo, de hoje em diante, para melhor e para pior, na riqueza e na pobreza, na saúde e na doença, abrindo mão de todos os outros, até que a morte nos separe, de acordo com a santa vontade de Deus."

Fiz esses votos diante de Deus e dos familiares e amigos elegantemente vestidos em nossa cerimônia de casamento. Na época, minha mente ingênua pensou: "Estou me casando com um rapaz extraordinário e somos cristãos. Nossa vida com certeza será 'melhor', com 'riqueza' e 'saúde' e, sem dúvida, não haverá 'outros'!". Tinha plena consciência de que havia feito esses votos diante de Deus. Fui educada para ter temor do Senhor, e o tinha.

Também tinha consciência de que, se meu marido não abrisse mão de todas as outras e continuasse com sua amante, nossa relação não seria um casamento e terminaria em divórcio. Meu objetivo era orar e esperar que ele se arrependesse, e meu desejo era continuar casada. Em nosso caso, meu marido se arrependeu; escolheu assumir mais uma vez o compromisso de casamento e honrar seus votos.

Tenha bom ânimo, pois é possível restaurar um casamento mesmo quando há abandono, adultério, vício ou abuso.[i] No entanto, se não ocorrer arrependimento e reconciliação, o relacionamento não tem como sobreviver. Arrependimento implica *assumir responsabilidade plena, demonstrar pesar e remorso, procurar fazer reparação e nunca mais repetir o erro.* Isso é verdadeiro arrependimento, e se ele não estiver presente, pode não ser possível salvar o casamento.[ii]

> *É essencial que nossa vida seja dividida em duas colunas: objetivos e desejos.*

Pare de reclamar e discutir. Considere os outros, incluindo seu marido, melhores que você.

Para que nosso casamento pudesse ser restaurado, meu marido teve de passar por todo o processo de arrependimento. Quando nos reconciliamos, uma prima perguntou se realizaríamos uma cerimônia de renovação de votos, mas escolhi não fazê-lo. Embora possa ser uma boa ideia para alguns, para mim pareceu que depreciaria os votos iniciais. Fui sincera quando os fiz da primeira vez e não precisava fazê-los de novo. Cada aniversário de casamento desde então tem sido uma celebração dos votos que fizemos no dia em que nos casamos.

No funeral de meu marido, a única coisa que gostaria de dizer é que o amei e o honrei até que a morte nos separasse. Meu compromisso com ele só chegará ao fim quando ele morrer. Esse é meu objetivo! Felizmente, agora esse é objetivo dele também.

COMUNICAÇÃO

Gosto de falar. Do jardim de infância ao ensino médio, os professores diziam que eu falava demais durante as aulas. Embora tenha me casado com um homem que nunca disse que eu falo demais, ainda estou aprendendo difíceis lições sobre quando falar e quando me calar. Também estou aprendendo que, quando me calo, não posso revirar os olhos, dar de ombros ou bufar, pois minha linguagem corporal pode acabar com a paz e prejudicar os relacionamentos que mais prezo.

Estatísticas dizem que apenas 7% da comunicação é verbal, e 93% é não verbal.[iii] A linguagem corporal constitui 55% da comunicação não verbal, e o tom de voz, 38%. É verdade o ditado: "As pessoas não se lembrarão do que você disse, mas de como você as fez se sentirem". Sua linguagem corporal e seu tom de voz influenciam de modo direto se as pessoas a ouvirão e se sentirão amadas e honradas por você.

Não existem relacionamentos sem comunicação. Nas palavras da dra. Brené Brown, "Vulnerabilidade é a chave para os relacionamentos". A realidade é que nos relacionamos com outros por meio da comunicação. Em meu consultório, fazemos um exercício de comunicação. Uma pessoa fica em silêncio por quinze minutos, enquanto a outra diz o que se passa em sua mente e em seu coração. Em seguida, os dois trocam, face a face, joelhos encostados em joelhos. Esse exercício tem por objetivo ajudar os falantes a aprender a ouvir, e os ouvintes a aprender a falar. Todos nós precisamos praticar como dizer aquilo que pensamos e sentimos em um contexto seguro e calmo. Precisamos ser capazes de verbalizar nossos sentimentos a fim de verdadeiramente nos conectarmos com alguém. Se você precisa de ajuda com essa questão, procure um conselheiro profissional, ou pelo menos tente fazer esse exercício. Marque no relógio!

Se você deseja, de fato, relacionar-se com as pessoas de seu lar, precisa ir além das conversas superficiais. Para isso, recomendo fortemente que estude as "cinco linguagens do amor",[iv] bem

> *Arrependimento implica assumir responsabilidade plena, demonstrar pesar e remorso, procurar fazer reparação e nunca mais repetir o erro.*

como os tipos de personalidade, dos quais você terá uma visão geral nos capítulos seguintes deste livro. Você precisa saber com quem está se comunicando, o que faz essa pessoa sentir-se amada e qual é seu tipo de personalidade, para que possa se adaptar.

Sem honra, você não será ouvida. A honra abre as portas para a comunicação a fim de que as pessoas desejem ouvi-la. Dê o exemplo em sua família ao honrar outros acima de si mesma, e será abençoada.

> *As pessoas não se lembrarão do que você disse, mas de como você as fez se sentirem.*

TEMPO DE SE CALAR E TEMPO DE FALAR

Há [...] tempo de se calar e tempo de falar.

Eclesiastes 3.7b

No livro de Ester, vemos como mulheres podem ser poderosas, influentes e atraentes quando escolhem honrar outros. Na história de Ester, o povo judeu estava prestes a ser destruído quando ela interveio e arriscou a vida para livrá-lo. Apresentou-se perante seu marido, o rei, com honra e submissão e usou sua voz para salvar seu povo. Durante três dias, jejuou e orou até discernir o momento certo para entrar na corte. Porque ela o honrou, ele concedeu seu pedido. Ester verdadeiramente sabia quando se calar e quando falar.

O PRINCÍPIO DA HONRA

Como a história nos mostra, é fundamental levar em conta o momento certo para comunicar-se. Ester usou várias formas de comunicação não verbal positiva e depois confiou que Deus abriria os ouvidos de seu marido para atender à sua mensagem com o coração e responder com ação:

- Aprontou-se e embelezou-se.
- Arrumou a mesa e honrou o marido ao oferecer-lhe refeições preparadas com esmero.
- Preparou-se espiritualmente por meio de jejum e oração.
- Só então, respeitosamente, usou sua voz.
- Permaneceu calada quando foi necessário; falou no momento certo.
- Como resultado, salvou seu povo.

Se você tem um marido controlador e sente como se não tivesse voz, talvez possa se identificar com Ester. Na realidade, você tem voz; mas precisa ser uma voz respeitosa, bondosa e que honra seu marido a fim de que ele a ouça. Contudo, ele não ouvirá sua voz se você não fizer uso dela. E ele não dará ouvidos se não for o momento certo. Siga o exemplo de Ester. Do jeito certo, na hora certa, é possível dizer a verdade a respeito de sua situação. Quando o fizer, pode ser que salve seu povo e que seja honrada como "rainha"!

"Vulnerabili-dade é a chave para os relacionamentos."

Dra. Brené Brown

EXPERIÊNCIA DO LAR | 83

APTIDÕES RELACIONAIS BÁSICAS

HONRA TEM A VER COM ATITUDE

Anos atrás, minha avó me deu um poema de autor desconhecido que tenho afixado até hoje à porta da geladeira. Sempre que sinto fome, essas palavras me lembram de avaliar minha atitude. Aí está, com pequenas alterações. Tomei a liberdade de mudar o sujeito de "nós" para "eu".

ATITUDE

Quanto mais tempo vivo, mais percebo o impacto da Atitude sobre a vida.
A Atitude é mais importante que os fatos.
É mais importante que passado, educação, dinheiro, circunstâncias,
fracassos, sucessos, que aquilo que outros pensam, dizem ou fazem.
É mais importante que aparências, dons e aptidões.
É o que faz a diferença entre vitória e derrota
em uma empresa, escola, igreja, lar... em mim.
O mais impressionante é que posso escolher, todos os dias,
que Atitude terei hoje.
Não posso mudar meu passado.
Não posso mudar o que é inevitável.
A única coisa que posso fazer é usar o único instrumento que tenho:
minha Atitude.
Dez por cento da vida consiste naquilo que acontece comigo
e, noventa por cento, em minha reação a esses acontecimentos.
O mesmo se aplica a você. Temos controle sobre nossa Atitude.
Meu objetivo é que ela seja EXCELENTE!

Anônimo

Desejo honrar Deus e os outros com uma atitude amorosa e positiva todos os dias, haja o que houver.

Agora que você decidiu mudar sua atitude e se tornar uma mulher de Deus que honra outros, é hora de entrar em ação!

PASSOS PRÁTICOS

1. *Fique atenta para seu tom de voz. Ele pode expressar claramente honra ou desonra. Seu tom de voz muda o ambiente. O que dizemos importa menos do que o tom que usamos.*

2. *Use o contato visual para dar atenção plena a quem estiver falando. Quando seu cônjuge ou seus filhos estiverem tentando conversar com você, olhe-os nos olhos, sem celulares ou outros dispositivos eletrônicos entre vocês. Quando seus filhos disserem: "Mamãe, preciso de você", não diga: "Estou ouvindo" e continue com o que está fazendo. Vá até eles ou peça que venham até você e faça contato visual. Quando necessário, diga-lhes: "Olhem para mim".*

3. *Celebre! É essencial dar presentes especiais. Alguns pais fazem festas de aniversário monumentais para os filhos, mas esposa e marido não presenteiam um ao outro no aniversário de cada um ou no aniversário de casamento. Pratique a honra ao dar um presente que tenha significado para seu cônjuge no Dia dos Namorados, no aniversário de casamento, no aniversário dele, no Dia dos Pais e no Natal. Sim, mesmo que ele diga que não quer ou não precisa de nada, e mesmo que vocês decidam comprar um presente para ambos. Uma pequena surpresa é uma forma eficaz de expressar honra. É prejudicial para o relacionamento não dar presentes em ocasiões especiais. Com o tempo, quando os presentes são eliminados, as pessoas sentem que não estão sendo honradas. Quanto mais honra você der, mais receberá. Celebrem um ao outro com presentes e memórias especiais!*

> *Na realidade, você tem voz; mas precisa ser uma voz respeitosa, bondosa e que honra seu marido a fim de que ele a ouça.*

Um guia de estudo gratuito está disponível em <www.homeexperience.global>.

---

[i] Quero deixar bem claro que a maldade é algo muito real. O abuso é uma realidade, e não estou aconselhando que você permaneça em um casamento abusivo. O divórcio pode ser necessário para proteger seus filhos e a si mesma do cônjuge que comete abuso. Se você não sabe ao certo se está em um casamento abusivo, peça a cinco amigas e familiares mais chegados que lhe digam a verdade com base em suas observações. Se estiver completamente isolada e tiver medo de dizer a sua família o que acontece por detrás das portas fechadas, entre hoje mesmo em contato com um conselheiro ou terapeuta. Você tem valor e não merece ficar nessa situação.

[ii] Nem todo casamento pode ser salvo. De acordo com 1Coríntios 7.15, "Se, porém, o cônjuge descrente insistir em se separar, deixe-o ir". Você não tem poder para manter alguém dentro de um casamento. Deus permitiu que até mesmo anjos deixassem sua presença; ele não obriga nem controla sua criação para que o ame e o adore. De modo semelhante, não podemos obrigar pessoas a nos amar e permanecer em um relacionamento conosco. Todos têm escolha.

[iii] Professor MEHRABIAN, "The 7% Rule", disponível em: <ubiquity.acm.org>. Acesso em 20 de junho de 2017.

[iv] Gary CHAPMAN, *As 5 linguagens do amor: Como expressar um compromisso de amor a seu cônjuge* (São Paulo: Mundo Cristão, 2013).

[As mulheres mais velhas] devem instruir as mulheres mais jovens a amar o marido e os filhos, a viver com sabedoria e pureza, a trabalhar no lar, a fazer o bem e a ser submissas ao marido. Assim, não envergonharão a palavra de Deus.

Tito 2.4-5

APTIDÕES RELACIONAIS BÁSICAS

RELACIONAMENTOS ENTRE PAIS E FILHOS

por Trina Titus Lozano

Ensine seus filhos no caminho certo, e, mesmo quando envelhecerem, não se desviarão dele.

Provérbios 22.6

Estou no meio de cinco gerações. Em dado momento, posso ser neta, filha, mãe ou avó. Minha avó mora numa casa contígua à nossa; trabalho com minha mãe; meus filhos moram na mesma cidade que nós, e três deles trabalham em nossa empresa; e tenho onze netos. Sou, ao mesmo tempo, esposa, mãe, filha, avó e neta. Sou abençoada de ter um exemplo maravilhoso para seguir e, da mesma forma, procuro ser um excelente exemplo para meus filhos e netos.

Talvez você não tenha exemplos em sua vida, mas alguém precisa ser a "Primeira Geração". A mãe de meu pai, Rachel Titus, foi a primeira da família dela a andar com o Senhor. Outros vieram depois. Ela se tornou evangelista conhecida nas décadas de 1970 e 1980, e as pessoas ainda se lembram do que ela lhes ensinou a respeito do Espírito Santo. Outro exemplo extraordinário é Stormie Omartian, autora dos livros da série *O poder da oração*. Criada por uma mãe que sofria de uma doença mental e cometia abuso, Stormie passou boa parte da infância trancada em um armário. À medida que a mãe envelheceu, os maus-tratos se tornaram ainda mais perversos e cruéis. Stormie foi a primeira de sua família a se tornar cristã, perdoou sua mãe e hoje é um exemplo maravilhoso para seus filhos e netos. Não importa que exemplo você tenha tido na infância e adolescência, pode dar início a um exemplo melhor que se estenderá para as gerações futuras.

LIDERAR POR EXEMPLO

A educação de filhos envolve imitação. "Faça o que eu digo, mas não o que eu faço" não funciona. O ideal é "faça o que eu faço". Se você escolher andar pelo caminho certo, será natural conduzir seus filhos por esse caminho e segurá-los pela mão enquanto andam com você. Assim como os patinhos andam atrás da mãe, seus filhos andam atrás de você. Tenha em mente, porém, que alguns patinhos não seguem a mãe e podem se desviar por outros caminhos. Alguns patinhos são rebeldes! Lembre-se de categorizar seus objetivos e desejos: meu objetivo é servir de exemplo e ensinar; meu desejo é que eles me sigam e obedeçam.

Enquanto meus filhos estão em casa, sob meus cuidados, declaro como Josué:

> *"Quanto a mim, eu e minha família serviremos ao Senhor."*
>
> Josué 24.15b

Essa é minha responsabilidade. Portanto, educo-os de tal forma que servir ao Senhor não é algo opcional para eles. Quando crescerem e já não estiverem sob a minha responsabilidade, escolherão o próprio caminho, seja ele largo ou estreito.

Enquanto seus filhos estiverem em casa, porém, como regra geral, farão o que você fizer. Se tem uma criança de 3 anos que grita com você, adivinhe? Ela aprendeu com você. É provável que você grite com ela, com os outros filhos ou com seu marido. Ela está, literalmente, imitando você. Se seus adolescentes consomem bebidas alcoólicas, provavelmente é porque viram você beber e porque há bebidas em casa.

De acordo com o dr. Gordon Neufeld, um dos principais responsáveis pelo desenvolvimento da teoria dos vínculos, nossos filhos se tornam semelhantes àquilo com que formam vínculos. Se você não tem honrado nem respeitado outros, seus filhos não honrarão nem respeitarão você e outras pessoas.

> *Meu objetivo é servir de exemplo e ensinar; meu desejo é que eles me sigam e obedeçam.*

> *"Faça o que eu digo, mas não o que eu faço" não funciona. O ideal é "faça o que eu faço".*

APTIDÕES RELACIONAIS BÁSICAS

Se você escolher andar pelo caminho certo, será natural conduzir seus filhos por esse caminho.

90 | EXPERIÊNCIA DO LAR

Se nos tornamos semelhantes àquilo com que formamos vínculos mais próximos, é natural que o temperamento de seus filhos se torne semelhante ao seu.[i]

Não faça amizade com os briguentos, nem ande com quem se ira facilmente, pois aprenderá a ser igual a eles e colocará a si mesmo em perigo.

Provérbios 22.24-25

Como mãe, você não pode irar-se facilmente; do contrário, seus filhos farão o mesmo. Mantenha a serenidade. Fique calma, para que eles não se tornem irritáveis e coloquem a própria alma em perigo.

A TEORIA DE FORMAÇÃO DE VÍNCULOS

Na infância de minha avó, no início do século 20, era comum crianças imitarem os pais e os avós, pois todos moravam juntos. Não havia TV, nem internet, nem redes sociais, de modo que as crianças não tinham a quem imitar a não ser seus familiares mais velhos. Hoje em dia, é extremamente comum crianças formarem vínculos com colegas e imitarem esses colegas em vez dos pais.

Outro provérbio ensina:

*Quem anda com os sábios se torna sábio,
mas quem anda com os tolos sofrerá as consequências.*

Provérbios 13.20

Ande com seus filhos no caminho que eles devem percorrer. Não espere que trilhem esse caminho sozinhos! Para aprendê-lo, precisam seguir você. E, se você não estiver disposta a investir tempo e energia nisso, eles se tornarão companheiros dos tolos e sofrerão as consequências.

O dr. Neufeld ensina uma verdade simples a respeito da teoria de formação de vínculos: se não formarem vínculos saudáveis com você, seus filhos se apegarão aos colegas. Adolescentes que formam vínculos com seus colegas se preocupam mais com a opinião deles que com a opinião dos pais. No entanto, outros adolescentes não conduzirão seus filhos pelo caminho que eles precisam seguir; somente você pode fazer isso.

Estabeleça como objetivo ser a principal cuidadora e a maior influência na vida deles. Seus filhos precisam de você! Por fim, aproprie-se desta palavra:

*O justo anda em integridade; felizes os filhos
que seguem seus passos.*

Provérbios 20.7

Ela diz tudo. Integridade é a integração daquilo em que você crê com o modo como se comporta. Sua teologia e sua realidade precisam ser integradas. Isso é integridade, e é o que seus filhos seguirão.

Você acredita que os filhos precisam dos pais? Então comporte-se de acordo com esse fato. Você é a mãe e não pode ser substituída!

ENSINO E TREINAMENTO

Como mãe, você precisa ser, ao mesmo tempo, professora e aprendiz. Leio Provérbios todos os dias em busca de sabedoria. O primeiro capítulo diz:

> *Meu filho, preste atenção à correção de seu pai e não deixe de lado a instrução de sua mãe.*
>
> **Provérbios 1.8-9**

Nesse versículo, eu sou a filha. Preciso ouvir quando meu pai me corrige ou quando minha mãe me dá instrução. Só porque eu mesma sou avó não significa que não tenho mais o que aprender com meus pais.

Biblicamente, embora eu seja uma autoridade e tenha responsabilidades como mãe e avó, preciso permanecer disposta a aprender. Eu ensino, e eles também me ensinam. Estou percorrendo o caminho pelo qual minha mãe me conduziu e estou guiando minhas filhas e netas pelo caminho que elas precisam seguir. Portanto, como mãe, não posso ter medo de dar instrução a meus filhos. Também preciso incentivá-los a dar ouvidos ao pai, pois a sabedoria dele será uma coroa de graça em sua cabeça e um colar de honra em seu pescoço.

Estabeleça como objetivo ser a principal cuidadora e a maior influência na vida deles. Seus filhos precisam de você!

A melhor maneira de treinar outros é fazer aquilo que você deseja que eles façam.

- Primeiro você faz, e eles a observam.
- Em seguida, eles fazem com você.
- Depois, eles fazem sozinhos e você os ajuda.
- Por fim, eles fazem de forma independente, quando você lhes dá espaço.

SABEDORIA DE TITO

É prudente prestar atenção às instruções para as mulheres em Tito:

Semelhantemente, as mulheres mais velhas devem viver de modo digno. Não devem ser caluniadoras, nem beber vinho em excesso; antes, devem ensinar o que é bom. **Devem instruir as mulheres mais jovens** *a amar o marido e os filhos, a viver com sabedoria e pureza, a trabalhar no lar, a fazer o bem e a ser submissas ao marido. Assim, não envergonharão a palavra de Deus.*
Da mesma forma, incentive os homens mais jovens a viver com sabedoria. Você mesmo deve ser exemplo da prática de boas obras. Tudo que fizer deve refletir a integridade e a seriedade de seu ensino. Sua mensagem deve ser tão correta a ponto de ninguém a criticar. Então os que se opõem a nós ficarão envergonhados e nada terão de ruim para dizer a nosso respeito.

Tito 2.3-8, grifo nosso

Comecemos pelo início: "As mulheres mais velhas devem viver de modo digno. Não devem ser caluniadoras, nem beber vinho em excesso". A palavra seguinte é "antes", com o sentido de "em vez de". Em vez de se aposentar e passar os dias bebendo, fofocando e caluniando os membros de sua família por que não estão educando seus netos corretamente, você deve "ensinar o que é bom"! Não saia de cena. Ajude seus filhos e netos, quer eles morem perto, quer não. Quando eu era criança, minhas avós não moravam perto, mas participavam de minha vida. Telefonemas, bilhetes, presentes enviados pelo correio e visitas nas férias criaram um relacionamento com vínculos fortes, e sua sabedoria continua a me orientar até hoje.

Os versículos seguintes dizem: "Devem instruir as mulheres mais jovens a amar o marido e os filhos, a viver com sabedoria e pureza, a trabalhar no lar, a fazer o bem e a ser submissas ao marido" (2.4-5). Ainda hoje, minha avó me dá conselhos e palavras de sabedoria sobre amar meu marido, meus filhos e meus netos. Ela oferece excelentes sugestões práticas para o trabalho no lar: dicas de culinária, como economizar dinheiro e evitar desperdícios, como ser submissa a meu marido e honrá-lo e muito mais.

APTIDÕES RELACIONAIS BÁSICAS

O justo anda em integridade; felizes os filhos que seguem seus passos.

Provérbios 20.7

DITADOS DA VOVÓ

Eis alguns dos ditados famosos de vovó:

- "Nunca há motivo para discutir com seu marido ou com seus filhos; ou você está tentando provar que eles estão errados ou que você está certa."
- "Não se sirva de uma porção maior do que vai comer. Você pode sempre repetir, mas não deve desperdiçar."
- "Não diga 'impossível'. Livre-se do 'im'."
- "Nunca há motivo para gritar. Ninguém é surdo."
- "Seja sempre positiva. Uma boa atitude faz toda diferença."
- "Posso ensiná-la a transformar um insulto em um elogio."
- "A raiva é uma escolha."

Vovó sempre diz que é um grande privilégio conhecer a Deus. Ela costumava ministrar um curso de escola dominical chamado "Edificadoras do Lar". Ela nos ensina com frequência, e a forma como reajo à "pregação" de minha avó quando me dá suas lições de escola dominical das "Edificadoras do Lar" de trinta anos atrás é a mesma forma como meus filhos reagirão quando eu pregar para eles e lhes transmitir minhas lições de vida. Meus filhos estão observando se aprendo com minha mãe e minha avó, ou se reviro os olhos quando elas falam. Preciso prestar atenção à minha reação a elas, pois estou ensinando meus filhos como reagir a mim. Honra produz honra.

DISCIPLINA

Disciplina requer comunicação. Gritar com os filhos é uma forma inadequada de comunicação e não os inspira à obediência. Meus pais costumavam falar mais suave quando queriam dizer algo mais sério. Abaixavam-se até minha altura para certificar-se de que eu estava prestando atenção. Olhavam-me nos olhos e me davam instruções claras e diretas. Uso essa técnica com meus filhos, e eles fazem o mesmo com os filhos deles.

Pense na disciplina como discipulado. Consiste em aceitar a responsabilidade de treinar meus filhos no caminho que devem seguir. Há ocasiões em que você precisa abaixar-se até a altura deles e comunicar-se em voz suave, com instruções específicas, passo a passo, sobre o que fazer, falando com clareza e certificando-se de que entendem sua expectativa ou orientação. Em contrapartida, há momentos em que é necessário dar uma correção mais forte e firme. Imagine que estou andando por um caminho segurando-os pela mão. Dos dois lados há um despenhadeiro, e a única coisa que os separa da morte é uma pequena mureta. É responsabilidade minha mantê-los dentro dos limites de segurança. Haverá momentos em que terei de puxá-los com força e discipliná-los com voz de mãe, cheia de autoridade, ou com um movimento rápido para afastá-los do perigo.

"Quanto a mim, eu e minha família serviremos ao SENHOR."

Josué 24.15b

APTIDÕES RELACIONAIS BÁSICAS

Honra produz honra.

USE SUAS PALAVRAS PARA DAR ESPERANÇA

Elimine "deveria ou não deveria" de seu vocabulário. Essas expressões deixam as pessoas sem esperança e envergonhadas, e prejudicam o relacionamento. Em vez de fazer sua família sentir vergonha por aquilo que está no passado, use as palavras "no futuro". Por exemplo, em vez de dizer a seu marido: "Você deveria ter pagado aquela conta" ou "Você não deveria ter pagado aquela conta", pode dizer: "No futuro, se não tivermos dinheiro para pagar uma conta, me avise. Vamos pensar juntos em uma solução".

Não diga para seu filho: "Você não deveria ter feito xixi na calça", o que só o fará sentir-se envergonhado e esconder a calça suja da próxima vez. Prefira: "No futuro, se você tiver um acidente, me avise que eu ajudo você a se limpar. Não esconda sua calça suja na gaveta. Conte para mim, e eu o ajudarei".

No caso de uma menina adolescente, você a fará sentir-se impotente se disser: "Você mentiu para mim a respeito das fotos! O diretor da escola me telefonou. Você não deveria ter feito isso! Agora você tem fotos íntimas suas espalhados por aí e não há o que fazer!". Em vez disso, pode dizer: "No futuro, diga a verdade. Se você se colocar numa situação difícil, conte para mim e eu a ajudarei a enfrentar as consequências com coragem. Com a ajuda de Deus, resolveremos o problema juntas". Dizer "No futuro..." é uma excelente maneira de dar esperança de mudar para melhor.

DÊ LIBERDADE

Por falar em futuro, a educação dos filhos dura apenas algum tempo. Enquanto meus filhos estiverem vivos, sempre serei mãe, mas a educação tem fim. Ensino-os a voar, e então precisam de liberdade para fazê-lo. Ensino-os a construir o próprio ninho, e é exatamente o que fazem. Será diferente do meu ninho, e farão as coisas à maneira deles e no tempo deles. Mas isso não acontecerá se você não lhes der liberdade para alcançar a plena maturidade.

Ter um ninho vazio pode ser muito realizador, mas se toda a sua identidade estiver ligada ao papel de mãe, você entrará em crise. Essa foi a maldição de Eva: "Com dor você dará à luz. Seu desejo será para seu marido" (Gn 3.16). Antes da Queda, a mulher encontrava realização somente em Deus. Depois da Queda, ela passou a sentir um desejo desordenado pelo marido e a ter dor ao dar à luz. Por isso, quando o marido ou os filhos se vão, muitas mulheres se sentem vazias e perdidas. De modo semelhante, os homens perdem o senso de valor próprio quando ficam sem emprego; mães com frequência perdem o senso de valor próprio quando os filhos saem de casa.

Assim como Maria Madalena encontrou Jesus face a face no jardim, fechando o círculo da redenção de Eva, também precisamos nos ver como pessoas criadas individualmente, amadas ternamente, estimadas por Deus e escolhidas por ele para uma vocação específica. Como Jesus nos disse, devemos manter o olhar fixo nele, e não em nossos maridos e filhos.

Preciso de uma revelação espiritual acerca de minha identidade, pois ela vem diretamente de meu Criador e Salvador. Quando eu tiver uma revelação de quem ele me criou para ser, não haverá crises pendentes. Estou firme na Rocha de minha Salvação. Sei quem sou. Sei a quem pertenço. Estou bem, mesmo que meu ninho esteja vazio. É meu objetivo ter paz em cada fase e confiar plenamente em Jesus ao honrá-lo com minha vida.

PASSOS PRÁTICOS

Faça estas perguntas a si mesma a fim de avaliar suas prioridades e responda-lhes com honestidade. Quanto mais sincera for consigo, maior a probabilidade de implementar em seu lar mudanças para melhor.

1. Você está dando o exemplo que deseja que seus filhos sigam?
2. Anote os traços de caráter que deseja que seus filhos tenham. Como pode exemplificar esses traços para eles hoje?
3. Você é a principal influência na vida de seus filhos? Em caso negativo, quem ou o que é?
4. Como você pode ajustar a administração de suas prioridades a fim de garantir que seja a principal influenciadora de seus filhos? Que pequenas mudanças pode fazer hoje para relacionar-se mais profundamente com eles e mostrar-lhes claramente quão importantes são para você?
5. Se você deu exemplo de raiva para seus filhos, arrependa-se diante do Senhor e peça perdão a eles. Assuma o compromisso de usar palavras de esperança que os incentivem a mudar para melhor.
6. Leia novamente os "Ditados da vovó". Quais daqueles princípios você pode ensinar a seus filhos e netos? Lembre-se de ditados de sua família e transmita essa sabedoria de geração em geração.

Um guia de estudo gratuito está disponível em <www.homeexperience.global>.

[i] Gordon NEUFELD, Ph.D.; Gabor MATÉ, *Hold On to Your Kids: Why Parents Need to Matter More than Peers* (Nova York: Ballantine Books, 2006).

> *Dizer "No futuro..." é uma excelente maneira de dar esperança de mudar para melhor.*

APTIDÕES RELACIONAIS BÁSICAS

DINÂMICAS DE PERSONALIDADE

por Trina Titus Lozano

Ele faz que todo o corpo se encaixe perfeitamente. E cada parte, ao cumprir sua função específica, ajuda as demais a crescer, para que todo o corpo se desenvolva e seja saudável em amor.

Efésios 4.16

Como diz a dra. Brené Brown, "Somos projetados para amar e nos relacionar". Deus nos criou para amar uns aos outros e nos relacionar uns com os outros de forma saudável. Relacionamentos saudáveis são fundamentais para que nos desenvolvamos e nos tornemos as pessoas que fomos criadas para ser. O apóstolo Paulo escreve:

Ele faz que todo o corpo se encaixe perfeitamente. E cada parte, ao cumprir sua função específica, ajuda as demais a crescer, para que todo o corpo se desenvolva e seja saudável em amor.

Efésios 4.16

Relacionamentos saudáveis são fundamentais para nosso crescimento pessoal.

Então por que parecem tão complicados? O principal motivo é o fato de sermos todos tão diferentes uns dos outros, o que pode causar grande confusão! Quando era jovem e recém-casada, participei de um seminário sobre personalidade realizado por Florence Littauer.[i] Foi uma experiência transformadora. Enquanto ouvia Florence, finalmente entendi por que minha mãe trabalha com tanto afinco (sua personalidade é predominantemente Colérica) e por que meu pai lê e estuda tanto (ele é predominantemente Melancólico). Também descobri por que meu marido prefere comunicação não verbal e gosta de ficar "na dele" (ele é Fleumático), e por que eu falo o tempo todo, rápido, em voz alta, de modo exagerado e com muitos gestos (sou Sanguínea).

Antes daquele seminário maravilhoso, que abriu meus olhos e mudou minha vida, eu estava frustrada e confusa. Por que as outras pessoas não falam mais e não gostam de se divertir como eu? Esse trabalho todo que minha mãe faz é exaustivo. Meu marido acredita que tirar um cochilo é divertido, enquanto a ideia de diversão de meu pai é ler. Ninguém quer ir comigo à montanha-russa do parque? Ou ficar acordado a noite toda e conversar? Sentia-me sempre rejeitada. Então, aprendi que não estavam me rejeitando; apenas eram diferentes.

A Bíblia diz que cada um de nós é extraordinariamente complexo:

> *Tu formaste o meu interior e me teceste no ventre de minha mãe. Eu te agradeço por me teres feito de modo tão extraordinário; tuas obras são maravilhosas, e disso eu sei muito bem.*
>
> Salmos 139.13-14

Entender os tipos de personalidade nos ajuda a valorizar os dons especiais com os quais cada pessoa em nossa família contribui para nossos relacionamentos.

TIPOS DE PERSONALIDADE

Há quatro tipos básicos de personalidade: Colérico, Sanguíneo, Melancólico e Fleumático. A maioria das pessoas tem uma mistura de dois ou três tipos. Ao ler as descrições no quadro adiante, talvez você se enxergue em uma, duas ou até mesmo três áreas. Para começar, identifique seu perfil principal de personalidade, e depois veja se consegue identificar o perfil dos outros membros da família.

O médico grego Hipócrates incorporou os quatro temperamentos em suas teorias. Existem vários testes de perfil de personalidade, mas, não importa qual você escolha, observará o uso comum de quatro ou mais categorias semelhantes.

Relacionamentos saudáveis são fundamentais para nosso crescimento pessoal.

APTIDÕES RELACIONAIS BÁSICAS

Ritmo rápido — Extrovertido

COLÉRICO (o Ativo)
Extrovertido — Vigoroso — Acelerado

VIRTUDES	FRAQUEZAS
✓ Dinâmico	✗ Dominador
✓ Autoconfiante	✗ Egoísta
✓ Líder nato	✗ Mandão
✓ Raciocínio rápido	✗ Sem tato
✓ Positivo	✗ Competitivo
✓ Autossuficiente	✗ Impaciente
✓ Voltado para tarefas	✗ Impassível
✓ Líder que busca resultados	✗ Ríspido
✓ Visão global	✗ Sabe-tudo
✓ Voltado para objetivos	✗ Pouca empatia

Voltados para tarefas

MELANCÓLICO (o Pensador)
Introvertido — Perfeito — Lento

VIRTUDES	FRAQUEZAS
✓ Propenso à genialidade	✗ Sério demais
✓ Perfeito	✗ Perfeccionista
✓ Padrões elevados	✗ Exigente
✓ Criativo/artístico	✗ Excessivamente focado
✓ Apreciador da beleza	✗ Sente-se pressionado
✓ Analítico	✗ Ansioso
✓ Segue cronogramas/faz listas	✗ Rígido
✓ Sensível/empático	✗ Ofende-se com facilidade
✓ Meticuloso	✗ Desconfiado
✓ Abnegado	✗ Julgador

Ritmo lento — Reservado

DINÂMICAS DE PERSONALIDADE

Ritmo rápido — Extrovertido

SANGUÍNEO (o Falante)
Extrovertido — Popular — Acelerado

VIRTUDES	FRAQUEZAS
✓ Personalidade atraente	✗ Monopoliza conversas
✓ Anima outros	✗ Interrompe outros
✓ Sabe contar histórias	✗ Fala demais
✓ Entusiasmado	✗ Desatento a detalhes
✓ Vigoroso	✗ Hiperativo
✓ Alegre	✗ Emotivo
✓ Animado	✗ Desorganizado
✓ Charmoso	✗ Indisciplinado
✓ Gosta de diversão	✗ Esquecido
✓ Espontâneo	✗ Impulsivo

FLEUMÁTICO (o Observador)
Introvertido — Tranquilo — Lento

VIRTUDES	FRAQUEZAS
✓ Calmo, descontraído	✗ Preguiçoso
✓ Fiel	✗ Resiste a mudanças
✓ Pacificador	✗ Indiferente
✓ Bom ouvinte	✗ Não se pronuncia
✓ Empático	✗ Permissivo
✓ Extremamente relacional	✗ Ingênuo
✓ Senso de humor	✗ Zombador
✓ Paciente	✗ Passivo
✓ Contente	✗ Isolado
✓ Quieto	✗ Deprimido

Ritmo lento — Reservado

Voltados para pessoas

EXPERIÊNCIA DO LAR | 103

APTIDÕES RELACIONAIS BÁSICAS

COMO SER UMA PESSOA MOTIVADA POR SUAS VIRTUDES

"Não julguem para não serem julgados."

Mateus 7.1

> *Como mulheres, definimos o tom de positividade em nosso lar.*

Sua tendência natural será identificar os outros com base nas fraquezas. Cuide para não categorizar os membros de sua família. Lembre-se de que julgar outros é pecado e é errado; em vez disso, podemos reconhecer que cada personalidade foi criada por Deus e valorizar o que ela tem de bom. Como mulheres, definimos o tom de positividade em nosso lar, portanto não desejamos humilhar outros ao nos concentrarmos em seus pontos fracos. Antes, podemos voltar o foco para seus pontos fortes sendo positivas e destacando essas virtudes. Lembre-se de que você não pode mudar as pessoas, mas pode mudar sua forma de pensar a respeito delas.

Tome cuidado! Não use estas informações para julgar a si mesma, definir-se em função de suas fraquezas ou justificar-se, dizendo: "Não posso fazer nada. Sou assim mesmo". Por exemplo, a Falante não deve se justificar quando tiver um acesso de raiva e usar palavras para ferir outros. Antes, deve sujeitar sua língua ao Espírito Santo e exercitar domínio próprio para que seus relacionamentos não sejam prejudicados. Pode operar com base na positividade que é sua virtude e ser fonte de ânimo para sua família. Pode espalhar alegria ao elogiar a todos generosamente. Lembre-se de que sua maior fraqueza também é sua maior virtude. Precisa, contudo, ser sujeitada ao Espírito Santo. Quando operamos no Espírito, em conformidade com a mente de Cristo, passamos a ser motivadas por nossas virtudes.

Posso todas as coisas por meio de Cristo, que me dá forças.

Filipenses 4.13

FOCO E RITMO

Algumas personalidades voltam o foco naturalmente para projetos e tarefas, enquanto outras se concentram mais em relacionamentos. Uma não é melhor que a outra; ambas funcionam juntas muito bem em uma família, igreja e comunidade.

Aliás, precisamos uns dos outros para ter equilíbrio. Não é incomum opostos se atraírem. No casamento, a combinação de dois tipos de personalidade opostos pode resultar em uma bela dinâmica em que um completa o outro. Isso só acontece, porém, quando valorizamos as virtudes um do outro em vez de criticá-las.

Cada um de nós tem seu foco (tarefas ou relacionamentos) e seu ritmo (rápido ou lento). O ritmo diz respeito à velocidade com que pensamos, reagimos e vivemos. Sou uma Sanguínea de ritmo rápido, enquanto minha filha Brittany é uma Fleumática de ritmo lento. Quando ela era adolescente, lembro-me de ela dizer para mim de modo extremamente franco, sincero e doce: "Mãe, nunca vou ser tão rápida quanto você".

Naquele momento, decidi parar de tentar apressá-la. Ela estava certa. Precisava aceitar o ritmo dela como parte de seu DNA e perceber que não há nada de errado em ser mais lento e que, em algumas ocasiões, é algo muito bom. Brittany percebeu quanto seu temperamento é benéfico. Graças ao fato de ela ser calma, lenta e descontraída, conseguiu ter os filhos por parto normal em casa. Agora, ela usa essa virtude para ajudar outras mulheres a terem partos normais. A descoberta de suas virtudes na adolescência a levou a realizar seu propósito na vida adulta.

Meu irmão, dr. Aaron Titus, também é Fleumático. Se alguém lhe pergunta do que ele gosta de fazer, além de trabalhar, ele responde: "Tirar um cochilo". Não confunda com preguiça. Ele trabalha um bocado, com grande dedicação e diligência. Obteve seu doutorado em física aos 27 anos e é muito bem-sucedido em sua carreira.

Identificar o foco e o ritmo naturais dos membros de nossa família nos ajuda a dar atenção às necessidades deles e amá-los melhor. Em vez de criticar as fraquezas uns dos outros, podemos valorizar nossas virtudes e ser gratos pelos benefícios que elas trazem para toda a família.

Que todas as suas palavras sejam boas e úteis, a fim de dar ânimo àqueles que as ouvirem.

Efésios 4.29b

> *Valorizem as virtudes uns dos outros em vez de criticá-las.*

Façam aflorar uns nos outros o que têm de melhor.

COMO CONSTRUIR RELACIONAMENTOS MAIS PRÓXIMOS

Todos nós queremos relacionamentos mais próximos, especialmente com nossa família. Aliás, as mágoas causadas por familiares são as mais profundas. Elevar seu quociente de inteligência emocional (QE) é uma das coisas mais importantes que você pode fazer para construir relacionamentos mais próximos.

A inteligência emocional é constituída de quatro elementos sequenciais. O quarto elemento é a gestão de relacionamentos. Mas, se os três primeiros elementos não estiverem presentes, o quarto não existirá. Se você tem dificuldades em seus relacionamentos, é provável que se deva a um QE baixo. O QE é constituído de:

1. Autoconsciência
2. Autogestão
3. Consciência social
4. Gestão de relacionamentos

Esperamos que, a essa altura, você tenha se identificado com um ou dois tipos de personalidade. Entender suas virtudes e fraquezas é o primeiro passo: consciência de si mesma. Uma das coisas mais valiosas e mais corajosas que você pode fazer é pedir a opinião de amigos e familiares mais próximos. Mostre seu perfil de personalidade e pergunte se você é motivada por suas virtudes ou por suas fraquezas. Não tenha medo de críticas. Pelo contrário, valorize os comentários sinceros, pois eles lhe darão oportunidade de crescer.

> *Quem despreza a disciplina acabará em pobreza e vergonha;*
> *quem aceita a repreensão será honrado.*
>
> **Provérbios 13.18**

Uma vez que tiver identificado seu tipo de personalidade e pedido a opinião honesta de outras pessoas, é hora de ir para o segundo passo: autogestão. Ele consiste em aprender a capitalizar suas virtudes e minimizar o impacto de suas fraquezas.

AUTOGESTÃO PARA O COLÉRICO VIGOROSO (O ATIVO)

- *Desacelere seu ritmo. Converse e mova-se um pouco mais lentamente.*
- *Não demore a dizer: "Sinto muito, eu errei" ou "Você tem razão".*
- *Pratique a paciência e a aptidão de ouvir. Não dê conselhos não solicitados.*
- *Planeje dedicar tempo de qualidade a seus relacionamentos importantes.*
- *Não permita que trabalho ou projetos sejam uma prioridade mais elevada que pessoas.*
- *Não demore a expressar elogios e afeto pelas pessoas ao redor.*
- *Suavize seu tom de voz, suas palavras e sua abordagem.*

- Relaxe: procure não controlar situações.
- Sujeite-se à autoridade.

AUTOGESTÃO PARA O SANGUÍNEO POPULAR (O FALANTE)

- Preste atenção quando outros estiverem falando. Evite interrupções. Fale menos, ouça mais.
- Contente-se com a rotina. Nem todos gostam de sua espontaneidade.
- Desacelere seu ritmo. Nem todos conseguem pensar ou se mover tão rapidamente quanto você.
- Não use persuasão e charme para conseguir o que você quer.
- Sempre coloque as coisas de volta no devido lugar.
- Guarde-se de transigir em seus princípios para obter aceitação, aprovação e popularidade.
- Desenvolva um sistema para lembrar-se de compromissos.
- Cumpra o que prometeu, mesmo que precise abrir mão de algo mais divertido.

AUTOGESTÃO PARA O MELANCÓLICO PERFEITO (O PENSADOR)

- Recuse-se a criticar a si mesmo e outros.
- Pense e fale de modo mais positivo. Ofereça a outros doses generosas de graça, aprovação e aceitação.
- Não franza as sobrancelhas nem dê olhares de reprovação. Sorria!
- Interrompa suas tarefas tempo suficiente para dedicar-se a relacionamentos.
- Tome cuidado para não guardar mágoa nem reter afeição e comunicação quando alguém o ofender. Comunique-se com clareza e perdoe.
- Não meça seu valor-próprio com base em seu desempenho. Você é suficiente exatamente do jeito que é. Aliás, você é demais!
- Tenha consciência de como o perfeccionismo impede a realização de seus objetivos. Aceite excelência em vez de perfeição.

> *É impossível mudar outros, mas é possível mudar sua forma de pensar a respeito deles.*

APTIDÕES RELACIONAIS BÁSICAS

AUTOGESTÃO PARA O FLEUMÁTICO TRANQUILO (O OBSERVADOR)

- *Esteja mais aberto para mudanças.*
- *Verbalize seus sentimentos e suas ideias e opiniões.*
- *Aumente seu ritmo para realizar seus objetivos.*
- *Lembre-se de que sua segurança está em Deus, não em seu emprego ou em pessoas.*
- *Mantenha uma boa ética de trabalho.*
- *Procure não se sentir intimidado.*
- *Comunique seus sentimentos quando alguém o magoar.*
- *Perdoe em vez de guardar rancor.*
- *Pratique tomar decisões.*
- *Use um despertador para evitar dormir demais ou ficar com preguiça.*

GESTÃO PELO ESPÍRITO SANTO

A autogestão acontece por meio de um coração rendido à gestão pelo Espírito Santo. Sujeitar-se ao Espírito Santo e arrepender-se de seus pecados lhe permitirá gerir a si mesma. Estude e aplique os seguintes versículos bíblicos a seu tipo de personalidade, pedindo ao Espírito Santo que a ajude em suas fraquezas para que você possa ser uma pessoa motivada por suas virtudes.

GESTÃO PELO ESPÍRITO SANTO PARA O COLÉRICO VIGOROSO (O ATIVO)

> *Por fim, tenham todos o mesmo modo de pensar. Sejam cheios de compaixão uns pelos outros. Amem uns aos outros como irmãos. Mostrem misericórdia e humildade.*
>
> 1Pedro 3.8

> *Que haja lágrimas, lamentação e profundo pesar. Que haja choro em vez de riso, e tristeza em vez de alegria. Humilhem-se diante do Senhor, e ele os exaltará.*
>
> Tiago 4.9-10

> *Não sejam egoístas, nem tentem impressionar ninguém. Sejam humildes e considerem os outros mais importantes que vocês. Não procurem apenas os próprios interesses, mas preocupem-se também com os interesses alheios.*
>
> Filipenses 2.3-4

Identificar o foco e o ritmo naturais dos membros de nossa família nos ajuda a dar atenção às necessidades deles e amá--los melhor.

GESTÃO PELO ESPÍRITO SANTO PARA O SANGUÍNEO POPULAR (O FALANTE)

Se algum de vocês afirma ser religioso, mas não controla a língua, engana a si mesmo e sua religião não tem valor.

Tiago 1.26

Os comentários de algumas pessoas ferem, mas as palavras dos sábios trazem cura.

Provérbios 12.18

A língua tem poder para trazer morte ou vida; quem gosta de falar arcará com as consequências.

Provérbios 18.21

GESTÃO PELO ESPÍRITO SANTO PARA O MELANCÓLICO PERFEITO (O PENSADOR)

Portanto, humilhem-se sob o grande poder de Deus e, no tempo certo, ele os exaltará. Entreguem-lhe todas as suas ansiedades, pois ele cuida de vocês.

1Pedro 5.6-7

"Seu Pai celestial os perdoará se perdoarem aqueles que pecam contra vocês. Mas, se vocês se recusarem a perdoar os outros, seu Pai não perdoará seus pecados."

Mateus 6.14-15

"Tomem sobre vocês o meu jugo. Deixem que eu lhes ensine, pois sou manso e humilde de coração, e encontrarão descanso para a alma. Meu jugo é fácil de carregar, e o fardo que lhes dou é leve."

Mateus 11.29-30

GESTÃO PELO ESPÍRITO SANTO PARA O FLEUMÁTICO TRANQUILO (O OBSERVADOR)

Em tudo que fizerem, trabalhem de bom ânimo, como se fosse para o Senhor, e não para os homens.

Colossenses 3.23

E que o Senhor faça crescer e transbordar o amor que vocês têm uns pelos outros e por todos.

1Tessalonicenses 3.12

Mas você, preguiçoso, até quando dormirá?
Quando sairá da cama?
Um pouco mais de sono, mais um cochilo,
mais um descanso com os braços cruzados,
e a pobreza o assaltará como um bandido; a
escassez o atacará como um ladrão armado.

Provérbios 6.9-11

O preguiçoso muito quer e nada alcança, mas os
que trabalham com dedicação prosperam.

Provérbios 13.4

CONSCIÊNCIA SOCIAL

Consciência social consiste em entender como seu comportamento afeta outros de forma direta. Imagine, por exemplo, a esposa Colérica (Ativa) que chega em casa do trabalho e vê o marido Melancólico (Pensador) sentado sossegadamente à escrivaninha e seu filho Fleumático (Observador) deitado na cama ouvindo música. Entender o tipo de personalidade deles a ajuda a reconhecer que estão recuperando as energias. Para manter o bom relacionamento, ela não os interromperá rispidamente.

Consciência social é a capacidade de avaliar uma situação de imediato e ajustar nosso comportamento a fim de manter o bom relacionamento. No exemplo acima, em vez de exigir que os dois se levantem e ajudem a guardar as compras, a esposa Colérica (Ativa) usa a autogestão: cumprimenta a família calmamente, cuida de seus afazeres e permite que todos se refaçam para a noite em família. Talvez pergunte, com delicadeza: "Quando terminarem aí, podem me dar uma ajuda?".

A autogestão é uma via de duas mãos. O filho Fleumático que está relaxando talvez veja sua mãe Colérica chegando com as compras e escolha levantar-se e ajudá-la, embora não "esteja a fim". Ele pode ter consciência social a respeito da mãe e ajustar-se a ela.

Esse tipo de autogestão é diferente daquilo que você terá vontade de fazer. É preciso, contudo, gerir o próprio temperamento a fim de ter relacionamentos saudáveis. Também será sempre desafiador (mas valerá a pena) para o Falante ficar quieto e ouvir; para o Ativo deixar que outros completem tarefas no tempo e do jeito deles; para o Observador comunicar-se e pedir ajuda; ou para o Pensador mudar sua agenda para relacionar-se com pessoas queridas. Cada uma das personalidades precisa de ajustes e gestão para que os relacionamentos em casa se desenvolvam.

GESTÃO DE RELACIONAMENTOS

O amor é paciente e bondoso. O amor não é ciumento, nem presunçoso. Não é orgulhoso, nem grosseiro. Não exige que as coisas sejam à sua maneira. Não é irritável, nem rancoroso. Não se alegra com a injustiça, mas sim com a verdade. O amor nunca desiste, nunca perde a fé, sempre tem esperança e sempre se mantém firme.

1Coríntios 13.4-7

Memorize o "capítulo do amor" da Bíblia, citado acima. Esse é o amor que nunca falha. Crescer nos relacionamentos significa crescer em amor. A passagem a seguir nos lembra da necessidade de crescer. A maturidade é essencial na gestão de relacionamentos.

Alegrem-se. Cresçam até alcançar a maturidade. Encorajem-se mutuamente. Vivam em harmonia e paz. Então o Deus de amor e paz estará com vocês. Saúdem uns aos outros com beijo santo. [...] Que a graça do Senhor Jesus Cristo, o amor de Deus e a comunhão do Espírito Santo sejam com todos vocês.

2Coríntios 13.11b-12,13

Procure gerir seus relacionamentos com alegria e não se ressinta do fato de que eles precisam ser geridos. Essa tarefa exigirá uma atitude positiva e compromisso com a maturidade, isto é, com a prática diária e aplicada de crescimento pessoal. Quem não deseja se relacionar com alguém que tem o compromisso de praticar o crescimento pessoal? Quem não deseja ter um relacionamento de harmonia e paz?

Quando os relacionamentos têm harmonia e paz, existe amor, e podemos sentir a presença de Deus neles. Como diz o versículo 12, saudar uns aos outros com um beijo espontâneo pode ser o resultado de criar excelentes relacionamentos! O último versículo diz: "Que a graça do Senhor Jesus Cristo, e o amor de Deus, e a comunhão do Espírito Santo sejam com todos vocês". Concordo com Paulo. É preciso toda a Trindade e muita graça para que tenhamos bons relacionamentos.

ENCORAJAR UNS AOS OUTROS

Como o versículo anterior diz, devemos nos encorajar mutuamente. Cada tipo de personalidade é edificado e honrado quando suas virtudes são observadas e valorizadas. Por exemplo, o Fleumático Tranquilo (o Observador) gosta de ser elogiado e apreciado em um relacionamento pessoal. Não grite elogios para todos ouvirem; ele prefere receber expressões de gratidão

DINÂMICAS DE PERSONALIDADE

em particular. Em contrapartida, o Sanguíneo Popular (o Falante) gosta de atenção espalhafatosa e de ser elogiado publicamente.

Quando meu filho Brandon jogava beisebol, lembrava-me antes do jogo: "Mãe, torça bastante por mim. Quando eu fizer uma jogada legal, bata palmas e grite bem alto para eu ouvir". Meu filho Bryson, em contrapartida, lembrava-me antes dos jogos: "Mãe, não grite tão alto; dá vergonha". Preferia um tapinha nas costas e bastante afirmação no carro, no caminho de volta para casa.

Eis algumas excelentes ideias de como tornar palavras de incentivo parte de seu ambiente familiar, especialmente para aqueles que têm como principal linguagem do amor as "palavras de afirmação".

Os diferentes tipos de personalidade podem estabelecer como objetivo incentivar uns aos outros, adaptando as ideias a seguir para sua linguagem. Meu desejo é que outras pessoas digam essas coisas para mim.

Consciência social é a capacidade de avaliar uma situação de imediato e ajustar nosso comportamento de modo a manter o bom relacionamento.

EXPERIÊNCIA DO LAR | 113

APTIDÕES RELACIONAIS BÁSICAS

Crescer nos relaciona- mentos sig- nifica crescer em amor.

PARA O COLÉRICO VIGOROSO DA FAMÍLIA (O ATIVO)

- *Amo sua autoconfiança.*
- *Acho ótimo que você não faz rodeios.*
- *Admiro sua ousadia e coragem.*
- *Gosto de sua visão global.*
- *Admiro o fato de você focalizar os resultados.*

PARA O SANGUÍNEO POPULAR DA FAMÍLIA (O FALANTE)

- *Você é uma graça e cheio de charme.*
- *É superdivertido estar com você. Alegra meus dias.*
- *Amo sua energia.*
- *Você sabe contar histórias incríveis.*
- *Gosto de sua atitude positiva.*

PARA O FLEUMÁTICO TRANQUILO DA FAMÍLIA (O OBSERVADOR)

- *Você é um excelente ouvinte.*
- *É extremamente leal.*
- *Gosto de seu jeito tranquilo.*
- *Admiro como você traz calma para uma situação estressante.*
- *Você me deixa à vontade e descontraído.*

PARA O MELANCÓLICO PERFEITO DA FAMÍLIA
(O PENSADOR)

- *Admiro como você tem sentimentos profundos.*
- *Gosto do fato de você ter padrões elevados e querer as coisas bem-feitas.*
- *Acho ótimo que você termina o que começa.*
- *Admiro sua precisão e meticulosidade.*
- *Amo sua criatividade.*

DAR VALOR UNS AOS OUTROS

Sem dúvida, em nossos relacionamentos, sejam eles na família nuclear, na família mais ampla, com colegas ou amigos, encontramos pessoas com várias combinações de personalidade. Lembre-se de que cada tipo de personalidade contribui com um ingrediente necessário para sua vida. Valorize cada temperamento, aceitando as virtudes, oferecendo graça pelas fraquezas e fazendo aflorar o que cada um tem de melhor.

Pense, por exemplo, em uma deliciosa jarra de limonada bem gelada. Os Coléricos Vigorosos são o limão — fazem o que precisa ser feito —, e o limão é um ingrediente essencial! Mas, se a limonada tiver apenas limão, ficará azeda. Por isso, você acrescenta açúcar, os Sanguíneos Populares, que amam se divertir. Mas, se tiver apenas limão e açúcar, será uma pasta grudenta. Por isso, é preciso acrescentar água, os Fleumáticos Tranquilos que juntam as diferentes partes e fazem com que tudo flua suavemente. Mas ainda não terminamos! Precisamos dos Melancólicos Perfeitos, com seus cubos de gelo absolutamente simétricos. E agora temos uma refrescante jarra de limonada.

Cada ingrediente tem valor e propósito de modo individual. O limão tem valor; o açúcar tem valor; a água tem valor; e o gelo tem valor. Mas, quando todas as personalidades são combinadas, o conjunto é algo melhor.

PASSOS PRÁTICOS

1. *Faça um teste de perfil de personalidade e avalie cuidadosamente os resultados.*
2. *Recomende que cada membro da família faça um teste de personalidade.*
3. *Imprima as passagens das Escrituras sugeridas para cada tipo de personalidade e coloque-as em um lugar visível para que você possa ser lembrada de desenvolver qualidades norteadas pelo Espírito e impelida por virtudes em lugar de suas fraquezas.*

Um guia de estudo gratuito está disponível em <www.homeexperience.global>.

---

[i] Para saber mais sobre os tipos de personalidade, veja o livro de Florence LITAUER, *Personality Plus: How to Understand Others by Understanding Yourself* (Grand Rapids, Michigan: Revell, 1992).

> "Vivam em harmonia e paz. Então o Deus de amor e paz estará com vocês."
>
> 2Coríntios 13.11b

PRINCÍPIOS ESSENCIAIS

RESOLUÇÃO DE CONFLITOS FAMILIARES

por Trina Titus Lozano

Vivam em paz uns com os outros.
1 Tessalonicenses 5.13

Quando meus filhos eram pequenos, minha mãe pesquisou um material chamado "Construtores da Paz". Esse curso ajudou a reduzir a criminalidade em Salinas, Califórnia, cidade natal de minha mãe. Fomos a Youngstown, Ohio, participar de um programa assistencial no centro da cidade, onde minha mãe apresentou o curso "Construtores da Paz". Gostei tanto do conteúdo que o adotei como lista de regras para nossa casa. Nossa filha Brittany escreveu as mesmas regras com giz em uma das paredes de sua casa e as está ensinando a seus filhos.

As regras dos Construtores da Paz são:

1. *Elogie as pessoas.*
2. *Deixe de lado as críticas.*
3. *Procure pessoas sábias.*
4. *Atente para as ofensas e corrija os erros.*

Usávamos essas regras para resolver conflitos familiares. Entender os diferentes tipos de personalidade dos membros de sua família pode impactar positivamente a capacidade de resolver conflitos em casa. Meu marido, meus filhos, meus pais, minha avó e eu somos todos diferentes. Recuperamos as energias de formas diferentes; temos medos diferentes; coisas diferentes nos irritam ou nos pressionam; e temos graus diferentes de sensibilidade.

RESOLUÇÃO DE CONFLITOS FAMILIARES

Este capítulo a ajudará a ser uma Construtora da Paz em seu lar. Você descobrirá como cada tipo de personalidade recupera suas energias e como lidar com os medos viscerais quando surgem conflitos.

COMO CADA PERSONALIDADE RECUPERA SUAS ENERGIAS

Como um carro, todos nós ficamos sem combustível. Embora o sono seja importante, precisamos de mais que uma boa noite de sono para nos revigorarmos. Você pode promover paz em seu lar ao ajudar cada membro da família a recuperar as energias de uma forma que supra suas necessidades individuais.

O Colérico Vigoroso — o Ativo: Recupera as energias por meio de atividades físicas. Você observará que ele continua a "fazer" algo, mas que se revigora ao realizar atividades de que ele gosta e que são diferentes de suas responsabilidades, como cozinhar, cuidar do jardim ou se exercitar.

O Sanguíneo Popular — o Falante: Recupera as energias ao se sociabilizar. Revigora-se quando tem oportunidade de interagir com outras pessoas: almoçar com um amigo, conversar ao telefone ou dar uma festa à beira da piscina.

O Fleumático Tranquilo — o Observador: Recupera as energias quando não faz absolutamente nada. Gosta de tirar um cochilo, assistir TV ou ouvir música. Depois disso, está novo em folha.

O Melancólico Perfeito — o Pensador: Recupera as energias ao ficar sozinho. Talvez use o tempo livre para ler, relaxar, escrever em um diário ou só ficar quieto, sentado perto de uma janela olhando para fora e pensando.

Quando um carro fica sem combustível, precisa urgentemente ser reabastecido para chegar a seu destino. De modo semelhante, numa família, quando alguém está com o tanque na reserva, dá para sentir o cheiro dos vapores! O ambiente fica pesado, indicando que provavelmente é hora de todos se reabastecerem. Pode ser que isso aconteça todos os dias no final da tarde. A fim de chegar com tranquilidade até a hora de dormir, cada tipo de personalidade precisa se reabastecer a seu modo.

Atente para as ofensas e corrija os erros.

EXPERIÊNCIA DO LAR | **119**

Como guardiã de meu lar, preciso estar sempre com o tanque "cheio" quando os membros da família voltam para casa no fim do dia. Estabeleci como objetivo e assumo responsabilidade pessoal de me assegurar de que ninguém esteja rodando com o tanque vazio. Nem sempre é preciso reabastecer todos os dias. Por vezes, o combustível dura mais tempo. Para alguns, reabastecer nos finais de semana ou fazer viagens curtas com o cônjuge mantém o tanque cheio. Portanto, fique atenta para seu indicador de combustível e também para o indicador dos outros membros da família.

COMO IDENTIFICAR MEDOS VISCERAIS

A seguir, uma descrição dos medos viscerais associados a cada tipo de personalidade. Pergunte-se: o que mexe comigo? O que me dá raiva? O que me ofende? E quanto aos outros membros da família? O que os magoa? O que os irrita? O que mexe com eles? A resposta aponta para seu medo visceral.

Na obra *O DNA dos relacionamentos*,[i] Gary Smalley explica a importância de não fazer uma dança do medo com as pessoas com as quais desejamos nos relacionar. A menos que reconheçamos os medos viscerais delas e os nossos, pisamos nos pés uns dos outros e todos se machucam.

Quando você identifica essas áreas vulneráveis em si mesma e em seus entes queridos, podem dançar juntos muito melhor e se divertir mais. Mesmo que tropecem e deem um passo errado, fica mais fácil voltar ao ritmo certo e desfrutar a dança de seu relacionamento.

O COLÉRICO VIGOROSO (O ATIVO)
Teme que outros se aproveitem dele.
O Colérico, voltado para tarefas, gosta de liderar e se concentra em fazer o que precisa ser feito. Sente-se bem quando outros assumem as responsabilidades que lhes cabem. Quando o Colérico tem a impressão de que precisa arcar com as próprias responsabilidades e com as de outros, sente que estão se aproveitando dele. Como reação, procura assumir o controle do ambiente sendo impositivo, direto e agressivo. Esse comportamento pode ser extremamente intimidador para outros, e pode acontecer de o Colérico acusar outros de ingratidão.

O SANGUÍNEO POPULAR (O FALANTE)
Teme ser rejeitado ou que outros não gostem dele.
O Sanguíneo Popular quer que as pessoas gostem dele. Esse tipo de personalidade pode passar a viver em função dos outros. A fim de obter aprovação, pode se tornar excessivamente amistoso, extrovertido, falante ou mesmo impositivo. O Sanguíneo pode transigir em seus valores e ser suscetível à pressão de colegas. Se estiver em uma situação em que se sente rejeitado, pode se tornar agressivo, vociferar, ficar agitado e até parecer louco.

Quando controlados pelo Espírito, não somos motivados pelo medo. Pelo contrário, somos motivados por nossa identidade.

O FLEUMÁTICO TRANQUILO (O OBSERVADOR)

Teme perder a segurança.

Qualquer tipo de mudança, grande ou pequena, pode desencadear esse medo. Uma perda de segurança pode resultar de algo simples, como mudar móveis de lugar ou alterar algo na agenda, ou de algo drástico, como uma mudança de escola ou de emprego. O Fleumático Tranquilo gosta de um ambiente extremamente previsível, com pouca ou nenhuma alteração. Em momentos de insegurança, tem dificuldade de tomar decisões. Fecha-se emocionalmente. Quando surge o elemento desencadeador de insegurança, mostra uma obstinação silenciosa ferrenha e se recusa a mudar.

O MELANCÓLICO PERFEITO (O PENSADOR)

Teme críticas.

O Melancólico Perfeito tem medo de receber críticas pessoais ou de seu trabalho ou desempenho ser avaliado de forma negativa. É possível que o Melancólico se retraia ou se torne defensivo, detalhista ou questionador. Esse temperamento é extremamente sensível e pode se magoar com facilidade com um comentário que não tinha, de modo algum, a intenção de ofender. Ele se orgulha de fazer seu trabalho com precisão. Essa tendência de desejar que tudo esteja absolutamente correto (por vezes conforme padrões impostos por ele próprio) pode gerar perfeccionismo. Se comete um erro, tem a tendência de se repreender severamente ou de supor que outros o criticarão pelas costas. Esse comportamento pode gerar conflito nos relacionamentos, pois o Melancólico se fecha e se isola quando se sente criticado.

A fim de não fazermos uma "dança do medo" com os membros da família, precisamos operar com base em nossa identidade, e não em nossos sentimentos de temor. Se nos entregarmos a nossos medos viscerais, uma fortaleza demoníaca de temor pode se atrelar a nossos sentimentos e assumir o controle e, quando nos dermos conta, estaremos sendo motivados por nossos medos, e não por nossa identidade. Em vez disso, devemos proclamar que não seremos controlados pelo medo.

*Esse amor não tem medo, pois o perfeito amor afasta todo medo.
Se temos medo, é porque tememos o castigo, e isso mostra que
ainda não experimentamos plenamente o amor.*

1João 4.8

Quando nossos pensamentos se baseiam no medo, nossas ações são motivadas por medo; quando nossos pensamentos se baseiam no amor, somos motivados por nossa identidade no amor de Cristo.

IDENTIDADE, AÇÕES, SENTIMENTOS

A maioria das pessoas vive da seguinte forma, com os sentimentos em primeiro lugar:

Quando controlados pelo Espírito, porém, não somos motivados por medo. Pelo contrário, somos motivados por nossa identidade:

No primeiro diagrama, você é vítima de suas emoções e se torna uma pessoa que não deseja ser. No segundo diagrama, você decide que tipo de pessoa deseja ser, e essa decisão motiva suas ações. Seus sentimentos são reais e válidos; você observará, porém, que eles mudam.

Faça uma lista das qualidades da pessoa que você deseja ser: sua identidade. Você pode relacionar qualidades como "fiel, respeitosa, honradora, confiável, elegante, bem-educada, atenciosa, bondosa, leal, asseada, sóbria, instruída, feliz, divertida, paciente, sábia, compassiva, amorosa, perdoadora, tranquila, atlética, musical, criativa...", e assim por diante. Você decide que tipo de pessoa será e, quer sinta vontade quer não, escolhe ser essa pessoa.

Não obstante seu tipo de personalidade, você desejará ser uma pessoa de forte caráter e integridade. Não importa quão grande ou pequeno seja o problema, você pode escolher viver, reagir e agir com base em sua identidade.

MANEIRAS DE REDUZIR POSSÍVEIS CONFLITOS

Eis algumas dicas valiosas para ajudá-la a amar e se relacionar com mais facilidade com adultos e crianças.

PARA RELACIONAR-SE COM O COLÉRICO VIGOROSO (O ATIVO)

O adulto colérico

- *Evite brigas por poder. Se a outra pessoa tem autoridade, sujeite-se a ela.*
- *Evite um enfoque negativo. Coléricos são voltados para resultados e desejam soluções.*
- *Compartilhe suas ideias e sentimentos de forma clara, direta e concisa. Entenda que o Colérico está mais interessado em fazer o que precisa ser feito do que em alcançar perfeição.*
- *Não se sinta intimidada quando o outro se comunicar de forma direta. Permaneça calma, confiante e não defensiva.*

A criança colérica

- *Defina limites claros. Seja direta e objetiva.*
- *Essa criança geniosa precisa entender que você tem autoridade. Não se deixe intimidar pelas exigências dela.*
- *Traga à tona o talento de liderança dela ao encarregá-la de algo.*
- *Comunique-se por meio de declarações concisas.*

PARA RELACIONAR-SE COM O SANGUÍNEO POPULAR (O FALANTE)

O adulto sanguíneo

- *Separe tempo para conversar e ficar juntos. Desfrute o bate-papo.*
- *Proporcione um ambiente seguro, sem críticas. Seja generosa em elogios e aceitação.*
- *Reconheça que a pessoa sanguínea gosta de emoção, variedade e espontaneidade.*
- *Esteja ciente de que ela tem a tendência de ser desorganizada, portanto não julgue seu carro, sua escrivaninha ou seus armários.*

A criança sanguínea

- *Lembre-se de que ela tem dificuldade de se organizar; pode ser que o quarto, as gavetas e a escrivaninha sejam bagunçados.*
- *Quando for hora de arrumar o quarto, faça-o de forma divertida, junto com a criança. Diga: "Vamos marcar o tempo e correr contra o relógio!". Transforme em um jogo.*
- *Ofereça muitas expressões de afeto, elogio e aprovação. Ouça com entusiasmo as longas histórias que ela conta.*
- *Permita que ela faça a lição de casa na cozinha ou na sala de estar. A criança sanguínea não raciocina bem quando está sozinha no quarto. Distrai-se com facilidade, uma característica que com frequência é confundida com TDA (Transtorno de Déficit de Atenção). Nesse caso, não é um transtorno, mas sim o temperamento da criança.*

RESOLUÇÃO DE CONFLITOS FAMILIARES

PARA RELACIONAR-SE COM O FLEUMÁTICO TRANQUILO (O OBSERVADOR)

O adulto fleumático

- *O fleumático é extremamente relacional. Seja aberta e compartilhe seus sentimentos.*
- *Não quebre a confiança dele. O fleumático gasta um bocado de energia para confiar e ser confiável.*
- *Expresse amor, apreço e afeição genuínos.*
- *Desacelere seu ritmo e seja paciente.*

A criança fleumática

- *Desacelere seu ritmo. Dê bastante tempo para completar qualquer tarefa. A criança fleumática demora a mudar e gosta de rotinas.*
- *Não tente obrigá-la a falar sobre seus sentimentos. Ela os compartilhará quando estiver preparada.*
- *Esse tipo de personalidade tem a tendência de guardar mágoas. Incentive o perdão.*
- *A criança fleumática pode ser extremamente geniosa e ter uma vontade de ferro, ainda que não a expresse verbalmente. Mantenha-se firme. Você é a mãe, portanto não ceda.*

Você decide que tipo de pessoa será.

PARA RELACIONAR-SE COM O MELANCÓLICO PERFEITO (O PENSADOR)

O adulto melancólico

- *Desacelere seu ritmo e dê à pessoa tempo para pensar e processar as ideias. Forneça detalhes e dados fatuais para ajudá-la a absorver as informações.*
- *Não critique. Lembre-se de que o Melancólico sente as coisas em profundidade e também pode se tornar defensivo.*
- *Não pegue o Melancólico de surpresa. Esse tipo de personalidade gosta de um ambiente previsível.*
- *Tenha em mente que ele precisa de tempo sozinho ou tempo para trabalhar em um projeto a fim de se recompor.*

A criança melancólica

- *A criança com esse tipo de personalidade pensa com calma e precisa de tempo para tomar decisões. É proveitoso receber a opinião de alguém que ela respeite.*
- *Seja paciente, responda a perguntas detalhadas a fim de ajudá-la a processar informações e identificar os fatos. A criança melancólica pergunta "por quê" com frequência.*
- *Reconheça que esse tipo de personalidade gosta de trabalhar em projetos e é voltada para detalhes.*
- *Um incidente negativo pode levar a criança melancólica a concluir que o dia inteiro foi horrível. Demonstre empatia e, ao mesmo tempo, ajude-a a ver o lado positivo.*

RESOLUÇÃO DE CONFLITOS EM SUA FAMÍLIA

> *Por fim, tenham todos o mesmo modo de pensar. Sejam cheios de compaixão uns pelos outros. Amem uns aos outros como irmãos. Mostrem misericórdia e humildade. Não retribuam mal por mal, nem insulto com insulto. Ao contrário, retribuam com uma bênção. Foi para isso que vocês foram chamados, e a bênção lhes será concedida.*
>
> **1Pedro 3.8-9**

O conflito é parte normal da vida em família. Toda família sofre com desentendimentos, incluindo a nossa. Lidamos com desafios associados a dinâmicas de personalidade, ofensas e acusações. No entanto, é nossa responsabilidade como cristãos assumir o caráter de Cristo diante de mal-entendidos, divisões e contendas.

> *Como o ferro afia o ferro, assim um amigo afia o outro.*
>
> **Provérbios 27.17**

Façam todo o possível para se manterem unidos no Espírito, ligados pelo vínculo da paz.
Efésios 4.3

Esse "afiar" só acontece por meio de pressão e atrito que, embora causem dor, não são necessariamente algo negativo. Aliás, *o conflito, quando resolvido, é uma oportunidade de crescimento para toda a família*.

Portanto, o problema não é ter conflito; o problema é ter conflito não resolvido. Com a ajuda do Espírito Santo, você pode resolver os conflitos em sua família com humildade. Não importa o que você esteja enfrentando, pode demonstrar amor, alegria, paz, paciência, amabilidade, bondade, fidelidade, mansidão e domínio próprio.

Lembre-se de que, embora você talvez deseje resolver um conflito em sua família, será necessário que as outras partes envolvidas colaborem. Você não pode controlar a reação de outros, apenas a sua. Tenha como objetivo fazer sua parte.

> *Sejam sempre humildes e amáveis, tolerando pacientemente uns aos outros em amor. Façam todo o possível para se manterem unidos do Espírito, ligados pelo vínculo da paz.*
>
> **Efésios 4.2-3**

Como essa passagem bíblica mostra, *você* deve esforçar-se para manter seu coração unido ao Espírito. Cabe a você ser humilde, gentil e paciente. Como a mulher da casa, você é a guardiã da paz.

UMA RECEITA PARA RESOLVER CONFLITOS

Se sua família estiver disposta a participar, estes cinco elementos constituem um excelente modelo para resolver conflitos grandes e pequenos.

1. *Fé: Cremos em Deus e vivemos conforme sua Palavra. Também cremos que é da vontade dele que este conflito seja resolvido.*
2. *Perdão: Perdoe a ofensa e peça a Deus e às pessoas que você magoou perdão por seu pecado e por sua participação no conflito.*
3. *Fatos: Olhe para os fatos da situação. Atenha-se a eles, e não a percepções.*
4. *Sentimentos: Permita que cada parte compartilhe que sentimentos o conflito gerou. Ouça sem interromper. (Veja Pv 15.1.)*
5. *Futuro: Diga: "Ficou no passado" e "Estas são as lições que aprendemos com essa situação e que poderemos aplicar no futuro".*

Em caso de conflitos longos, dolorosos e não resolvidos, lembre-se de que você não controla o tempo da resolução. Faça sua parte. Se o outro se recusar a cooperar, ore por paciência e adore a Deus enquanto espera.

PRINCÍPIOS ESSENCIAIS

Como a mulher da casa, você é a guardiã da paz.

A FÉ EM DEUS E O PRINCÍPIO DO "AINDA NÃO"

Quando sofremos conflitos familiares, primeiro precisamos crer que Deus é real. Faça o seguinte exercício que aprendi com Beth Moore. Levante a mão e faça uma declaração para cada dedo:

- *Deus é quem ele diz ser.*
- *Ele pode fazer aquilo que ele diz que pode fazer.*
- *Eu sou quem Deus diz que sou; posso todas as coisas por meio de Cristo, que me dá forças.*
- *A Palavra de Deus está viva e ativa em mim.*
- *Escolho crer em Deus.*[ii]

Essas declarações me sustentaram durante as grandes provações de meus conflitos familiares.

Segundo, preciso crer, sem sombra de dúvida, que minha família deve permanecer unida. Deus uniu nossa família por um motivo; é uma realidade ordenada e soberana. James é meu marido por um motivo. Sou mãe de meus filhos por um motivo. Os cônjuges deles fazem parte de nossa família por um motivo. Assim como você crê que Deus é quem ele diz ser, precisa crer que sua família foi criada para permanecer unida.

128 | EXPERIÊNCIA DO LAR

Terceiro, é essencial ter uma mentalidade de crescimento. Carol Dweck fala do "Poder do ainda não" em sua conhecida palestra TED.[iii] A Bíblia também fala sobre como cada coisa tem seu tempo:

> *Deus fez tudo apropriado para seu devido tempo.*
>
> Eclesiastes 3.11a

Logo, se as coisas não são apropriadas, simplesmente *ainda não* são apropriadas. Se os conflitos não foram resolvidos, simplesmente *ainda não* foram resolvidos, mas o serão no devido tempo. Em meio às provações, focalizo meus pensamentos na eternidade, pois Jesus voltará em breve.

> *Ele colocou um senso de eternidade no coração humano, mas mesmo assim ninguém é capaz de entender toda a obra de Deus, do começou ao fim. Concluí, portanto, que a melhor coisa a fazer é ser feliz e desfrutar a vida enquanto é possível. Cada um deve comer e beber e desfrutar os frutos de seu trabalho, pois são presentes de Deus.*
>
> Eclesiastes 3.11b-13

Talvez não compreendamos o que Deus está fazendo, mas sabemos que suas promessas são fiéis. Não conhecemos todo o escopo das coisas, mas, de acordo com as Escrituras, mesmo assim precisamos viver a vida enquanto esperamos. A vida *ainda não* é perfeita. Ela o será depois da segunda vinda de Jesus Cristo. Até então, porém, precisamos escolher ajustar nossa atitude, aproveitar a vida e ser felizes, confiando que Deus fará tudo apropriado no devido tempo.

PASSOS PRÁTICOS

1. Ensine a seus filhos as regras dos "Construtores da Paz" e aplique-as a conflitos grandes e pequenos.
2. Se você estiver lidando com um conflito familiar, aplique os cinco elementos para resolvê-lo: fé, perdão, fatos, sentimentos e futuro.
3. Confesse seu pecado e peça perdão por sua parte no conflito; faça-o logo.
4. Perdoe outros diariamente.
5. Ore por uma resolução. Confie. Espere.

> *Vivam em harmonia e paz. Então o Deus de amor e paz estará com vocês.*
>
> **2Coríntios 13.11**

Um guia de estudo gratuito está disponível em <www.homeexperience.global>.

---

[i] Gary Smalley, *O DNA dos relacionamentos: Descubra que você foi planejado para relacionamentos duradouros* (São Paulo: Hagnos, 2007).
[ii] Beth Moore, *Believing God—Bible Study Book: Experience a Fresh Explosion of Faith* (Nashville: Lifeway Press, 2003).
[iii] Carol S. Dweck, "The Power of Yet", evento TEDxNorrkölping, 12 de setembro de 2014.

O LAR
um lugar

ORDEM NO LAR

09 Administração de prioridades — um valor de ordem
10 Organização da casa — um valor de paz
11 Limpeza — um valor de gratidão

de paz

ESTILO DE VIDA NO LAR

12 Hospitalidade — um valor de serviço

13 Etiqueta — um valor de gentileza

14 Decoração — um valor de beleza

15 Culinária — um valor de consideração

Arquivo de receitas da Devi

ADMINISTRAÇÃO DE PRIORIDADES

— UM VALOR DE ORDEM

Ajuda-nos a entender como a vida é breve, para que vivamos com sabedoria.
Salmos 90.12

Administrar prioridades é diferente de administrar tempo. Todos nós temos a mesma porção de tempo todos os dias, mas temos prioridades diferentes. Por isso, temos resultados diferentes. Priorizar significa "colocar em ordem de importância". Quando vivemos nossos dias, semanas ou meses de forma intencional, colocando nossas escolhas de vida em ordem conforme os princípios de Deus, colhemos os resultados de uma vida farta e descobrimos o que Jesus quis dizer quando declarou: "Meu jugo é fácil de carregar, e o fardo que lhes dou é leve" (Mt 11.30).

É comum me perguntarem: "Como você faz tanta coisa?". A impressão é de que disponho de mais tempo que outras pessoas. Tempo para mim mesma, para a família, para os amigos, para meus interesses, para meu chamado. Mas é claro que não disponho de mais tempo; tenho 24 horas por dia, como você.

Lembre-se de que a vida tem épocas. Não se compare com os outros. Apenas olhe para o ponto em que você se encontra agora, e se não estiver vivendo em paz, com realização e satisfação, é possível fazer ajustes simples para que obtenha o melhor resultado possível neste momento de sua vida.

ADMINISTRAÇÃO DE PRIORIDADES

*Há um momento certo para tudo, um tempo
para cada atividade debaixo do céu.*

Eclesiastes 3.1

Minha neta, Brooke Sailer, diz em seu livro *This Thing Called Home* [Esta coisa chamada lar]: "As melhores donas de casa não são talentosas, mas hábeis. Houve um tempo em que eram principiantes, e talvez agora tenham se tornado peritas, mas pode ser que a trajetória delas tenha sido diferente do que você imagina [...]. Creio que nos esquecemos da ideia de processo. Estamos todas em um processo".[i]

Talvez leve tempo para mudar sua forma de pensar a respeito de como planeja seus dias. Comecemos juntas a avaliar onde você está e onde deseja estar.

*Portanto, sejam cuidadosos em seu modo de vida. Não vivam como
insensatos, mas como sábios. Aproveitem ao máximo todas as
oportunidades nestes dias maus.*

Efésios 5.15-16

SUA DIRETRIZ

Encontramos o plano de prioridades de Deus para as mulheres na descrição da "mulher virtuosa" que uma mãe preocupada apresentou para seu filho ao explicar que tipo de mulher ele devia procurar. De acordo com essa mãe, existem mulheres que podem destruir reis e mulheres que podem edificá-los. Diante disso, ela apresenta o retrato de uma *mulher virtuosa*.

A *mulher virtuosa* é um excelente modelo para todas as mulheres que desejam ter um modo de vida temente a Deus. Ela planeja com sabedoria, apoia o marido, cuida bem do lar e dos filhos, administra com prudência, é astuta nos negócios, sabe aconselhar, socorre os necessitados e muito mais. Desempenha esses papéis graciosamente, com grande bondade e alegria.

Essa mulher é descrita em Provérbios 31.10-31, passagem em que descobrimos as prioridades essenciais para a vida dela. Ao fazer suas escolhas diárias com base nas diretrizes de suas prioridades, ela obtém grande respeito para o marido, os filhos e a comunidade. O exemplo dela tem sido minha diretriz.

*"Meu jugo é fácil de carregar, e o
fardo que lhes dou é leve."*

Mateus 11.30

EXPERIÊNCIA DO LAR | 133

ORDEM NO LAR

Ao fazer suas escolhas diárias com base nas diretrizes de suas prioridades, ela obtém grande respeito para o marido, os filhos e a comunidade.

Algumas mulheres evitam ler essa passagem, pois imaginam que não é relevante para nosso tempo. Embora não teçamos mais lã ou linho, os princípios aprendidos aqui são extremamente valiosos e jamais poderão ser substituídos pela cultura popular inconstante e seus valores indefinidos.

De que maneira essa mulher em Provérbios realiza tanta coisa e ainda é capaz de rir dos dias por vir? Ela tem prioridades corretas. Vejamos em mais detalhes cada uma das prioridades apresentadas na passagem.

PRIMEIRA PRIORIDADE: TEMOR DO SENHOR

Sem temor respeitoso do Senhor, uma mulher pode tornar-se egocêntrica, preocupada ou desocupada, três atitudes destrutivas.

Aprendi com meus pais a temer o Senhor. Se eu obedecia, tudo ia bem; se desobedecia, sofria as consequências. Essas consequências me levavam a tomar melhores decisões da próxima vez. Agora, vivo com um saudável temor do Senhor, assunto sobre o qual raramente se fala dos púlpitos das igrejas, mas que é a fundação mais importante de nossa fé. Eis minha definição:

> *"Temer o Senhor é viver com cautela refletida, levando em consideração as consequências de cada ação."*
>
> Devi Titus

- *Compulsão por obedecer decorrente de reverência.*
- *Convicção de que Deus sempre fala sério.*
- *Respeito pelas consequências.*
- *Reverência por quem Deus é.*
- *Reverência por quem ele diz que eu sou.*
- *Modo de vida cauteloso.*

A mulher de Provérbios 31 não acorda um dia e descobre "do nada" que é uma mulher virtuosa, com marido e filhos que a cobrem de elogios. Esse estilo de vida é algo que ela desenvolve em razão de sua reverência ao Senhor (v. 30). Ela demonstra que sua maior prioridade é Deus ao temê-lo o suficiente para obedecer-lhe.

Coloque Deus em primeiro lugar em sua vida. Não deixe de ler a Palavra e de se reunir com outros cristãos ou participar da igreja. Essas disciplinas são de extrema importância em sua busca por amar e honrar a Deus com sua vida.

Eis os benefícios de ter um saudável temor do Senhor.

ᛉ	Sabedoria	*O temor do Senhor é o princípio da sabedoria.* **Salmos 111.10, RA**
		Ter sabedoria significa ter discernimento além da capacidade de nossa mente. Deus nos dá sabedoria por meio de revelação.
ᛉ	Conhecimento	*O temor do Senhor é o princípio do conhecimento.* **Provérbios 1.7**
		Deus concede àqueles que o temem não apenas conhecimento, mas entendimento para usá-lo.
ᛉ	Longevidade	*O temor do Senhor prologa a vida.* **Provérbios 10.27**
ᛉ	Proteção e livramento	*O anjo do Senhor é guardião; ele cerca e defende os que o temem.* **Salmos 34.7**
ᛉ	Segurança e refúgio para a família	*Quem teme o Senhor está seguro; ele é refúgio para seus filhos.* **Provérbios 14.26**
ᛉ	Fonte de vida	*O temor do Senhor é fonte de vida.* **Provérbios 14.27**

SEGUNDA PRIORIDADE: O MARIDO (PARA QUEM É CASADA)

A segunda prioridade da mulher casada deve ser o marido. Essa prioridade exige o compromisso de obedecer a Deus ao amar o marido de formas práticas.

A mulher casada precisa pensar em suas responsabilidades aqui na terra e em como agradar seu marido.

2Coríntios 7.34b

> *O temor do SENHOR é o princípio do conhecimento.*
>
> **Salmos 111.10**

- Sua principal vocação é ser uma "ajudadora".

O SENHOR Deus disse: "Não é bom que o homem esteja sozinho. Farei alguém que o ajude e o complete".

Gênesis 2.18

- Uma vez que o marido confia nela, não lhe falta nada de valor (Pv 31.11).
- Ele tem plena confiança na esposa porque ela é leal, honrada, edifica outros e sempre os trata com bondade (Pv 31.11,29).
- Ela lhe faz o bem, e não mal, todos os dias de sua vida (Pv 31.12).
- Ela é elogiada pelo marido (Pv 31.28).

Dedicar tempo a seus filhos é importante. Tenha em mente, porém, que a vontade de Deus é que marido e esposa passem mais tempo um com o outro, fortalecendo seus vínculos, que com os filhos. Mais cedo ou mais tarde, o casamento que gira em torno dos filhos, e não dos pais, sai dos eixos.

Os benefícios de uma família que tem como centro o casamento são grandes tanto para os filhos como para os pais. E, quando os filhos tiverem saído de casa, o casamento não será abalado, mas continuará a crescer em intimidade e união.

Larry Titus, presidente da organização Kingdom Global Ministries

O SENHOR (PARA QUEM NÃO É CASADA)

A mulher que não é casada ou que nunca se casou pode se dedicar ao Senhor e ser santa de corpo e espírito.

1Coríntios 7.34a

Em 2014, havia 124,6 milhões de pessoas não casadas nos Estados Unidos, o equivalente a 50% de sua população. Destes, 53% eram mulheres, enquanto apenas 47% eram homens.

Mulheres solteiras têm a oportunidade maravilhosa de se dedicar plenamente ao Senhor, sem distrações, e preencher a vida com o serviço a outras pessoas. Nesse momento, Jesus é seu marido judeu rico e deseja fazer parte de todos os aspectos de sua vida.

Algumas de vocês que estão lendo estas palavras são solteiras e estão satisfeitas. Outras desejam se casar. Enquanto espera que Deus a conduza a um casamento, comece a se preparar sujeitando-se ao Senhor em todas as áreas.

- *Considere-se casada com Jesus.*
- *Antes de tomar qualquer decisão, grande ou pequena, consulte seu "marido judeu rico".*
- *Prepare-se para o papel de esposa e crie uma rotina diária de disciplina e cuidado por seu lar, como se fosse casada.*
- *Confie que o Senhor a conduzirá, proverá para você e a protegerá.*
- *Ao sentar-se à mesa, tenha consciência de que nunca está sozinha. O Senhor está presente com você.*

TERCEIRA PRIORIDADE: A CASA

Sei que você está surpresa de ver sua casa relacionada aqui como terceiro item da lista. Depois de seu marido, sua prioridade deve ser de criar um ambiente em que seus relacionamentos possam vicejar. Para quem tem filhos, é importante lembrar que a casa é o lugar onde se forma o coração dos filhos. Não cometa o erro comum de sempre colocar atividades divertidas com os filhos acima do cuidado com a casa. Eles também precisam de um ambiente organizado. Trabalhe para que haja o devido equilíbrio nessas áreas.

Nunca se sinta culpada por limpar sua casa e cuidar dela. Torne a faxina uma atividade divertida para a família. As crianças aprenderão a ter responsabilidade ao observar o devido cuidado do ambiente em que vivem e participarem desse trabalho.

- *Ela organiza tudo em sua casa, o que cria um ambiente sereno (Pv 31.15,21,27).*
- *Cuida de sua casa e daqueles que moram ali (Pv 31.27).*
- *Está ciente de todas as atividades que acontecem em sua casa (Pv 31.27).*
- *Compra com sabedoria alimentos, provisões e tudo mais que seja necessário (Pv 31.28).*
- *Trabalha com diligência, a fim de tornar sua casa bonita e confortável (Pv 31.13, 17,22).*
- *Não procura fazer tudo sozinha, mas divide as tarefas de acordo com a idade dos filhos ou obtém a ajuda de outros (Pv 31.15).*
- *Graças à forma sábia como administra as finanças, faz compras e organiza o orçamento, pode tomar boas decisões financeiras (Pv 31.14,16,18).*
- *Entende que, ao administrar bem as atividades de sua casa, está servindo a Deus (Pv 31.30).*

QUARTA PRIORIDADE: OS FILHOS

Os filhos são um presente do Senhor,
uma recompensa que ele dá.

Salmos 127.3

Nossa cultura egocêntrica desvalorizou a vida da criança e depreciou o privilégio de ser mãe e instruir um filho em caráter e sensibilidade espiritual. A cultura nos diz que nossos sonhos e objetivos são mais importantes que moldar o caráter e o destino de uma criança. A mãe, casada ou não, tem a incumbência vitalícia de sacrificar-se para desenvolver, amar e apoiar o filho.

- *Seus filhos são bem cuidados. Têm roupas, alimentos e outras provisões (Pv 31.15,21).*
- *Ela educa os filhos com disciplina e no temor do Senhor (Pv 31.30).*
- *Mantém uma rotina diária e dá tarefas para todos em sua casa. Instilar uma forte éti-*

> *Os benefícios de uma família que tem como centro o casamento são grandes tanto para os filhos como para os pais.*

ca de trabalho desde cedo os ajudará, na adolescência e juventude, a fazer a transição para a vida profissional (Pv 31.15).

- Não dedica tempo e energia a atender aos desejos dos filhos. Portanto, eles não são egocêntricos e egoístas (Pv 31.16,19-20,24).
- Toma decisões sábias ao administrar as atividades de seus filhos e não os enche de compromissos (Pv 31.27).
- Instrui seus filhos, por meio do exemplo, a servir e respeitar o pai deles e a sujeitar-se a autoridade (Pv 31.12).
- Mantém o domínio próprio e fala com sabedoria ao disciplinar os filhos (Pv 31.26).

QUINTA PRIORIDADE: SUA VIDA PESSOAL

Cuidar de si mesma não é egoísmo. É amor. Manter-se saudável de corpo, alma e espírito é o melhor presente que você pode dar às pessoas mais importantes de sua vida.

- Ela não deixa de cuidar de suas necessidades pessoais. Separa tempo para descansar, se exercitar e renovar a mente. "É forte e trabalhadora" (Pv 31.17).
- Mesmo durante tempos de dificuldade, mantém os olhos fixos em Jesus, a luz de sua vida.

Sua lâmpada permanece acesa à noite [em meio a problemas, privações e tristezas, afastando o medo, a dúvida e a desconfiança].

Provérbios 31.18, acréscimo nosso entre colchetes

- Fala com sabedoria que revela seu conhecimento de Deus (Pv 31.26).
- Demonstra caráter nobre (excelente). Trabalha para aprimorar suas virtudes (Pv 31.10,29).
- Mantém uma atitude agradável a respeito de seus deveres (Pv 31.25).
- É motivada e não dada à preguiça (Pv 31.27).
- Veste-se de modo a parecer atraente. Suas roupas são de boa qualidade (Pv 31.22).
- Não é ansiosa. Assume em sua mente o propósito de rir dos dias por vir (Pv 31.25).

SEXTA PRIORIDADE: SUA VIDA PÚBLICA

Sua última prioridade abrange as atividades fora de casa.

Nossa vida pública muitas vezes ocupa o primeiro ou segundo lugar de nossa lista de prioridades, e tudo mais vem em seguida. Quando isso acontece, levamos uma vida egocêntrica e pretensiosa. Podemos ter uma aparência maravilhosa, ser extremamente inteligentes, alcançar grandes realizações e, ainda assim, ter um casamento falido, filhos sem rumo e relacionamentos rompidos. Se escolher esse caminho, depois de um tempo se cansará de si mesma.

A verdadeira realização vem por meio de rendição, submissão e sacrifício. Pergunte-se: Por que faço o que faço? Qual é o propósito?

- Ela oferece ajuda aos que precisam de apoio material, emocional ou espiritual (Pv 31.20).
- Seu emprego, sua carreira e até mesmo seu envolvimento com a igreja não têm prioridade sobre as outras cinco áreas mencionadas anteriormente.
- Aprendeu a dizer não quando necessário. Envolve-se apenas com o que Deus lhe mostra que deve fazer.
- Sua obediência em priorizar a vida (áreas 1 a 5) lhe dá condições de ser ungida por Deus para servir na igreja e em outros âmbitos públicos (Pv 31.31).
- É sábia em suas negociações. Não gasta em excesso nem de forma impulsiva (Pv 31.16).
- Usa de forma criativa os dons e talentos que recebeu de Deus. A mulher virtuosa cria e vende vestes e faixas como fonte de renda (Pv 31.19,24).
- Não tem desejo algum de viver conforme os padrões de sua época; antes, vive conforme os princípios definidos na Bíblia (Pv 31.10,31).

PARA REVITALIZAR-SE, HONRE O DIA DE DESCANSO

Desejo enfatizar quanto honrar o dia de descanso é importante para a revitalização pessoal. Deus nos diz claramente que podemos trabalhar com afinco durante seis longos dias por semana, mas que devemos suspender nosso trabalho e descansar. Proceder dessa forma é santo ao Senhor. Quando entramos no descanso dele, nossa alma tem paz. Podemos ouvi-lo com mais clareza. Descansar o corpo e a mente aumenta nossa sensibilidade espiritual. Não negligencie o hábito saudável de separar um dia da semana para honrar a Deus e descansar, e não realizar trabalho algum.

> *De que maneira essa mulher em Provérbios realiza tanta coisa e ainda é capaz de rir dos dias por vir? Ela tem prioridades corretas.*

PASSOS PRÁTICOS: COMO COMEÇAR A PRIORIZAR

ORE
Em atitude de oração, considere como essas seis prioridades se aplicam a sua vida. Se deixou de lado o temor do Senhor, defina novos padrões de modo a levá-lo a sério. Se seu marido está abaixo de sua casa, seus filhos ou sua vida pública em sua lista de prioridades, seja honesta consigo mesma e com Deus a esse respeito. Lembre-se de que Deus tem em mente seu bem. O padrão bíblico de prioridades é confiável.

PERGUNTE
Pergunte-se qual é o motivo de você agir como age. Seja vulnerável e honesta.

FAÇA UMA LISTA
Prepare uma relação de suas atividades rotineiras. Avalie se suas prioridades estão desequilibradas. O que nessa lista precisa ser eliminado? Peça sabedoria a Deus. Talvez seja necessário subtrair alguns itens de sua lista antes de adicionar outros. Aprenda a dizer não. Lembre-se de que você não é uma dádiva de Deus para todos, mas é uma dádiva de Deus para alguém. Tome a decisão de limitar seu trabalho àquilo que você é capaz de administrar. Ser ocupada não é virtude; ser produtiva, sim.

UM TESTEMUNHO

Depois de ler este capítulo, Jen Strickland, uma mulher que mentoreio, enviou-me a seguinte mensagem:

Querida Devi,

Mesmo depois de ler sobre a administração de prioridades, tive dificuldade de entender onde estava errando. Ia para o escritório e não sabia o que fazer primeiro. Então, avaliei com honestidade como tenho usado meu tempo e percebi que minhas prioridades estavam fora de ordem.

Agora, mantenho uma nota para mim mesma sobre a escrivaninha o tempo todo:

1. Temor do Senhor
2. Meu marido
3. Minha casa
4. Meus filhos
5. Minha vida particular
6. Minha vida pública

Todos os dias, repasso cada item em minha mente. Dediquei tempo a Deus hoje? Honrei meu marido e cuidei das necessidades dele? Minha casa está organizada? Supri as necessidades de meus filhos e providenciei para que recebessem o cuidado de que precisam? Exercitei-me e cuidei de mim mesma? Sim, sim, sim, sim, sim... e então, volto a atenção para minha vida pública: meu trabalho.

Faço uma pausa todos os dias para avaliar esses itens e acredito que minhas prioridades estão EM ORDEM. Sinto paz ao dirigir-me a esse novo momento de vida. É um desafio diário, e estou disposta a enfrentá-lo, pois creio que é o plano de Deus para todas as mulheres.

Tenho a impressão de que as prioridades de muitas mulheres são organizadas na seguinte ordem:

1. Minha vida particular
2. Minha vida pública
3. Meus filhos
4. Meu Deus
5. Meu marido
6. Minha casa

Ou alguma outra sequência equivocada como essa. Precisamos colocar na devida ordem os afetos de nosso coração a fim de que não apenas nossa "casa" esteja em ordem, mas

> *Vivam em harmonia e paz. Então o Deus de amor e paz estará com vocês.*
>
> 2Coríntios 13.11

também que nossas prioridades sejam gravadas para sempre em nosso coração. Acredito que, quando isso acontece, o resultado é produtividade em todas as áreas da vida.

PASSOS PRÁTICOS

PERGUNTE-SE:

- Quais são minhas prioridades? Anote-as.
- Que prioridades precisam ser rearranjadas?
- Como eu quero que seja minha lista de prioridades daqui em diante?
- Qual é meu compromisso comigo mesma, com Deus e com minha família nessa área?
- O que precisa ser acrescentado a minhas atividades ou subtraído delas para realizar meu propósito neste momento de vida?
- Que hábitos prejudiciais precisam ser corrigidos em minha forma de pensar, agir e reagir?
- Incluí tempo diário com Deus, minha fonte de energia?

Seja você solteira, casada, viúva ou divorciada, pode entender por que é tão importante organizar devidamente suas prioridades. Não perca a parte que lhe cabe no extraordinário plano de Deus. Então, o poder, o amor e as bênçãos dele fluirão por sua vida. A escolha é sua.

> *"Venham a mim todos vocês que estão cansados e sobrecarregados, e eu lhes darei descanso. Tomem sobre vocês o meu jugo. Deixem que eu lhes ensine, pois sou manso e humilde de coração, e encontrarão descanso para a alma."*
>
> Mateus 11.28-29

---

[1] Brooke SAILER, *This Thing Called Home: One Busy Mom's Thoughts on Changing the Narrative, Embracing Possibilities and Remaking Home* (CreateSpace Independent Publishing Platform, 2016).

Assim diz o SENHOR:
"Ponha suas coisas
em ordem".

Isaías 38.1b

10

ORGANIZAÇÃO DA CASA

—UM VALOR DE PAZ

Cuidem para que tudo seja feito com decência e ordem.
2Coríntios 14.40

Não é minha intenção fornecer instruções detalhadas sobre organização da casa. Antes, desejo ajudá-la a simplificar o processo de arrumação ao sugerir atalhos para o trabalho em cada cômodo. Ao ler minhas ideias e criar os próprios métodos, você será inspirada a colocar em prática aquilo que já sabe que é importante.

Deixe-me começar dizendo o seguinte: se eu sou capaz de aprender a ser organizada, você também é. A organização não faz parte de minha personalidade espontânea e extrovertida. Embora eu preze por organização e estrutura, às vezes meus espaços pessoais ficam bagunçados. Organizo-os quando não consigo mais suportar a bagunça, mas, cedo ou tarde, eles voltam a ficar desarrumados. Gostaria de poder jogar a culpa em outra pessoa, mas sou a única responsável. Por isso, sinto-me bastante segura para ensinar sobre organização da casa e compartilhar o que funciona para mim. A boa ordem é algo que pode ser aprendido, e todos vivem melhor quando as coisas estão organizadas.

Ao criar ordem em sua casa, você aplica um princípio comprovado desde que o mundo existe. Sem ordem, há caos. No caos não há paz. Sem paz, é impossível descansar e renovar as forças.

Uma casa organizada confere paz ao ambiente familiar, mesmo que você esteja sozinha. Ou, colocando de outra forma: uma casa desorganizada tira sua paz. A arrumação da casa reduz a confusão e a agitação da família, e todos conseguem encontrar o que precisam no momento em que precisam. "Um lugar para cada coisa, e cada coisa em seu lugar" é um velho ditado que continuará a valer até o fim dos tempos.

É preciso foco, tempo e esforço para arrumar uma casa desorganizada, especialmente se a organização não é parte natural de sua personalidade. No entanto, o investimento inicial lhe renderá tempo livre mais descontraído para desfrutar seus relacionamentos.

Aproveite a jornada. Vá devagar e dê tempo a si mesma para se ajustar durante o processo de tornar sua vida mais ordenada. Não fique empacada, dizendo: "Jamais terei uma casa organizada. Não é meu perfil". Estou aqui para ajudá-la, um espaço de cada vez.

REGRAS GERAIS PARA O PROCESSO DE ORGANIZAÇÃO DE SUA CASA

- *Organize um cômodo de cada vez.*
- *Mantenha a ordem desse cômodo por pelo menos uma semana antes de organizar outro cômodo.*
- *Instrua sua família sobre a nova ordem desse cômodo. Se mudou itens de lugar, mostre onde estão. Faça com que seus filhos se sintam parte importante da manutenção da ordem da casa. Se necessário, instrua-os a guardar itens e mostre onde devem colocá-los. Torne essa atividade divertida.*
- *Prepare-se para a arrumação adquirindo os suprimentos necessários.*
- *Divida um trabalho grande em segmentos pequenos.*

ARRUME A BAGUNÇA

Use três sacos, caixas ou cestos com os seguintes rótulos: *doar, jogar fora* e *guardar*. Gosto de usar uma caixa para os itens de doação e um saco para o que precisa ser jogado fora. Prefiro usar um cesto para os itens a serem guardados, pois posso ver o que tem dentro e carregar o cesto facilmente de um cômodo para outro. Mantenha uma caixa no armário para itens que deseje colocar à venda on-line ou em brechós.

"Um lugar para cada coisa, e cada coisa em seu lugar" é um velho ditado que continuará a valer até o fim dos tempos.

A entrada é o "centro de boas-vindas" para todos que chegam a sua casa.

Marque um horário para começar. Trabalhe rapidamente. Aposte corrida consigo mesma. Use o alarme de seu telefone e veja o que consegue fazer em segmentos de trinta minutos. Você ficará surpresa!

SUPRIMENTOS PARA A ARRUMAÇÃO

O LEMA DE DEVI: CONTENHA PARA ORGANIZAR

- Sacos plásticos para lixo
- Caixas
- Cestos
- Balde com água e pano
- Pastas para papéis
- Cadernos
- Canetas e etiquetas
- Bases giratórias para bolo
- Organizadores de gavetas
- Sacos plásticos herméticos
- Caixas de sapato ou outras caixas pequenas
- Recipientes plásticos pequenos
- Vassoura de mão ou aspirador portátil
- Espanador

Mantenha todos os suprimentos em um só lugar enquanto realiza sua missão de arrumação. Coloque-os em uma caixa ou cesto para que possa levá-los mais facilmente de um cômodo para outro. Guarde-os juntos até completar seu projeto. A arrumação deve ser feita em etapas, e seus suprimentos precisam estar facilmente acessíveis durante esse processo.

COMECEMOS DE CÔMODO EM CÔMODO

ENTRADA

A entrada é o "centro de boas-vindas" para todos que chegam a sua casa. Uma entrada colorida e bem organizada será acolhedora e convidativa para sua família e seus amigos. Quer os membros da família levem as coisas para outro cômodo, quer as guardem perto da entrada, devem saber exatamente o que fazer com elas quando chegarem.

Considere as seguintes dicas para sua entrada.

- *Se você não tiver muitos armários nos quartos, mas contar com espaço para um armário no hall de entrada, pode ser um excelente lugar para guardar mochilas, sapatos e jaquetas das crianças. Foi o que minha filha fez quando seus quatro filhos eram pequenos.*
- *Você também pode usar prateleiras com caixas plásticas para que cada um coloque seus pertences. Certifique-se de colocar algumas caixas em lugares mais baixos, para que as crianças possam guardar suas coisas.*
- *Um suporte com ganchos para pendurar casacos, bolsas e bonés também pode ser útil. Lembre-se de colocar alguns ganchos adicionais para quando tiver visitas.*
- *Use recipientes menores para organizar chaves e objetos pequenos.*
- *Caso deseje deixar chinelos nessa área, coloque-os em caixas ou arrume-os em prateleiras para que não fiquem espalhados pelo chão. Tudo o que não estiver pendurado deve ser guardado em caixas. Contenha para organizar!*

COZINHA

A cozinha é um dos cômodos mais usados da casa. Todos os membros da família realizam algum tipo de trabalho na cozinha: preparar alimentos, guardar a louça, arrumar a mesa, esvaziar o cesto de lixo ou simplesmente "atacar a geladeira". Portanto, a organização é essencial para a eficiência da cozinha. Procure não encher demais os armários.

Ao organizar esse cômodo, pense em funcionalidade, conveniência e espaço. Considere como sua cozinha é usada com mais frequência. Você gosta de fazer bolos, biscoitos e doces? Prepara alimentos frescos? Cozinha às pressas? A função principal determinará como você deve organizar o espaço. Estive em cozinhas que precisam ser completamente rearranjadas. Uma pequena alteração, como encontrar um novo lugar para guardar seus utensílios, pode inspirá-la a cozinhar e preparar momentos especiais para sua família na cozinha. Tenha sempre em mente funcionalidade, conveniência e espaço.

Tenha sempre em mente funcionalidade, conveniência e espaço.

FUNCIONALIDADE

- *Guarde os itens perto de onde serão usados. Pegadores de panela devem ficar perto do fogão e do forno. Copos ficam perto da pia ou da geladeira; facas são guardadas próximas da área de preparação de alimentos; xícaras e canecas ficam ao lado da cafeteira, e assim por diante.*
- *Minha maneira predileta de guardar temperos é colocá-los numa gaveta. Deito os recipientes em fileiras em ordem alfabética. Se você tem alguns temperos em envelopes plásticos e outros em recipientes de vidro, reserve um lado da gaveta para os envelopes plásticos e outro para os recipientes de vidro.*
- *Guarde a farinha e os ingredientes para o preparo de bolos, biscoitos e pães em recipientes herméticos para evitar infestação. Potes decorativos devem ser reservados para itens usados com frequência, como açúcar ou café, mas apenas se você tiver espaço no balcão. Itens em pacotes, como chá ou adoçante, devem ser guardados em recipientes menores.*
- *Itens semelhantes devem ser guardados juntos. Ingredientes para o preparo de bolos, enlatados, alimentos não perecíveis (feijão, arroz, macarrão), molhos, condimentos, óleo e azeite, vinagre, temperos etc.*

CONVENIÊNCIA

- *Guarde as colheres e espátulas que você usa para cozinhar em um pote decorativo perto do fogão ou em cima dele. Com isso, você se poupará do trabalho de desenterrá-los da gaveta, pois estarão bem a sua frente.*
- *Use cestos ou recipientes baixos de metal dentro dos armários. Guarde sacos de arroz, feijão e macarrão em um cesto ou recipiente que você possa puxar para fora como uma gaveta. Faça o mesmo com ingredientes para o preparo de bolos. Dessa forma, não é necessário tirar itens da frente para alcançar os do fundo. É só puxar o cesto para visualizar o que estiver dentro dele.*
- *Se houver espaço, guarde cada panela com a tampa. Também é possível fixar suportes de arame para as tampas do lado de dentro da porta do armário. Guarde panelas perto do fogão.*
- *Ao arrumar os itens dentro da máquina de lavar louça, agrupe-os conforme serão guardados depois: garfos, colheres, facas. Se tiver mais de um jogo de talheres, separe os jogos dentro da máquina.*
- *Coloque sacos de lixo dobrados no fundo da lixeira, debaixo do saco que estiver em uso. Ao remover o que está em uso, você terá à mão um saco adicional para substituí-lo.*
- *Bases giratórias para bolo ajudam a trazer para a parte da frente itens que estão no fundo do armário. É impressionante quantas latas dá para arrumar sobre uma base giratória de trinta centímetros. Para guardar latas, não compre bases giratórias com vários níveis, pois elas não funcionam.*

ESPAÇO

Há diversas maneiras inovadoras de aumentar o espaço em uma cozinha pequena:

- Batatas e cebolas podem ser arrumadas em um cesto. Compre em pequenas quantidades para que não estraguem. Quantidades maiores devem ser guardadas na geladeira.
- Use cestos de metal para aproveitar ao máximo o espaço em suas prateleiras.
- Em cozinhas pequenas, com poucos armários, a parte interna das portas dos armários pode ser um bom espaço para guardar itens. Procure suportes apropriados para essa finalidade.
- Remova itens do balcão e deixe-o apresentável. Guarde nos armários eletrodomésticos usados com menos frequência.
- Uma tábua de cortar que possa ser encaixada sobre a cuba da pia aumenta sua área de trabalho.
- Sobre o balcão, agrupe itens semelhantes em uma bandeja. Faço isso na área em que preparo café.
- Quando morava em uma residência histórica, transformei um armário do hall perto da cozinha em uma dispensa usando prateleiras prontas dentro do armário e em sua porta.

ORGANIZE A GELADEIRA

- É preciso arrumar e limpar a geladeira com frequência. O melhor momento para fazê-lo é quando se tem pouca comida guardada. Limpo e organizo minha geladeira antes de guardar as compras.
- O congelador também precisa de inspeções ocasionais. Lembre-se de que alimentos congelados estragam com o tempo.
- Forre a gaveta de legumes com uma camada dupla de toalhas de papel. Elas ajudarão a absorver a umidade dos legumes lavados.
- Agrupe os itens da geladeira e separe prateleiras para cada grupo. Use meu método de juntar itens semelhante em recipientes.
- Use jogos americanos de plástico ou emborrachados para forrar as prateleiras da geladeira. São coloridos e fáceis de limpar.
- Os ovos ficam frescos por mais tempo quando guardados na caixa em que são vendidos.
- Guarde todos os itens para fazer sanduíche em um recipiente só: frios, queijos, alface, condimentos etc. Na hora de preparar o lanche, é só puxar o recipiente e tirar todos os itens de uma vez.
- Use bases giratórias para bolo em sua geladeira para ter fácil acesso aos itens do fundo.
- Mantenha uma lista de compras na porta da geladeira, na dispensa ou do lado de dentro da porta de um armário para que todos os membros da família acrescentem itens dos quais precisam ou que preferem. Essa lista provisória a ajudará a preparar a lista de compras final.
- Fazer compras de supermercado on-line é conveniente e, por vezes, mais econômico, pois você só compra o que está na lista. Muitas mães com filhos pequenos gostam desse método, pois elimina a experiência traumática de levá-los ao supermercado. Experimente. Talvez você goste.

O temor do SENHOR é o princípio da sabedoria.
Salmos 111.10, RA

BANHEIRO

- O banheiro é o cômodo mais difícil de manter limpo. É ali que guardamos itens de higiene pessoal. Libere espaço ao jogar fora embalagens que contenham apenas restos de loções, cremes e outros produtos.
- Guarde apenas os itens usados diariamente. Jogue fora todos os cosméticos e cremes com mais de um ano. Podem ter bactérias e causar problemas de pele.
- Se não tiver espaço suficiente em gavetas para seus cosméticos, guarde-os em um cesto ou recipiente numa prateleira. Puxe-os quando precisar deles e depois guarde-os de volta. É muito mais fácil lavar um recipiente que limpar uma gaveta, e maquiagem sempre faz sujeira.
- Se o casal divide um banheiro com os filhos, separe uma gaveta para cada pessoa. Se não houver gavetas suficientes, separe uma gaveta para todos os filhos.
- Guarde itens semelhantes juntos. Escovas, pentes e secador de cabelo, por exemplo, podem ser guardados em uma caixa de plástico debaixo da pia ou na mesma gaveta.
- Se há poucos armários, enrole as toalhas de banho e coloque-as em um cesto grande.
- Coloque todos os itens de primeiros-socorros em uma caixa fechada e guarde-a fora do alcance das crianças (talvez no armário de roupas de cama). Coloque uma etiqueta na caixa para identificá-la facilmente.
- Para fácil acesso, escovas de dente podem ser mantidas em um pote decorativo sobre o balcão da pia. Também pode-se usar um divisor de gaveta para escovas, creme dental, lentes de contato e outros objetos pequenos.
- Guarde produtos de limpeza do banheiro debaixo da pia, onde ficarão à mão. Compre em pequenas quantidades e tenha um conjunto de produtos para cada banheiro.
- Defina um lugar para que cada pessoa pendure a toalha depois do banho.
- Coloque cestos de roupa suja no armário de cada quarto e estabeleça como regra que nenhum item de uso pessoal deve ser deixado no banheiro, pois é um espaço compartilhado com outras pessoas. Escovas de dente devem ser guardadas e roupas sujas devem ser colocadas nos cestos nos quartos.
- Coloque as toalhas sujas em um cesto na área de serviço.
- Mantenha um rodinho de mão no boxe do banheiro para fazer uma limpeza rápida e fácil. Remover o excesso de água evita o acúmulo de minerais e a formação de limo e mofo. Mesmo que você seja a única pessoa a fazê-lo, o uso do rodinho uma vez por dia é suficiente para fácil manutenção.

QUARTO DE CRIANÇA

A decoração e organização do quarto precisam crescer com a criança. O lugar onde antes ficava a pequena mesa de chá talvez precise, agora, de uma escrivaninha. Durante o plano de arrumação, reavalie e faça adaptações conforme necessário. Nas casas de hoje, o quarto da criança precisa ser multifuncional. Considere as funções desse espaço e organize-o de modo apropriado.

ORGANIZAÇÃO DA CASA

- Comece com o armário. Remova as roupas que não servem mais ou que estão gastas. Use o sistema de jogar fora, guardar e doar.
- Guarde meias, roupas de baixo, camisetas e calças em gavetas pequenas ou caixas de plástico empilháveis.
- Se possível, acrescente prateleiras à parte superior do armário para itens usados com pouca frequência.
- Use ganchos do lado de dentro da porta e nas paredes.
- Coloque prateleiras nas paredes do quarto para exibir fotos, troféus, animais de pelúcia e coleções.
- Uma estante pode ser um bom lugar para guardar recipientes com peças pequenas, como Legos, quebra-cabeças, brinquedos de plástico etc. Esses recipientes podem servir de suporte para livros.
- Uma escrivaninha pequena será útil para crianças em idade escolar. Guarde os materiais escolares (giz de cera, papel, cola, purpurina, tesouras e outros itens) em cestos de metal ou caixas coloridas. Você pode até revestir caixas de sapato com papéis em cores coordenadas. Se o espaço for limitado, empilhe as caixas debaixo da escrivaninha. Use etiquetas para identificá-las.
- Uma sapateira de tecido ou plástico que possa ser pendurada no armário é ótima para guardar objetos pequenos. O chão do armário deve ter apenas caixas plásticas ou outros recipientes, e nunca objetos soltos.
- Guarde brinquedos em um cesto de plástico para roupas sujas, fácil de levar de um cômodo para outro.

Se eu sou capaz de aprender a ser organizada, você também é.

EXPERIÊNCIA DO LAR | 153

QUARTO DE ADOLESCENTE

Use caixas plásticas dentro do armário para os meninos e uma cômoda para as meninas. Crie uma área para leitura com espaço para sentar-se. Você pode posicionar a cama em um canto, junto à parede, e colocar almofadas grandes dos dois lados para dar uma aparência de sofá. Ajude-os a manter o quarto arrumado, mas não faça o trabalho por eles. Lembre-se de que você os está treinando para cuidar da própria casa um dia.

QUARTO DO CASAL

- Comece a arrumação com as gavetas de seu marido. (Ele vai adorar!) Depois, cuide de suas gavetas.
- Coloque divisórias nas gavetas. Se necessário, use caixas de sapato.
- Jogue fora todas as meias velhas.
- Jogue fora todas as roupas de baixo manchadas.
- Livre-se de qualquer coisa que você não tenha usado no último ano, pois é provável que não vá usá-las novamente. As roupas de festa, obviamente, são exceção.
- Se você tem um closet, use caixas plásticas ou cubos de arame para guardar tudo o que geralmente fica no chão.
- Penduro minhas roupas de acordo com cor e tipo de peça. Fique à vontade para criar seu sistema. A maioria das mulheres organiza o armário de acordo com tipo de peça: calças, blusas, saias, ternos, vestidos etc. Além disso, porém, gosto dividir de acordo com cores. Desse modo, sou mais propensa a fazer novas combinações de peças e cores.
- Pendure todas as roupas na mesma direção.

- *Procure usar os mesmos tipos de cabides. Escolha um modelo resistente, que tenha opção para prendedores. Sempre tenho alguns cabides de reserva.*
- *Separe um espaço para que seu marido coloque os itens que leva no bolso: chaves, carteira e telefone. Use uma bandeja para esse fim.*
- *Outros itens que podem ser convenientes no quarto são um acendedor para velas, lenços de papel, um copo de água ou uma bandeja pequena para colocar uma garrafa de água.*
- *Itens sazonais ou de uso infrequente como roupas de inverno, cobertores, travesseiros e roupas de cama adicionais podem ser guardados na parte superior do armário ou debaixo da cama.*

SALA DE JANTAR

Esse é um cômodo que geralmente não precisa de muita arrumação. Se tiver uma cristaleira, use-a para guardar pratos e talheres. Se não tiver, aqui vão algumas ideias para organizar seus itens de jantar.

- *Em lugar de um aparador, coloque uma cômoda baixa em sua sala de jantar para guardar objetos e usar de apoio para pratos.*
- *Uma mesa de canto também pode servir de apoio para pratos.*
- *Prateleiras abertas podem ser usadas para guardar taças, jogos de chá e até mesmo porcelanas.*
- *Coloque toalhas de mesa usadas com pouca frequência em cabides e pendure-as em um armário próximo da sala de jantar.*
- *Dobre as toalhas usadas com frequência e guarde-as em uma gaveta ou prateleira na cozinha.*
- *Forre uma gaveta com uma toalha macia e guarde ali suas xícaras e pires, em vez de colocá-las na cristaleira, onde ocupam mais espaço.*

LAVANDERIA

Cuidar das roupas da família é parte essencial do trabalho doméstico. Roupas custam caro e, quando não recebem os devidos cuidados, podem se tornar uma despesa grande no orçamento. O uso de produtos apropriados, a boa organização e a cooperação da família podem facilitar consideravelmente essa tarefa que tantos detestam. O tempo e esforço gastos para instruir os membros da família sobre cuidados básicos com as roupas serão um bom investimento. Abaixo, algumas sugestões para simplificar seu trabalho.

- *Mantenha sua lavanderia bem organizada.*
- *Guarde produtos de limpeza fora do alcance de crianças. Dependendo de seu espaço, você pode usar um carrinho, caixas plásticas empilháveis, prateleiras ou um armário.*
- *Tenha à mão recipientes para separar as roupas. Use cestos de plástico baratos. São leves e, quando não estão em uso, podem ser empilhados em espaços pequenos.*

ORDEM NO LAR

- Peça a seus filhos que ajudem a separar as roupas de acordo com as cores. Crianças em idade pré-escolar podem começar a ajudar com essa tarefa.
- Coloque etiquetas nos cestos plásticos indicando o tipo de roupa (jeans, delicadas, toalhas, roupas de brincar/trabalhar) e separe as peças claras das escuras. Quando os membros da família trouxerem os cestos de roupas que ficam nos armário do quarto, devem separá-las conforme a indicação dos cestos da área de serviço. Quando um cesto estiver cheio, o membro da família encarregado dessa tarefa deve lavar, secar e dobrar as roupas. Os filhos mais velhos podem ficar encarregados das roupas que requerem mais cuidados. Os mais jovens podem lavar e dobrar toalhas e panos de prato. Ensine-os desde pequenos a lavar as roupas.
- Pode ser útil colocar instruções para a lavagem de roupas em quadros explicativos para que cada um verifique como proceder. Afixe os quadros à lava-roupas com imãs bonitos. Os seguintes itens devem ser incluídos:

  » Informações sobre remoção de manchas
  » Instruções para ler etiquetas de roupas
  » Guia para selecionar a temperatura da água
  » Lista de passos básicos para lavar bem as roupas

- Tenha à mão os itens necessários:

  » Sabão para roupa (use a quantia sugerida na embalagem)
  » Alvejante sem cloro
  » Amaciante de roupas
  » Removedor de manchas
  » Escova de dente para esfregar manchas pequenas
  » Pano para limpar a lavadora e a secadora

- Cesto de lixo para os fiapos do filtro da máquina de lavar e da secadora
- Varais, caso não tenha secadora
- Prendedores de roupa
- Alguns cabides

DICAS PARA A LAVAGEM DE ROUPAS

- Separe as peças devidamente.
- Verifique todos os bolsos.
- Feche os zíperes.
- Não lave toalhas junto com outras roupas. O tecido atoalhado é abrasivo e danifica as fibras de roupas mais leves, levando-as a desgastar-se mais depressa. Fiapos das toalhas também podem fazer bolinhas em outros tecidos.
- Lave peças vermelhas novas separadamente para garantir que não mancharão outras roupas. Alguns tecidos vermelhos desbotam um pouco a cada lavagem, portanto tenha bastante cuidado.

- Mesmo ao usar removedor de manchas, na maioria dos casos é necessário esfregar um pouco. Tome cuidado, porém, para não esfregar demais a fim de não danificar o tecido ou remover a cor.
- Se usa secadora, não aqueça demais a roupa ao secá-la. Use temperatura alta somente para toalhas. Todas as outras roupas precisam de temperaturas mais baixas, conforme o tecido.
- Se possível, dobre as roupas enquanto estão quentes, para que não amassem. Se esquecer as roupas na secadora, quando estiver pronta para dobrá-las ligue a secadora novamente por cinco minutos.
- Não encha demais a máquina de lavar.
- Se suas roupas não estão saindo tão limpas quanto deveriam, verifique os seguintes itens:

  » O agitador da máquina de lavar está funcionando devidamente?
  » Você está colocando roupas em excesso na máquina?
  » Experimente outro sabão em pó ou líquido.
  » Deixe roupas e meias muito sujas de molho antes de lavar.
  » Verifique o quadro de temperatura no manual da máquina e siga-o.
  » Tome cuidado com manchas. A temperatura errada de água ao lavar a mancha pela primeira vez pode fixá-la no tecido e torná-la impossível de remover.

PASSOS PRÁTICOS

- Embora este capítulo seja repleto de excelentes ideias e maneiras práticas de organizar sua casa, não espere que você mesma ou sua casa seja impecável. Ajuste sua lente para aquilo que você pode melhorar em cada cômodo. Não exija perfeição de si mesma nem dos demais membros da família. Busque, em vez disso, a excelência. Melhore o que for possível, quando for possível. Tenha gosto por morar em sua casa.
- Pergunte aos membros da família (caso ainda não tenham lhe dito) em que aspectos eles acreditam que a organização e a eficiência podem ser melhoradas. Não se coloque na defensiva quando ouvir os desejos sinceros de melhorias expressados por eles.
- Faça uma lista de alvos que você queira alcançar em sua casa. Talvez essa lista inclua: ensinar os filhos a lavar roupa, organizar a dispensa, ou limpar o armário de um filho.
- Trabalhe com um passo, um cômodo, uma melhoria de cada vez. Seja paciente consigo mesma e com os demais. Saiba que Deus está com você em sua casa e que ele valoriza a ordem; acima de tudo, porém, ele a ama exatamente onde você está.
- Você pode melhorar em seus pontos fracos. Lembre-se de que mudanças duradouras levam tempo e de que as misericórdias do Senhor se renovam a cada manhã. A graça dele é suficiente.
- Acima de tudo, transforme sua casa em um lugar de amor e paz. Onde houver desordem, arrume. Faça-o com o coração cheio de alegria e gratidão por tudo o que Deus lhe deu!

> "Você foi fiel na administração dessa quantia pequena, e agora lhe darei muitas outras responsabilidades. Venha celebrar comigo."
>
> Mateus 25.21

11

LIMPEZA

— UM VALOR DE GRATIDÃO

Cuida bem de tudo em sua casa e nunca dá lugar à preguiça.
Provérbios 31.27

Entendo as frustrações das mulheres de hoje. Muitas cresceram em famílias nas quais a mãe trabalhava fora em tempo integral. Foi o meu caso. Hoje, a maioria das mulheres também trabalha em tempo integral. Manter limpa a casa parece impossível. Até mesmo mães que não trabalham fora se convenceram de que é impossível ter a casa sempre arrumada enquanto as crianças são pequenas. Em vez de dizer a si mesma: "Afinal, não posso fazer tudo", permita-me encorajá-la. Eis a realidade: você pode fazer aquilo que valoriza. Só precisa abrir mão de outra coisa a fim de realizar essa tarefa.

Em razão do estilo de vida agitado promovido por nossa cultura, muitas vezes não temos vontade de voltar para casa, pois é um ambiente bagunçado e não muito limpo. Isso pode mudar. Deixe-me ajudá-la. Lembre-se de que, quando uma casa limpa se torna importante porque você é agradecida, o trabalho de limpá-la é realizado com facilidade.

GRATIDÃO

A gratidão abre a porta para a plenitude de vida.
Transforma aquilo que temos em suficiente, e mais.
Melody Beattie

Manter a casa limpa é um ato de gratidão. Diga a si mesma: "Sou grata porque tenho um lugar para morar, portanto o manterei limpo". Tudo o que é mantido limpo dura mais tempo. Mude sua forma de pensar para: "Cuidarei da melhor forma possível de tudo o que tenho". Essa atitude a motivará a realizar as tarefas menos agradáveis. O prazer de ter um ambiente limpo é muito maior que o tempo gasto para limpá-lo.

Crie o hábito de dar graças enquanto passa pano no chão ou limpa o vaso sanitário. Crie o hábito de dar graças quando limpa o que alguém derramou ou quebrou em vez de dar uma bronca em quem causou o acidente.

PARTICIPAÇÃO DA FAMÍLIA

Quando eu era jovem, meus pais tinham longos expedientes de trabalho. Sábado era o dia de faxina em família. Todos tinham alguma incumbência, de acordo com a idade. Minha mãe tornava as tarefas divertidas, e trabalhávamos juntos. Quanto antes terminávamos, mais tempo sobrava para brincarmos. Cuidar da casa era a maior prioridade aos sábados. Não podíamos cochilar antes do meio-dia. Dormíamos um pouco mais e acordávamos às oito da manhã. A faxina começava depois do café, por volta das nove horas. Geralmente terminávamos antes do meio-dia.

Mamãe tornava a faxina um trabalho divertido para meu irmão mais velho e eu. Dividíamos um cômodo ao meio e competíamos para ver quem terminava seu lado primeiro. Trocávamos as roupas de cama, passávamos aspirador e pano no chão, limpávamos os banheiros. As pilhas de roupas formadas durante a semana eram lavadas, dobradas e guardadas.

Ao longo da semana, fazíamos a manutenção, guardando cada coisa em seu lugar, lavando a louça e deixando o banheiro organizado para o próximo a usá-lo.

Já as faxinas maiores, realizadas com menos frequência, eram uma empreitada e tanto! Nessas ocasiões, tirávamos as cortinas para lavar e limpávamos os vidros e as paredes. Arrastávamos os móveis e até limpávamos atrás da geladeira e do fogão. Minha mãe tinha mania de limpeza? De jeito nenhum! Ela nos ensinou a limpar a casa? Com certeza!

Mamãe tornava a faxina um trabalho divertido para meu irmão mais velho e eu.

ORDEM NO LAR

O prazer de ter um ambiente limpo é muito maior que o tempo gasto para limpá-lo.

O SISTEMA MUDA DE ACORDO COM O MOMENTO DE VIDA

Tive épocas na vida em que me dediquei totalmente à casa e aos filhos, épocas em que trabalhei fora em período integral e épocas em que trabalhei em casa. Cada momento da vida requer um sistema de limpeza e uma agenda diferentes. Portanto, crie seu próprio sistema de acordo com seu momento de vida. Agora, não faço mais faxina apenas um dia por semana. Vou limpando aos poucos, ao longo da semana. Quando uso a banheira, limpo-a em seguida. Quando vejo pó sobre a mesa, passo um pano.

Também contrato uma faxineira de tempos em tempos para fazer a limpeza mais pesada, de modo que eu possa escrever livros, dar palestras em congressos e aproveitar momentos com família e amigos quando estou em casa. Dependendo de seu orçamento e de suas prioridades, essa pode ou não ser uma opção. No entanto, quer o orçamento esteja folgado, quer esteja apertado, você deve ser capaz de limpar sua casa com alegria.

A IDEIA DE UMA AMIGA

Gosto muito daquilo que minha amiga Jen Strickland diz e faz. Em uma conversa recente, Jen observou: "Devemos ensinar as crianças a cuidar de seu espaço pessoal, mas se cuidarem apenas do próprio quarto, e de nada mais na casa, desenvolverão uma atitude egoísta".

Jen faz com seus filhos um revezamento de tarefas apropriadas para cada idade. Por exemplo, sua filha de 16 anos já sabe como colocar e tirar a louça da máquina, limpar o banheiro e lavar roupa. São responsabilidades que ela já aprendeu. No momento, está aprendendo a encerar pisos de madeira, tirar o pó da escada e preparar uma refeição. Enquanto ela realiza essas tarefas, sua mãe faz outros trabalhos, seu irmão adolescente corta a grama e seu irmão de 6 anos guarda os talheres, e logo aprenderá a arrumar a mesa. Ao longo do tempo, todos se revezarão nas diferentes tarefas.

AVALIE SUA MENTALIDADE

- *Faça uma lista das partes da casa que você menos gosta de limpar. Pergunte-se o motivo.*
- *Encontre uma solução. Se você não gosta de tocar em sujeira ou cabelo, compre luvas e use-as. Para mim, resolveu completamente esse problema. Se tem dificuldade de limpar a frigideira, lave-a enquanto está quente. O mesmo se aplica à louça. Enxague-a antes que a comida seque sobre ela e sempre use água quente.*
- *Realize primeiro a tarefa de que você gosta menos. Termine-a e prossiga!*

Considere as palavras sábias de Don Aslett, empreendedor e autor especializado em produtos, serviços e técnicas de limpeza e cuidados da casa. Em seu livro *Clutter's Last Stand* [A última defesa da bagunça], ele diz: "A forma como você vive em sua casa e cuida dela forma sua personalidade — e seu destino".

PARA COMEÇAR, JUNTE PRODUTOS E ACESSÓRIOS DE LIMPEZA

Abaixo, uma lista de produtos e acessórios que costumam ser necessários para limpar a casa. Compre um recipiente para guardar esses itens e levá-los de um cômodo para outro. Coloque, também, flanela, toalhas de papel e um limpador multiuso debaixo de todas as pias da casa para tê-los à mão sempre que precisar limpar algo.

- *Recipiente para carregar produtos de limpeza*
- *Limpador multiuso*
- *Limpador de banheiro*
- *Limpa-vidros*
- *Pincel limpo*
- *Rodinho de janela*
- *Panos de limpeza*
- *Flanelas ou panos de microfibra*
- *Luvas de borracha*
- *Escova de dente*
- *Espanador com cabo longo*
- *Vassoura para áreas internas*
- *Pá*
- *Vassoura para áreas externas*
- *Rodo*
- *Faca velha*
- *Esponjas*
- *Balde*
- *Aspirador de pó*
- *Toalhas de papel*

IDEIAS PARA LIMPAR CADA CÔMODO

ENTRADAS — PARTE EXTERNA

- *Use capachos do lado de fora de todas as portas de entrada para evitar trazer sujeira para dentro de casa.*
- *Se tem varanda, varra diversas vezes por semana. Remova teias de aranha dos batentes da porta e dos beirais.*
- *Mantenha a porta da frente limpa. Lave-a com um pano de limpeza.*
- *Limpe as luminárias externas.*

ENTRADAS — PARTE INTERNA

- *Coloque um tapete do lado de dentro da porta de entrada usada com mais frequência pela família.*
- *Use um limpador multiuso para remover manchas e marcas de dedos nas beiradas da porta, em volta da maçaneta e nos batentes.*
- *Tire o pó dos batentes das portas e janelas e de mesas, molduras, prateleiras e rodapés.*

SALA DE ESTAR

- *Guarde objetos que estejam fora de lugar e faça uma arrumação. Em seguida, comece a limpar de cima para baixo, tirando teias de aranha e pó dos cantos e dos beirais.*
- *Limpe superfícies de vidro com um produto apropriado e toalhas de papel.*
- *Superfícies de madeira não precisam de lustra-móveis a cada limpeza. Use apenas uma vez por mês para evitar acúmulo de produto.*
- *Passe o aspirador em cortinas e persianas em vez de lavá-las. Você também pode sacudir cortinas do lado de fora da casa e pendurá-las no varal para arejar. Não as coloque na secadora.*
- *Cortinas finas podem ser lavadas. Coloque-as de volta nos trilhos ou varões ainda úmidas para secar naturalmente.*
- *Aplique produtos de impermeabilização para evitar manchas nos móveis e nos tapetes.*
- *Sempre tenha um removedor de manchas guardado em um lugar acessível para que possa aplicá-lo de imediato quando acontecer algum acidente.*

Manter a casa limpa é um ato de gratidão.

COZINHA E BANHEIRO

- Sempre limpe as superfícies com produto de limpeza desinfetante ou com sabão e água quente.
- Comece a limpeza pelas superfícies mais altas e vá descendo até chegar ao chão.
- Lave os objetos decorativos que ficam em prateleiras. Passe pano nas prateleiras.
- Termine com o chão, usando as seguintes dicas:
    - Abaixe-se e passe o pano com a mão se o espaço for pequeno, para alcançar lugar em que o rodo não chega.
    - Comece com a parte mais distante da porta.
    - Limpe os rodapés.
    - Termine na porta para que não tenha de andar sobre o chão ainda úmido.

COZINHA

- Sempre lave os balcões com sabão e água quente ou produto de limpeza desinfetante.
- Esfregue as pias com frequência e seque-as. Para limpar o acúmulo de resíduos na base de torneiras antigas, envolva-as com uma toalha de papel embebida em vinagre. Deixe em repouso por vinte minutos. Remova a toalha de papel e limpe os resíduos restantes com uma escova de dente velha.
- Se sua geladeira não for embutida, limpe a parte de cima uma vez por semana. Coloque um limão cortado dentro da geladeira para dar um aroma refrescante. Coloque um pote aberto com bicarbonato de sódio para remover odores desagradáveis.
- Lave as tampas de potes de mantimentos.
- Sempre que possível, limpe logo em seguida quando derramar algo. Remova a maior parte com uma tolha de papel e limpe o restante com um produto multiuso.

BANHEIRO

- Esfregue o boxe, o vaso sanitário e a cuba da pia todas as semanas.
- Instrua cada membro da família a remover cabelo da pia e do boxe com um pedaço de papel higiênico úmido antes de sair do banheiro.
- Um pedaço de papel higiênico úmido também remove cabelo rapidamente da base do vaso sanitário e do chão. Faça essa manutenção entre uma faxina e outra.
- Lave a parte interna da porta do banheiro. A umidade pode fazer cabelos e resíduos grudarem nos painéis da porta e nos batentes com o tempo. Esse é um lugar que costuma ser esquecido na faxina do banheiro.
- Para limpar os trilhos das portas do boxe, despeje vinagre neles. Deixe de molho por algumas horas e enxague os resíduos com água.
- Substitua com frequência cortinas de banheiro de plástico ou vinil. Elas não são caras. Tenho sempre algumas de reserva.

QUARTOS

- Troque os lençóis uma vez por semana e as fronhas a cada três ou quatro dias.
- Guarde uma meia velha ou flanela na gaveta da mesa de cabeceira para tirar o pó rapidamente.
- Use um pincel seco e macio para limpar cúpulas de luminárias e molduras de quadros. Espanadores de pena também funcionam.
- Passe aspirador debaixo da cama.

PISOS

- Passar aspirador, passar pano ou lavar os pisos deve ser a última coisa a ser feita ao limpar um cômodo.
- Coloque alguns cravos inteiros no saco do aspirador para dar um aroma agradável.

ELEVE SEU PADRÃO

Uma amiga minha cresceu em uma família em que a mãe era uma mulher de negócios bem-sucedida. Não eram extremamente ricos, mas tinham uma vida confortável. A mãe administrava a casa da mesma forma que administrava sua empresa. Tinha empregada, jardineiro e encarregado de manutenção. Quando minha amiga chegava em casa da escola, os quartos estavam arrumados, as roupas lavadas, os banheiros limpos, a mesa posta e o jantar encaminhado. Diferente de mim, ela nunca participou do processo de limpeza. Qual não foi sua surpresa quando, alguns meses depois de se casar, notou que seu vaso sanitário estava encardido. Não sabia qual era o problema. Pensou que a água de cada descarga limpasse o vaso. Comprou uma pedra sanitária e pendurou no vaso, que ficou encardido e azul. Aos 22 anos, ela não sabia que o vaso precisava ser esfregado. Certifique-se de incluir seus filhos no processo de limpeza, mesmo que você conte com a ajuda de uma faxineira.

Talvez você pense: "Por que preciso arrumar a cama se vou desarrumá-la de novo? Por que pendurar as calças se vou usá-las outra vez? Por que limpar se vai sujar novamente?". Sim, uma casa limpa pode e vai ficar suja de novo. Mas, como diz Don Aslett, "As melhorias na qualidade de vida que seus esforços produziram são permanentes".

Eleve seu padrão de vida. Você e sua família merecem!

Dicas fáceis e rápidas para a remoção de manchas difíceis

Todos nós sabemos que é possível encontrar informação sobre remoção de manchas no Google. No entanto, se você é como eu, às vezes quer ir direto a uma página, sem perder tempo com uma porção de *sites* só para encontrar uma dica. Para sua conveniência, portanto, aqui vão algumas soluções caseiras e dicas rápidas que você vai amar. Minha amiga querida Linda Strickland e eu juntamos nossos anos de experiência a fim de compilar uma lista útil para você.

Sugiro que copie estas páginas e afixe-as à porta do armário da área de serviço para consultá-las com facilidade. Em seguida, compre os produtos necessários para tê-los à mão.

Como remover

Manchas de chocolate de móveis e estofados

- Raspe o excesso de chocolate.
- Misture uma colher de sopa de detergente líquido com duas xícaras de água fria.
- Com um pano limpo, aplique a solução de detergente com cuidado sobre a mancha.
- Pressione a mancha com um pano seco até que todo o líquido tenha sido absorvido. Não esfregue.
- Repita o processo até remover a mancha.
- Por fim, passe uma esponja com água fria e seque com pano, pressionando-o até secar.

Manchas de chocolate de roupas laváveis

- Raspe o excesso de chocolate ou remova-o com um pano, sem esfregar.
- Lave com água corrente fria ou água com gás o avesso do tecido manchado, ou, se não for possível, encharque o tecido com água fria ou água com gás. Esse passo ajudará a soltar as partículas de chocolate e removê-las das fibras do tecido.
- Aplique detergente líquido sobre a mancha até saturar inteiramente o tecido.
- Deixe a peça de molho em água fria por quinze minutos e esfregue a mancha suavemente a cada três a cinco minutos. Continue a esfregar e enxaguar até a mancha sair. No caso de manchas mais difíceis, pode ser necessário aplicar novamente o detergente líquido.
- Lave como de costume na máquina de lavar, e a mancha provavelmente terá saído! Se ainda houver algum resquício, repita os passos dois a cinco, acima, antes de colocar na secadora ou passar.

Cera de vela de toalhas e tapetes

- *De toalhas:* Remova os pedaços grandes de cera com a mão. Sobre uma tábua de passar, coloque uma folha grande de papel pardo. Coloque a parte do tecido com cera sobre o papel. Ponha outra folha de papel pardo sobre a parte com cera.
- Pressione o papel com ferro de passar quente, movendo o papel à medida que a cera for absorvida. Continue até que não apareça mais cera no papel.
- *De tapetes:* Remova todos os pedaços grandes de cera com a mão. Coloque uma folha de papel pardo sobre o local com cera e pressione com o ferro de passar quente, movendo o papel até que tenha absorvido a cera. Se necessário, use vários pedaços de papel.

Café

- Enxague a mancha com vinagre branco até que não esteja mais visível.
- Se o café tiver açúcar, passe água depois de enxaguar com vinagre.
- Se o café tiver leite, aplique sobre a mancha uma solução de uma colher de sopa de detergente líquido para duas xícaras de água. Para terminar, enxague com vinagre branco.

Chá preto

- Enxague com suco de limão, seguido de alvejante sem cloro diluído.
- Se o chá tiver açúcar e/ou leite, siga as instruções para manchas semelhantes de café.

Frutas vermelhas — frescas ou suco

- Estenda a parte manchada sobre uma tigela refratária; prenda com um elástico. Coloque dentro da pia. Com cuidado, derrame água fervente sobre a mancha de uma altura de pelo menos trinta centímetros. Continue até a mancha sair. A água fervente remove a mancha das fibras do tecido.

Vinho tinto

- Em tecidos delicados, embeba a mancha com álcool líquido de limpeza. Enxague com vinagre branco para remover resíduos. Em tecidos mais grossos, cubra a mancha com sal; deixe por cinco minutos para absorver o vinho. Estenda a parte manchada sobre uma tigela refratária; prenda com um elástico. Coloque dentro da pia. Com cuidado, derrame água fervente sobre a mancha de uma altura de pelo menos trinta centímetros.

Vinho branco

- Enxague com água fria.

Soluções domésticas criativas

COMO:

	Remover manchas do fundo de um vaso ou recipiente transparente de vidro	Encha o vaso com água e coloque duas pastilhas de antiácido. Deixe de molho por trinta minutos. Descarte a água e lave o vaso.
	Remover graxa ou tinta das mãos	Aplique óleo de cozinha e esfregue com toalha de papel.
	Remover crostas de comida grudadas em uma assadeira	Encha a assadeira com água quente e acrescente uma folha de amaciante de roupas para secadora. Deixe de molho durante a noite. No dia seguinte, será fácil de limpar.
	Remover de pisos vinílicos marcas escuras de sola de sapato	Misture uma colher de sopa de bicarbonato de sódio com água para formar uma pasta espessa. Com um pano, aplique essa pasta sobre a marca e esfregue. Também é possível remover esse tipo de marca com *spray* de cabelo, creme dental ou álcool isopropílico.
	Remover marcas de giz de cera de paredes	Usando um pano úmido, aplique bicarbonato de sódio sobre as marcas, que sairão facilmente.
	Remover manchas de sangue de tecido	Coloque água oxigenada em um pano e esfregue a mancha. Se não tiver água oxigenada, enxague o tecido com água gelada. Nunca use água quente, pois ela fixa a mancha no tecido.
	Remover odores de potes de plástico	Misture ½ colher de chá de mostarda em pó com um pouco de água e esfregue o interior do recipiente com um pano.
	Remover odor de alho dos dedos	Esfregue um pouco de mostarda em pó com água nos dedos.
	Evitar que molhos com tomate manchem potes de plástico	Unte o interior do pote com óleo de cozinha antes de colocar o molho.

Deixar um aroma agradável no armário de roupas de cama ou nas gavetas de uma cômoda	Coloque folhas de amaciante de roupas para secadora no armário ou na gaveta para uma fragrância agradável de longa duração.

SOLUÇÕES PARA MANCHAS CAUSADAS POR ANIMAIS DE ESTIMAÇÃO

Prepare-se	Tenha à mão um balde com toalhas de papel, sacos plásticos e produtos de limpeza.
Urina	Se possível, limpe enquanto o local estiver molhado. Se a urina secar sobre o tapete, o odor permanecerá nas fibras. Coloque várias camadas de toalha de papel sobre o local e pressione com o pé para absorver a urina. Repita até remover a maior parte da umidade. Em um borrifador misture uma xícara de água morna, uma xícara de vinagre branco e duas colheres de sopa de bicarbonato de sódio. Borrife sobre o local e deixe descansar por alguns minutos. Absorva com toalhas de papel. Água oxigenada dez volumes em um borrifador também funciona. Se desejar, aplique depois da solução com vinagre e bicarbonato.
Vômito	Use toalhas de papel para remover os resíduos sólidos. Misture duas xícaras de água morna, uma colher de sopa de sal, uma colher de sopa de detergente líquido e meia xícara de vinagre. Aplique sobre a área com uma esponja ou pano. Repita se necessário.
Pelos	O aspirador de pó é seu melhor amigo. No entanto, para remover pelos rapidamente de áreas pequenas você pode usar uma esponja úmida. Pelo de gato pode ser removido com um rolo adesivo para remover fiapos de roupas.

PASSOS PRÁTICOS

1. *Reúna a família para explicar que você deseja elevar o padrão de limpeza da casa e distribua tarefas. Crie uma lista de tarefas e revezem-se para realizá-las.*
2. *Crie um cronograma para a realização das tarefas. Defina as consequências caso a tarefa não seja completada dentro do prazo estipulado. Lembre-se de que é importante todos assumirem responsabilidade.*
3. *Coloque versículos bíblicos sobre gratidão em locais estratégicos.*
4. *Torne a faxina uma atividade divertida.*
5. *Para inspiração, medite sobre os versículos a seguir. Percorra os cômodos de sua casa e agradeça a Deus por tudo o que você tem.*

E tudo que fizerem ou disserem, façam em nome do Senhor Jesus, dando graças a Deus, o Pai, por meio dele.

Colossenses 3.17

Sejam gratos em todas as circunstâncias, pois essa é a vontade de Deus para vocês em Cristo Jesus.

1Tessalonicenses 5.18

Não vivam preocupados com coisa alguma; em vez disso, orem a Deus pedindo aquilo de que precisam e agradecendo-lhe por tudo que ele já fez. Então vocês experimentarão a paz de Deus, que excede todo entendimento e que guardará seu coração e sua mente em Cristo Jesus.

Filipenses 4.6-7

Vamos chegar diante dele com ações de graças e cantar a ele salmos de louvor.

Salmos 95.2

Oferecerei a ti um sacrifício de ação de graças e louvarei o nome do S<small>ENHOR</small>.

Salmos 116.17

Dediquem-se à oração com a mente aberta e o coração agradecido.

Colossenses 4.2

Quando membros do povo santo passarem por necessidade, ajudem com prontidão. Estejam sempre dispostos a praticar a hospitalidade.

Romanos 12.13

ESTILO DE VIDA NO LAR

12

HOSPITALIDADE

— UM VALOR DE SERVIÇO

Abram sua casa de bom grado para os que necessitam de um lugar para se hospedar.
1Pedro 4.9

UMA ATITUDE DO CORAÇÃO

A verdadeira hospitalidade é um ministério. No Novo Testamento, em Tito 1.4-5, ela é relacionada como uma das características que qualificam alguém para a função de presbítero. O significado autêntico da hospitalidade está na atitude do coração. Sua atitude deve refletir um desejo de proporcionar calor para o coração e refrigério para o espírito de outros ao servi-los dentro de sua casa. Essa atitude é demonstrada por sua presença ativa ao dirigir toda a sua atenção sincera para seus convidados ou hóspedes. Todo o planejamento e todos os preparativos devem dizer: "Que bom que você veio!".

Na carta à igreja em Corinto, Paulo elogia os discípulos pelo poder de sua hospitalidade de restaurar e revitalizar ministros do evangelho:

Ficamos particularmente contentes de ver Tito alegre porque todos vocês o receberam bem e o tranquilizaram.
2Coríntios 7.13

A HOSPITALIDADE COMEÇA NA PORTA DA FRENTE

- *Um jardim bem cuidado, uma porta da frente limpa, plantas em flor e iluminação externa são apenas algumas das coisas que dizem "bem-vindos!" aos convidados que se aproximam da porta.*
- *Sempre deixe a luz da varanda acesa para convidados.*

- O hall de entrada deve ser atraente e bem organizado, pois é a primeira parte da casa que seus convidados verão.
- Evite deixar sapatos sujos, bonés, guarda-chuvas, mochilas e outros itens espalhados junto à porta da frente.

COMO RECEBER OS CONVIDADOS À PORTA

- Sempre receba seus convidados à porta com um sorriso amigável, olhando-os nos olhos para mostrar como está feliz de vê-los.
- Enquanto os convidados entram, receba-os de braços abertos. Um aperto de mão ou um abraço ajudará a dizer: "Você é importante para mim".
- Música suave ao fundo contribui para um ambiente amistoso.
- Seus convidados sabem que você está preparada para recebê-los quando veem que a mesa já está posta.

COMO DESPEDIR-SE AMAVELMENTE

- Acompanhe seus convidados até a porta e certifique-se de que pegaram tudo o que trouxeram: bolsas, casacos e outros pertences.
- Quando for apropriado, dê a seus hóspedes algo para levarem para casa. Por exemplo, ao receber uma pessoa idosa que mora sozinha, prepare recipientes com porções restantes da refeição e da sobremesa para que tenham comida para o dia seguinte. Ou, se você cultiva ervas e temperos no quintal, prepare um saco hermético cheio de ervas frescas para usarem depois.
- Quando for apropriado, faça uma oração com seus convidados antes de eles irem embora. Uma oração edificante, de encorajamento, aquecerá o coração e expressará seu amor por eles.
- Acompanhe-os até o carro. Espere até irem embora para voltar para dentro de casa. Despeça-se com um sorriso e um grande aceno. Essa sempre foi uma tradição em nossa família.
- Se as condições de tempo e das vias não estiverem boas, peça que seus convidados lhe telefonem de casa para você saber que chegaram bem.
- Ao receber uma mãe sozinha com crianças pequenas, carregando brinquedos e sacolas, ajude-a a colocar tudo no carro e acomodar as crianças.

O significado autêntico da hospitalidade está na atitude de coração.

ESTILO DE VIDA NO LAR

DESFRUTE A HOSPITALIDADE — DIVIRTA-SE EM SUA FESTA

PLANEJE O TRABALHO, E DEPOIS TRABALHE CONFORME O PLANO

- *Organize-se com antecedência.* Prepare uma lista de coisas a fazer e defina um prazo para realizar cada tarefa. Deixe uma margem de tempo para imprevistos.
- *Delegue tarefas a outros membros da família.* Torne divertida a participação dos filhos e do marido nos preparativos. Essa é uma excelente maneira de seus filhos aprenderem a ter gosto pela hospitalidade.
- *Planeje atividades para seus encontros.* Vôlei, pingue-pongue, jogos de tabuleiro e algumas atividades em uma reunião informal podem entreter praticamente todo mundo.
- *Especifique as tarefas nas quais precisará de auxílio,* como servir as bebidas, repor o

gelo e guardar as bolsas dos convidados. Escolha uma pessoa extrovertida e falante para ajudar seus convidados a se conhecerem e se enturmarem. Peça colaboração com antecedência.

VOCÊ DÁ O TOM

- O anfitrião e a anfitriã sempre dão o tom da festa. Se forem alegres e descontraídos, seus convidados terão a mesma atitude.
- Não fique preocupada nem distraída. Lembre-se: uma vez que os convidados chegam, são mais importantes que quaisquer detalhes que tenham passado despercebidos. Eles não ficarão sabendo se algo deu errado. Seja flexível.
- Conclua as tarefas de antemão de modo a poder dedicar toda a sua atenção aos convidados.
- Mantenha uma atitude positiva. Evite pensamentos negativos sobre sua casa, suas inadequações, o preparo dos alimentos, pontos fracos de seus convidados etc. Não se desculpe.

EVITE SITUAÇÕES ESTRESSANTES

- Mantenha um ambiente tranquilo entre os membros da família enquanto se preparam para receber os convidados. Fique calma e evite palavras ríspidas e discussões. Tome cuidado para não se tornar "mandona" com seu marido e filhos.
- Certifique-se de que há comida e bebida de sobra.
- Procure saber quais são as preferências de seus convidados. Se receber alguém diabético ou alérgico, ofereça alimentos adequados para eles.
- Certifique-se de que há lugar para todos sentarem. Você deseja que seus convidados tenham conforto.
- Não se estresse caso alguém derrame ou derrube algo. Algumas coisas precisam ser limpas de imediato, outras podem ficar para depois que todos forem embora.

AMBIENTE DE HOSPITALIDADE

PREPARATIVOS PARA UM TEMPO DE CALOROSA COMUNHÃO

Torne sua casa convidativa acrescentando toques especiais que despertarão emoções e criarão um clima agradável. Abaixo, algumas sugestões para transformar uma reunião comum em um evento memorável.

AMBIENTE DOMÉSTICO ORGANIZADO

- Seus convidados se sentirão mais acolhidos em uma casa limpa e organizada.
- Procure manter em ordem, o máximo possível, a cozinha, o banheiro, a sala de televisão e a sala de estar. Desse modo, estará sempre preparada para receber visitas, mesmo de última hora.

ESTILO DE VIDA NO LAR

- Às vezes, visitas aparecem sem avisar. Nesse caso, não peça desculpas se o chão estiver sujo ou se houver pó nos móveis. Lembre-se de que as pessoas vieram para ver você, e não sua casa.
- Não continue a limpar a casa depois que os convidados chegarem. Dedique sua atenção a eles.

CRIE UM CLIMA AGRADÁVEL COM FLORES FRESCAS E FOLHAGENS

- Flores frescas e folhagens são um acréscimo agradável à mesa de jantar, aparador e/ou sala de estar. Experimente usar tipos diferentes de folhagens.
- Escolha flores e folhagens da estação. Use pinhas, ramos de pinheiro e frutas vermelhas para dar um toque aconchegante no inverno. Tulipas, narcisos, lírios e outras flores podem ser usados na primavera. No verão, acrescente flores e folhagens de seu jardim ou compre buquês de valor acessível para enfeitar o centro da mesa. No outono, folhas coloridas, crisântemos e tipos diferentes de abóboras dão à casa um ar festivo.
- Quando o orçamento estiver apertado, use flores silvestres e folhagens para decorar o centro da mesa. O mesmo se aplica às outras estações do ano.

CRIE UM CLIMA AGRADÁVEL COM MÚSICA

- A música pode ser colocada em volume mais alto enquanto os convidados estão chegando, para eliminar silêncios desagradáveis que, muitas vezes, ocorrem quando convidados estão sendo apresentados uns para os outros. Depois que as conversas deslancharem, reduza o volume.
- Use de bom senso ao tocar música. Não deixe o volume alto a ponto de os convidados terem de gritar para ser ouvidos.

FESTAS AO AR LIVRE

- Mantenha todos os alimentos cobertos até a hora de servir para evitar que insetos pousem sobre a comida.
- Preze pela simplicidade. Arrume uma mesa em estilo bufê na cozinha ou na sala de jantar, para que os convidados se sirvam e levem o prato para fora.
- Certifique-se de que há lugares confortáveis para todos sentarem.
- Para uniformizar mesas diferentes, use toalhas que combinem. Serviços de aluguel são úteis para mesas, cadeiras e toalhas adicionais, especialmente se você só faz festas ao ar livre uma ou duas vezes por ano.
- Seja sensível às necessidades de seus convidados. Forneça repelente se alguém parecer incomodado com os insetos e um agasalho se alguém estiver com frio. Esteja preparada para o caso de alguns convidados quererem ficar dentro de casa.

Todo o planejamento e todos os preparativos devem dizer: "Que bom que você veio!".

- *Para festas ao ar livre à noite, pode ser necessário providenciar iluminação (lanternas de jardim, velas), aquecedores, música, toalhas, enfeites de mesa com flores frescas ou folhagens de seu quintal.*

COMO RECEBER HÓSPEDES POR MAIS DE UM DIA

- *Prepare o quarto com lençóis limpos na cama.*
- *Crie espaço no armário e deixe disponíveis alguns cabides. Pode ser boa ideia esvaziar uma ou duas gavetas de uma cômoda para que os hóspedes possam desfazer as malas.*
- *Separe um espaço para colocarem a bagagem.*
- *Coloque um bilhete de boas-vindas sobre a cama com uma lembrancinha.*
- *Providencie um pequeno cesto de hospitalidade com itens necessários que talvez tenham esquecido: uma escova de dente nova, creme dental, analgésicos, desodorante etc.*
- *No banheiro, coloque xampu, condicionador, sabonete líquido e um sabonete em barra novo, além de toalhas limpas.*
- *Coloque um cesto de lixo com sacos adicionais no fundo, debaixo do saco em uso.*
- *No fim de cada dia, converse sobre a agenda do dia seguinte, para que seus hóspedes planejem o horário de levantar-se e as roupas que vão usar.*
- *Ofereça muita graça a seus hóspedes. Torne-se serva deles e abra mão de todas as expectativas. Se o fizer, aproveitará a companhia deles tanto quanto eles aproveitarão o tempo com você.*

AO RECEBER HOSPITALIDADE

COMO SER UMA BOA CONVIDADA

Interaja. A pessoa mais interessante em um encontro é sempre aquela que demonstra maior interesse pelos outros. Como convidada, você deseja ouvir as palavras: "Venha nos visitar novamente!". As diretrizes a seguir a ajudarão a tornar-se muito bem-vinda.

AO CHEGAR E AO SAIR

- *Seja pontual. Se chegar cedo demais, é possível que seus anfitriões não estejam preparados para recebê-la. Em contrapartida, atrasar-se pode ser extremamente inconveniente para quem a recebe e até mesmo estragar a refeição preparada para você. Se surgir um imprevisto e não for possível ser pontual, telefone para avisar a que horas conseguirá chegar.*

- Saiba quando é hora de ir embora. Seja sensível às necessidades de seus anfitriões. Se a festa termina às 22 horas, não fique mais tempo a menos que seja convidada a fazê-lo.
- Ao sair, evite despedidas longas. Alguns convidados ficam à porta e conversam por mais vinte minutos.

Eis algumas dicas para ajudá-la a perceber quando é hora de ir embora:
- Os filhos de seus anfitriões começam a ficar inquietos. Provavelmente passou do horário de dormirem.
- Os anfitriões parecem cansados e bocejam com frequência.
- Você sabe que precisam levantar cedo no dia seguinte.
- Os anfitriões agradecem por você ter vindo e se levantam.

LEVE UM PRESENTE

- Procure descobrir de antemão o gosto ou estilo de seus anfitriões.
- Faça o possível para trazer um presente adequado à extensão de sua visita.
- Alguns exemplos de presentes apropriados são: uma planta, alimento, chá ou café de boa qualidade, um livro, uma caixa de chocolate ou uma cesta de presente.
- Evite presentes exóticos, que talvez não combinem com a decoração deles.
- Nunca leve flores frescas. Pode ser inconveniente para a anfitriã encontrar um lugar para elas no ambiente que ela já preparou.

ETIQUETA PARA CONVIDADAS E HÓSPEDES

- Quando se hospedar na casa de alguém, não leve animais. Tome outras providências para o cuidado de seu animal de estimação.
- Não bagunce a casa. Quer passe apenas o dia, quer fique uma noite, arrume qualquer coisa que você ou seus filhos tirarem do lugar. Pergunte onde pode guardar sua bolsa, a sacola do bebê, casacos e outros itens para que não atrapalhem ninguém.
- Instrua seus filhos de antemão sobre etiqueta à mesa e ensine-os a respeitar os objetos da casa, falar baixo, não correr e não brigar. Lembre-os dessas instruções pouco antes de chegarem à casa dos anfitriões.
- Se seus filhos sujarem algo, é responsabilidade sua limpar.
- Avise seus anfitriões se tiver quebrado ou danificado algo. Ofereça-se para repor o item e faça-o.
- Em um jantar informal, ofereça-se para ajudar antes e depois da refeição.
- Quando a anfitrião estiver colocando a comida na mesa, não puxe conversa, pois os preparativos requerem concentração. Se ela não pedir sua ajuda, não fique na cozinha.

DICAS PARA HÓSPEDES

- *Leve pouca bagagem, apenas o necessário. Não se esqueça de incluir, porém, seus próprios produtos de higiene, roupas adequadas, analgésicos, antiácidos e qualquer outra coisa que precise para não ter de pedir algo emprestado ou criar qualquer inconveniência para seus anfitriões.*
- *Mantenha o banheiro limpo. Depois de tomar banho, limpe a banheira ou o boxe do chuveiro. Nunca deixe cabelo no ralo para outros limparem.*
- *Remova seus itens pessoais do banheiro depois de cada uso. Em alguns casos, para fazer espaço para outros, deve-se levar as toalhas para o quarto em que você está. Pendure-as para secar.*
- *Arrume a cama todas as manhãs e deixe o quarto organizado.*
- *Respeite o horário de dormir da família que a está recebendo. Não os faça ficar acordados até tarde se estão acostumados a dormir cedo.*
- *Mantenha seus filhos sob controle a todo tempo. Nunca é responsabilidade dos anfitriões cuidar de seus filhos ou corrigi-los.*
- *Cancele a visita se você ou alguém de sua família ficar doente. É falta de consideração levar doença para a casa de outros.*
- *Nunca jogue uma fralda suja direto no cesto. Traga um saco plástico para fraldas usadas e pergunte aos anfitriões onde pode jogá-lo fora.*
- *Ofereça-se para os anfitriões para almoçar ou jantar fora. Desse modo, poderão ter um descanso bem-vindo do trabalho de preparar as refeições.*
- *Como regra geral, nunca fique mais que três dias.*

*Não visite seu vizinho com muita frequência,
pois deixará de ser bem-vindo.*

Provérbios 25.17

GENTILEZAS DEPOIS DE SER RECEBIDA

Sempre envie um cartão expressando gratidão sincera.

*Como maçãs de ouro em salvas de prata,
assim é a palavra dita a seu tempo.*

Provérbios 25.11, RA

Convide seus anfitriões para irem à sua casa. Se não tiver condições de receber convidados em casa, prepare um piquenique no quintal ou em um parque ou leve-os a seu restaurante predileto a fim de poder retribuir a hospitalidade.

PASSOS PRÁTICOS

1. Avalie com atenção seu espaço para receber visitas. O banheiro tem todos os itens necessários para receber alguém de última hora? E os quartos de hóspedes? Coloque neles todos os confortos que você gostaria de ter se estivesse hospedada ali.
2. Ensine seus filhos etiqueta de hospitalidade antes de suas próximas visitas chegarem. Quanto mais preparados estiverem para fazer seus convidados e hóspedes se sentirem especiais, melhor.
3. Da próxima vez que receber hospitalidade, seja uma bênção para seus anfitriões. Demonstre respeito pelos preparativos que fizeram para sua chegada. Agradeça com sinceridade. Mostre quanto você dá valor a essa hospitalidade ao honrar o tempo e o espaço deles. Faça-os se sentirem especiais também.

A pessoa mais interessante em um encontro é sempre aquela que demonstra maior interesse pelos outros.

O mais importante é que vocês vivam em sua comunidade de maneira digna das boas-novas de Cristo.

Filipenses 1.27a

13

ETIQUETA

— *UM VALOR DE GENTILEZA*

Vivam com sabedoria entre os que são de fora e aproveitem bem todas as oportunidades. Que suas conversas sejam amistosas e agradáveis, A fim de que tenham a resposta certa para cada pessoa.

Colossenses 4.5-6

A GENTILEZA REINA

A base de todos os aspectos da etiqueta é a gentileza: pessoas antes de procedimentos. A gentileza se expressa na consideração pelas pessoas ao seu redor. Conhecer a etiqueta apropriada a deixa à vontade para relacionar-se com os outros e fazê-los sentir-se importantes. Quando você tem receio de cometer algum erro ou de parecer tola, volta seus pensamentos para si mesma. No entanto, quando sabe como se portar corretamente na presença de outros, está livre para voltar toda a sua atenção para eles.

Esta seção sobre etiqueta tratará apenas da conduta apropriada em casa, ao fazer uma refeição com a família ou com amigos. É em casa que temos a oportunidade de fazer todos se sentirem especiais.

GENTILEZA É MAIS IMPORTANTE QUE PROTOCOLO

Portanto, como prisioneiro no Senhor, suplico-lhes que vivam de modo digno do chamado que receberam. Sejam sempre humildes e amáveis, tolerando pacientemente uns aos outros em amor.

Efésios 4.1-2

Lembre-se de que as pessoas são mais importantes que a imposição de regras. Quando notamos que, ao seguir as regras de etiqueta, poderemos gerar constrangimento, devemos nos adaptar à situação. Por exemplo, pode acontecer de termos convidados para jantar que não sabem de nosso costume de agradecer ao Senhor por sua provisão antes de começar a refeição. Se eles começarem a comer sem orar, podemos escolher a gentileza em lugar da tradição. Em vez de humilhá-los com um comentário do tipo "sempre oramos antes de comer", simplesmente fazemos a refeição com eles e encontramos outro momento para orarmos juntos.

PREPARATIVOS PARA AMAR COM GENEROSIDADE

Os anfitriões têm a importantíssima responsabilidade de praticar as regras de etiqueta. Ao fazê-lo, preparam um ambiente tranquilo para que possam oferecer muito amor a seus convidados. Têm o imenso privilégio e a ordem bíblica de representar Jesus Cristo para quem adentra seu lar. Pode até acontecer de receberem anjos sem saber. (Veja Hb 13.2.)

Abram sua casa de bom grado para os que necessitam de um lugar para se hospedar.

1Pedro 4.9

PENSE NOS DETALHES

Abrir sua casa para outros é um privilégio acompanhado de um maravilhoso peso de responsabilidade. Como anfitriões, vocês terão de ser diligentes nos preparativos e pensar de antemão em todos os detalhes da recepção. Se forem servir um jantar à mesa, façam todos os preparativos necessários para que todos possam permanecer à mesa durante a maior parte da refeição. Tenham sempre em mente que seus convidados estão lá para ver vocês. Seu objetivo mais importante durante a visita não é lhes oferecer uma refeição extraordinária, mas cobri-los de amor.

Não procurem apenas os próprios interesses, mas preocupem-se também com os interesses alheios.

Filipenses 2.4

A base de todos os aspectos da etiqueta é a gentileza.

SIMPLESMENTE PREPARE-SE

O simples fato de preparar as coisas no momento apropriado, como deixar o café ou o chá pronto e colocar os talheres de sobremesa junto aos pratos, permite que os anfitriões deem mais atenção aos convidados. Peça a Deus que lhe mostre outras maneiras de honrar seus convidados.

Tanto quanto sei, uma das coisas que faço não aparece em nenhum livro de etiqueta. Se vamos nos sentar à mesa, mas planejo servir apenas uma sobremesa, seja uma torta, um bolo ou algo semelhante, coloco a sobremesa e os pratos (empilhados) ao lado de meu lugar na mesa antes de os convidados chegarem. Quando for a hora de servir, não preciso sair da mesa. Enquanto sirvo os convidados, posso conversar com eles, olhando-os nos olhos e dando-lhes atenção plena.

A ARRUMAÇÃO DA MESA

A parte mais simples dos preparativos consiste em prover para seus convidados os instrumentos de que precisarão para fazer a refeição confortavelmente. Os utensílios de mesa devem ser colocados em lugares previsíveis, de modo que possam ser usados cada um no momento apropriado.

- *Os garfos devem ser colocados do lado esquerdo do prato de jantar: o garfo maior perto do prato e o menor do lado de fora. A faca e as colheres ficam do lado direito: a faca perto do prato, com a parte cortante voltado para dentro e as colheres do lado de fora.*
- *O prato de salada é colocado à esquerda do prato de jantar ou no centro dele.*
- *O prato pequeno de pão e manteiga é colocado acima da ponta dos garfos.*
- *A faca de manteiga é colocada sobre a parte superior do prato pequeno com o cabo voltado para a direita.*
- *A taça ou copo é colocado acima da ponta da faca.*
- *Os talheres para sobremesa podem ser servidos com ela ou colocados na horizontal, acima do prato de jantar. O cabo da colher de sobremesa fica voltado para a direita, e o cabo do garfo de sobremesa fica voltado para a esquerda.*
- *O guardanapo é colocado à esquerda dos garfos. Variações criativas são permitidas, desde que o guardanapo não seja colocado à direita do prato de jantar, dentro da taça ou dentro da xícara.*
- *Lembre-se de que nada deve ser ajustado ou mudado de lugar para ser usado. Por exemplo, o guardanapo nunca deve ser colocado debaixo dos garfos, pois é o primeiro item que usamos ao nos sentar. Não deve ser necessário remover os garfos para colocar o guardanapo sobre o colo.*

> *Não procurem apenas os próprios interesses, mas preocupem-se também com os interesses alheios.*
> **Filipenses 2.4**

ESTILO DE VIDA NO LAR

ILUSTRAÇÕES PARA A ARRUMAÇÃO BÁSICA DA MESA

ARRUMAÇÃO DOS LUGARES INDIVIDUAIS

ARRUMAÇÃO PARA REFEIÇÃO SERVIDA À MESA

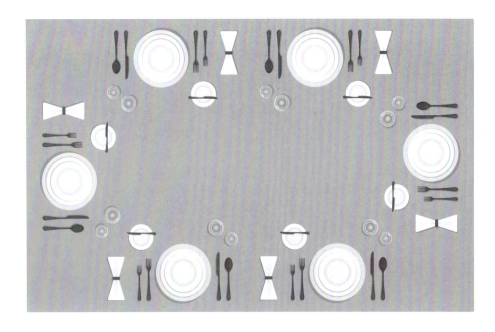

CONDUTA APROPRIADA À MESA PARA O ANFITRIÃO E A ANFITRIÃ

ACOMODAR OS CONVIDADOS

- *A anfitriã mostra aos convidados quando e onde devem sentar-se. Pode pedir que se sentem enquanto ela e o anfitrião permanecem em pé. Ou pode sentar-se primeiro, indicando que todos também podem se acomodar.*
- *Ao acomodar os convidados, alterne homens e mulheres. Uma vez que a maioria dos casados sente-se mais à vontade de sentar-se juntos, coloque a mulher do lado direito do homem.*
- *Cartões com o nome dos convidados os ajudam a encontrar seu lugar, mas o anfitrião e a anfitriã devem permanecer em pé enquanto mostram aos convidados onde devem se acomodar à mesa.*
- *O anfitrião e a anfitriã devem sentar-se nas extremidades opostas da mesa, nunca lado a lado.*

SERVIR A REFEIÇÃO

- *Quando a anfitriã tiver sentado, o anfitrião deve orar. No fim da oração, a anfitriã deve instruir os presentes a prosseguir e colocar o guardanapo no colo.*
- *Se for necessário que a anfitriã se levante, deve pedir aos convidados que comecem a refeição. Pode dizer, por exemplo: "Por favor, comecem enquanto eu trago os pãezinhos quentes".*
- *Nas refeições em que as travessas de comida são servidas à mesa, o anfitrião ou a anfitriã deve começar a passá-las. As travessas devem ser passadas para a direita, no sentido oposto ao relógio.*
- *O anfitrião deve ajudar a reabastecer as taças ou copos de água, dando à anfitriã tempo para comer.*
- *O anfitrião e a anfitriã devem combinar quais serão suas responsabilidades durante a refeição para que evitem deixar a mesa ao mesmo tempo.*

SERVIR A SOBREMESA

- *Remova todos os pratos usados e todas as travessas de comida antes de servir a sobremesa.*
- *Ao remover os pratos, pegue apenas dois de cada vez e não os empilhe sobre a mesa. Leve-os para a cozinha e volte para pegar mais dois pratos até haver removido todos.*
- *Sirva café ou chá antes da sobremesa, para que os convidados tenha algo para beber enquanto você prepara a sobremesa.*
- *Remova os pratos usados pelo lado direito e sirva a sobremesa ou o prato de jantar pelo lado esquerdo.*

DEPOIS DA REFEIÇÃO

- *Se for uma refeição formal, o anfitrião ou a anfitriã deve convidar os presentes a ir para a sala de estar. Os utensílios da sobremesa devem ser removidos mais tarde.*
- *O anfitrião deve dizer aos convidados que podem levar as taças ou copos de bebida para a sala se desejarem e deve oferecer-se para enchê-las novamente.*
- *Se a refeição for informal e os convidados desejarem permanecer ao redor da mesa para conversar ou para um jogo de tabuleiro, remova todos os utensílios da sobremesa.*

CONDUTA APROPRIADA À MESA PARA OS CONVIDADOS

Estas regras são para todas as etapas de um almoço ou jantar. Você pode aprender a forma apropriada de se comportar desde a hora em que se acomoda à mesa até a hora que se levanta.

ANTES DE CHEGAR

É considerado aceitável que os convidados cheguem dez minutos antes ou dez minutos depois do horário marcado. Se chegar muito cedo, dê algumas voltas no quarteirão e, se estiver atrasada, telefone para a anfitriã e avise. Leve um presente para demonstrar consideração por sua anfitriã e gratidão pelo convite. Nunca leve flores frescas, que precisem ser colocadas em um vaso. Pode ser inconveniente para a anfitriã ter de cuidar de flores na última hora, ao mesmo tempo que recebe você. É possível, ainda, que ela já tenha enfeitado a casa com as flores que desejava.

ESPERE PELA ANFITRIÃ

- *Espere até a anfitriã ou o anfitrião lhe mostrar onde você deve sentar-se. Permaneça em pé, junto a sua cadeira, até que a anfitriã tenha se acomodado. A menos que receba outra instrução, sente-se em seguida.*
- *Depois de sentar-se à mesa, espere pela anfitriã e siga a direção dela.*
- *Quando a anfitriã colocar o guardanapo no colo, você deve fazer o mesmo. Se a anfitriã não colocar o guardanapo no colo, mas começar a servir, coloque seu guardanapo no colo e prossiga.*
- *Nunca rearranje os utensílios à mesa, ainda que tenham sido colocados incorretamente. Lembre-se de que é uma questão de gentileza não criar constrangimento para a anfitriã que não arrumou a mesa corretamente. Nesses casos, flexibilizamos as regras e ficamos à vontade ao fazê-lo.*

AO PASSAR OS ALIMENTOS

Quando o jantar é servido empratado (os pratos são montados na cozinha e trazidos para a mesa), alguém coloca um prato à sua frente, pelo lado esquerdo. Depois que você termina, o prato é removido pelo lado direito.

- *Quando as travessas de comida são colocadas à mesa, devem ser passadas para a direita. Espere até o anfitrião ou a anfitriã começar a passar a comida ou instruí-la a fazê-lo para, então, pegar a travessa mais próxima de você e passá-la.*
- *Segure a travessa para a pessoa à sua direita para que ela se sirva. Ela então fará o mesmo para a pessoa seguinte, até que a travessa volte para você. Sirva-se no final, quando a pessoa à sua esquerda segurar a travessa para você.*
- *Para evitar acidentes, sempre que possível coloque as travessas longe da beirada da mesa.*
- *Quando a manteiga chegar até você, use a faca apropriada para servir-se de uma porção. Se não houver uma faca de manteiga, use a faca limpa de jantar. Coloque a manteiga na beirada do prato de pão (se não houver um prato de pão, coloque na beirada do prato de jantar). Nunca coloque a manteiga diretamente sobre o pão.*
- *O sal e a pimenta devem sempre ser passados juntos, mesmo que alguém diga "passe o sal, por favor". Sempre pegue ambos e passe-os juntos. O mesmo vale para o açúcar e o leite.*
- *Ao servir-se de um açucareiro, nunca use a colher de açúcar para misturar sua bebida.*

DURANTE A REFEIÇÃO

- *Se o copo de água ou de bebida estiver guarnecido com um limão ou outra fruta decorativa, coloque-a dentro do copo antes de beber. A guarnição é para realçar o sabor da bebida, e não para espetar seu olho ou esfregar em seu nariz.*
- *Ao comer uma fatia de pão, pegue uma porção pequena de cada vez, passe manteiga e coma. Nunca passe manteiga na fatia inteira de uma vez. Essa regra também se aplica a pãezinhos e a geleias, patês e afins.*
- *Sempre use a faca para cortar. Não procure cortar o alimento com a lateral do garfo.*
- *Nunca coloque um talher usado sobre a mesa. Deixe-o no prato. Se o prato tiver sido removido, coloque o talher usado sobre um talher limpo.*
- *Coma de boca fechada e não fale de boca cheia.*
- *Se encontrar um elemento estranho na comida, remova-o da boca com os dedos e coloque-o no prato sem comentar. Não o cuspa no garfo ou na colher.*
- *Se lhe for servido algo que você não come, deixe no prato e coma os outros alimentos em volta.*
- *Nunca peça algo que não foi servido à mesa. Se a anfitriã se der conta de que esqueceu algo, ela avisará.*
- *Se precisar deixar a mesa por algum motivo importante, peça licença. O guardanapo deve ficar sobre a cadeira, e não sobre a mesa.*
- *O enfeite no centro da mesa não deve obstruir a visão para o outro lado da mesa. Se isso acontecer, não mova o enfeite; converse com as pessoas ao seu lado.*

DEPOIS DA REFEIÇÃO

- Quando tiver terminado de comer, coloque os talheres usados no prato. Mesmo que ainda tenha alguma comida no prato, coloque os talheres juntos, na diagonal. Os cabos dos talheres não devem ficar para fora da beirada do prato.
- Agradeça sua anfitriã pelo tempo agradável à mesa. Elogie-a por um dos pratos servidos. Você pode dizer: "Estava tudo uma delícia. Gostei especialmente da torta".
- Não prolongue demais a visita. Avise educadamente quando for hora de ir embora. Agradeça seus anfitriões verbalmente e, mais adiante, envie um cartão de agradecimento.

PASSOS PRÁTICOS

1. Crie algumas perguntas sobre etiqueta e faça um jogo com sua família da próxima vez que se reunirem para uma refeição. Por exemplo: ao servir-se de manteiga, onde você deve colocar a porção depois de tirá-la da manteigueira? No pão ou no prato? Em que direção deve-se passar a comida? Para a direita ou para a esquerda?
2. Peça a membros da família que citem regras de etiqueta que saibam. Leia para eles algumas regras que você imagina que não saibam.
3. Não corrija nem instrua seu marido ou seus filhos ao dizer o que estão fazendo de errado. Torne o aprendizado e a prática divertidos. Não é o momento de corrigir ações incorretas, mas de incentivar o comportamento correto.

Adoravam juntos no templo diariamente, reuniam-se nos lares para comer e partiam o pão com grande alegria e generosidade.

Atos 2.46

14

DECORAÇÃO

— *UM VALOR DE BELEZA*

Faz suas próprias cobertas e usa vestidos de linho fino e tecido vermelho. [...] Recompensem-na por tudo que ela faz; que suas obras a elogiem publicamente.

Provérbios 31.22,31

FAÇA VOCÊ MESMA

Para obter um diploma de decoração é preciso fazer quatro anos de faculdade de *design* de interiores e receber a certificação de uma associação nacional de decoradores. Embora a decoração tenha princípios que podem ser aprendidos, também é uma forma de arte, o que a torna tanto objetiva como subjetiva.

Qualquer um pode montar uma casa belamente decorada se tiver condições de contratar um decorador. No entanto, contratar um profissional nem sempre é garantia de uma casa confortável e maravilhosa. Também não é garantia de uma casa que reflete você e sua família. Existem coisas que ninguém mais pode fazer. Só você pode dar personalidade a sua casa e aquecê-la com seu coração.

Toda criatividade é inspirada por criatividade. Portanto, é interessante aprender com outras pessoas criativas. Não se atenha a copiar o que outros fizeram. Inspire-se e deixe que a natureza criativa de Deus trabalhe por seu intermédio para que você torne sua casa confortável e atraente. Encha-a com as coisas que você ama. Experimente!

Lembre-se: o mais importante é amar o que você faz.

USE O QUE VOCÊ TEM

A restauração da dignidade de seu lar exige que você melhore a aparência da casa. A decoração de sua casa deve ser sempre envolvente. Do contrário, não demorará a perder a graça.

O primeiro passo para melhorar a aparência da casa é percorrer os cômodos e avaliar os itens que você já possui. O ideal é usar ao máximo aquilo que você já tem antes de comprar coisas novas. É possível dar novo fôlego a sua casa ao abordar de uma forma "inédita" as coisas "velhas". No final, é possível que você compre poucos itens novos, mas, ainda assim, dê a sua casa um visual completamente transformado.

MUDE SEU ESTILO DE VIDA ANTES DE TROCAR SEUS MÓVEIS

Se você não cuida bem das coisas que já tem, não cuidará das coisas novas que comprar. Se restaurar a dignidade e a santidade do lar fosse uma simples questão de comprar móveis novos, todos nós encontraríamos uma forma de fazê-lo. Existe, contudo, um princípio mais profundo.

O cuidado constante do que você tem pode contribuir de forma extremamente positiva para seu estilo de vida. Formamos uma ligação com aquilo de que cuidamos.

Eis alguns exemplos de como fazer melhorias em sua casa ao cuidar daquilo que você já tem.

- *Remova todo caos e confusão de sua casa.*
- *Arrume-a e mantenha a ordem ao definir um lugar para cada coisa e colocar tudo de volta no lugar depois de usar.*
- *Aprimore seus hábitos diários.*
- *Coloque um enfeite no centro da mesa.*
- *Organize diariamente seu quarto, o banheiro e a cozinha.*
- *Arrume a mesa com esmero, ainda que seja só para sua família ou para você mesma.*

Só você pode dar personalidade à sua casa e aquecê-la com seu coração.

Alcance excelência nas coisas básicas antes de gastar dinheiro para mudar seu ambiente. Você ficará admirada com a diferença!

COMECE PELO INÍCIO

Comece com um cômodo. Remova toda a bagunça e faça uma faxina. Agora, rearranje o maior número possível de itens do cômodo. Mude o lugar dos móveis, se puder. Pense em usar objetos de outras partes da casa até deixar o cômodo com a melhor aparência possível com aquilo que você tem. Se, a essa altura, você concluir que realmente precisa de algo que não tem — uma planta, uma luminária, uma almofada ou um quadro —, faça uma "lista de desejos" para aquele cômodo.

Organize a lista por ordem de prioridade e acrescente o custo estimado de cada item. Mantenha esse novo visual e seu novo estilo de vida nesse cômodo por pelo menos uma semana antes de trabalhar em outro cômodo. Repita o processo até que toda a casa tenha sido renovada.

Eis algumas ideias para dar uma nova aparência a alguns de seus cômodos.

QUARTO

A tendência atual é de um visual simples e despojado.

- *Não tenha medo de mudar os móveis de lugar. Experimente algo novo e diferente.*
- *Se seu quarto for pequeno, use uma cabeceira de cama king size para uma cama queen size e vire a cama de lado. Desse modo, você terá mais espaço no quarto. É uma boa ideia se você mora sozinha.*
- *Se quiser fazer uma cabeceira para a cama, use uma chapa de compensado ou aglomerado cortada na medida certa para chegar até o chão. Lojas de materiais de construção e bricolagem por vezes cortam o material sem custo adicional. Com a ajuda de uma pistola de grampos, cubra a chapa de compensado com espuma e tecido. Encoste-a na parede atrás da cama. Não é necessário fixá-la à parede.*
- *Mude a disposição dos objetos em cima de sua cômoda. Se você tem vários itens pequenos, agrupe-os em uma bandeja (lustre aquela bandeja que você ganhou de casamento e que ficou manchada!). Use bandejas também para agrupar cosméticos, perfumes e outros recipientes. Acrescente uma hera de seda ou um castiçal emprestado de outra parte da casa.*

SALA DE ESTAR

- *Desencoste os móveis das paredes e experimente colocá-los em ângulos diferentes.*
- *Coloque uma mesa estreita atrás do sofá.*
- *Coloque uma cadeira com as costas voltadas para a TV.*
- *Remova tudo de cima de sua mesa de centro e coloque menos objetos sobre ela.*

- Use livros para elevar uma luminária que esteja muito baixa.
- Agrupe o sofá com uma ou duas cadeiras.
- Use um pufe com uma bandeja sobre ele como mesa em frente ao sofá.
- Use plantas que florescem sazonalmente para um visual mais duradouro de flores frescas.
- Agrupe castiçais diferentes em uma bandeja. Use os que estão em outras partes da casa.
- Agrupe em uma bandeja porta-retratos de vários tamanhos.
- Cubra uma mesa com uma colcha de retalhos.
- Enrole revistas e amarre-as com uma fita ou sisal. Encha um cesto com as revistas enroladas.
- Pinte um banquinho de madeira com uma cor viva e use-o como suporte para planta.

BANHEIRO

- Tinja toalhas velhas todas de uma cor. Depois de tingidas, elas precisarão ser sempre lavadas separadas de outras peças na máquina.
- Aplique com cola quente uma nova renda ou enfeite em toalhas decorativas.
- Se houver espaço para um cesto no banheiro, enrole as toalhas para o uso e guarde-as no cesto.
- Escolha recipientes incomuns para colocar itens de uso frequente, como creme dental, escovas de dente e pincéis de cosméticos.
- Coloque uma luminária pequena sobre o balcão da pia com alguns itens decorativos agrupados com itens de uso diário.
- Coloque um quadro grande e colorido na parede acima do vaso sanitário. Nunca coloque um espelho nesse local.

COZINHA

- Acrescente cores da estação a uma cozinha de tons neutros.
- Coloque velas (do tipo que vem em copos de vidro) ao lado da pia ou no balcão para acendê-las quando você começar suas atividades de rotina na cozinha.
- Jarras são excelentes vasos para flores.
- Coloque uma luminária pequena no balcão ou junto com outros objetos agrupados em uma bandeja.
- Recipientes de itens usados com frequência, como açúcar e adoçante, podem ser colocados em uma bandeja decorativa perto da cafeteira.
- Pinte os puxadores de armários velhos. Cada um pode ser diferente. Você também pode substituí-los por outros, de modelos diferentes e incomuns. Compre um de cada vez e colecione.
- Pendure toalhas de mesa velhas sobre um varão para decorar sua janela.
- Nunca deixe louça suja sobre os balcões. Se for preciso deixar a louça para lavar

e enxugar mais tarde, empilhe-a dentro da pia. Coloque sobre a pia uma tábua de cortar de madeira e, sobre a tábua, ponha um pano de prato limpo e um arranjo floral. Desse modo, você esconderá a bagunça até poder arrumá-la. Essa técnica não deve se tornar um hábito. Use-a apenas em casos de emergência.

> *"Muito bem, meu servo bom e fiel. Você foi fiel na administração dessa quantia pequena, e agora lhe darei muitas outras responsabilidades. Venha celebrar comigo."*
>
> Mateus 25.21

Estas são apenas algumas ideias para inspirá-la. Sei que você experimentará alegria renovada quando olhar para sua casa de forma diferente e começar a usar simples criatividade para fazer melhorias no ambiente em que vive. Com isso, estará adotando o Princípio de Usar O Que Você Tem.

DESTAQUE COM ILUMINAÇÃO

A iluminação é importante para o clima que você deseja criar em sua casa. Em algumas ocasiões, será apropriado ter cômodos bem claros; em outras, será preferível luz indireta. Não se esqueça das velas. Em todos os ambientes, uma vela acesa acrescenta calor, serenidade, perfume e acolhimento. Considere algumas formas criativas de iluminar sua casa.

- *Coloque luminárias pequenas em lugares inesperados, como balcões de banheiro, estantes, prateleiras de parede e balcões de cozinha. São lugares excelentes para iluminação e que, em geral, têm tomadas por perto. Coloque a luminária junto com outros objetos agrupados e esconda o fio o máximo possível. Mantenha a luminária acesa o tempo todo. A pequena quantia de eletricidade que ela gasta vale a pena diante do prazer que proporciona.*
- *Ilumine as entradas da casa. Se você entra pela porta dos fundos ou pela garagem, pense em uma forma de colocar uma luminária pequena ali, para não ter de entrar no escuro. Se necessário, providencie uma prateleira ou mesa pequena para a luminária. Mantenha uma luz acesa a todo tempo perto da entrada da frente. É uma forma de dar boas-vindas a quem tocar a campainha a qualquer hora do dia.*
- *Os lugares mais confortáveis para sentar devem ter uma luminária por perto. Gosto de usar luminárias de piso e luminárias articuladas ao lado de poltronas confortáveis para que a pessoa sentada ali tenha luz adequada para ler. Luminárias de mesa, embora geralmente sejam mais decorativas, são menos funcionais para leitura.*
- *Todos os banheiros e corredores devem ter luzes noturnas.*
- *Escolha lustres que evitem a incidência direta de luz forte.*
- *Pinte a base de luminárias velhas e providencie cúpulas novas para renovar o visual.*

- *Velas são essenciais. No dia a dia, use velas do tipo que vem em copos de vidro. É possível deixá-las acesas mesmo quando não há ninguém naquele cômodo. Nunca deixe acesas velas tipo palito sem que alguém esteja presente no cômodo.*
- *Use velas para criar efeitos especiais. Ilumine uma escadaria com velas votivas em copos de vidro quando receber visitas para jantar. Encha a lareira com lenha e, com cuidado, coloque velas de vários tamanhos sobre a lenha. Esse efeito é especialmente bonito quando não é época de acender a lareira.*
- *Agrupe velas de tamanhos, formas e cores variadas em uma bandeja e use como arranjo para uma mesa de centro ou para a mesa de jantar.*
- *Acenda uma vela na cozinha enquanto prepara uma refeição.*

OS DIFERENTES CLIMAS DA ILUMINAÇÃO

A iluminação deve ser ajustada de acordo com a função do cômodo. Considere as seguintes dicas de iluminação para diferentes climas e atividades em sua casa.

FESTA

Um ambiente de riso e divertimento deve ter luzes fortes. Use todas as luzes disponíveis na casa: lustres, luminárias e velas. Abra as cortinas e persianas, mesmo à noite. Use a iluminação externa. Se realizar uma festa à noite, coloque lanternas para iluminar o caminho até a entrada da casa. É possível fazer lanternas com sacos de papel pardos ou brancos médios. No fundo do saco, despeje uns três centímetros de areia ou açúcar (o açúcar pode ser reutilizado para evitar desperdício). Coloque uma vela de *rechaud* sobre a areia ou o açúcar e acenda a vela. Mantenha sempre a varanda bem iluminada enquanto os convidados chegam.

ESTUDO

Um ambiente produtivo, que incentive os estudos, precisa ser bem iluminado com luz direta sobre a mesa ou escrivaninha que está sendo usada. Feche cortinas ou persianas e elimine distrações.

DESCANSO

A luz baixa e indireta das luminárias decorativas pequenas cria um clima calmo e tranquilo. Apague todas as outras luzes do cômodo e deixe acesa apenas a luminária próxima do lugar em que você deseja relaxar. Feche as cortinas ou persianas, acenda velas perfumadas e coloque música suave.

LEITURA

Leia com iluminação apropriada. A luz deve vir de trás, por cima de seu ombro, e incidir diretamente sobre o que você está lendo. É mais importante que seja direta do que forte. A área ao redor pode ter iluminação baixa.

CONVERSAÇÃO

Luz suave ao redor, de luminárias e velas, cria um clima excelente para conversas mais chegadas ou descontraídas.

REFEIÇÕES

A mesa deve ser mais iluminada que o restante do cômodo. Não se esqueça de acender velas, pois dão um ar especial a qualquer mesa arrumada.

JOGOS

Um cômodo bem iluminado torna os jogos mais empolgantes. Acenda todas as luzes.

ACONCHEGO

Luz indireta, com apenas algumas luminárias acesas com o *dimmer* ajustado para pouca luminosidade, faz o ambiente parecer aconchegante. Chamas, sejam elas da lareira ou de velas, dão um clima de calor.

FILMES OU TELEVISÃO

Acenda a luz da varanda e a luz da entrada. Apague todas as outras luzes, com exceção das pequenas luminárias decorativas do banheiro, da cozinha ou dos corredores. Acenda uma luminária no cômodo oposto à tela. Acenda uma vela perfumada e aproveite o entretenimento. Deixe ligada a luz da coifa sobre o fogão para preparar pipoca rapidamente sem estragar o clima de cinema.

ORAÇÃO

Luz baixa e indireta acalma o espírito e ajuda a concentrar-se na oração. Acenda uma vela e relaxe enquanto medita na Palavra e comece a orar com o coração agradecido. Luzes mais fortes são ideais para alegrar-se e louvar. Música de fundo apropriada influencia o espírito.

DICAS PARA TER VELAS SEMPRE CINTILANTES

- Não deixe velas votivas acesas por mais de uma hora para cada 2,5 centímetros de diâmetro da vela. Desse modo, você evitará que ela afunde no centro.
- Apare o pavio até a altura de 0,5 centímetro antes de acender a vela. Esse procedimento minimiza o tamanho da chama, reduz a produção de fuligem e permite que a vela queime por igual.
- Ao comprar velas, escolha as que têm o pavio bem centralizado.

PASSOS PRÁTICOS

1. *Coloque uma bandeja sobre a mesa de canto e arrume alguns itens sobre ela.*
2. *Para uma experiência nova, mude de lugar móveis e objetos em um cômodo.*
3. *Ajuste a maneira como usa a iluminação. Apague as luzes de teto e use luminárias.*

Faz suas próprias cobertas [...]. Recompensem-na por tudo que ela faz; que suas obras a elogiem publicamente.

Provérbios 31.22,31

15

CULINÁRIA

— UM VALOR DE CONSIDERAÇÃO

Preparou um grande banquete; misturou os vinhos e arrumou a mesa.

Provérbios 9.2

CULINÁRIA SIMPLIFICADA

Minha abordagem à culinária consiste em preparar pratos simples e rápidos. Nada é mais frustrante para mim que tentar seguir uma receita detalhada com inúmeros ingredientes e pausas intermináveis. Cedo ou tarde, cometo algum erro fatal e somos obrigados a comer fora! Selecionei para você, de meu arquivo pessoal, receitas fáceis de preparar, saborosas ao paladar e de apresentação elegante.

Desejo compartilhar algumas dicas que têm funcionado para mim ao longo dos anos. Ao adquirir alguns temperos e ingredientes sugeridos, você estará bem encaminhada para suas aventuras culinárias. Pode ter certeza de que cozinhar em casa para sua família não precisa ser uma tarefa exaustiva e demorada. Embora apresente aqui apenas algumas dicas para você considerar, meu desejo é inspirá-la a experimentar algo novo.

COZINHAR SEM RECEITA

Cozinhar sem receita acelera o processo de preparar a refeição para a família. Enquanto preparar bolos, tortas e biscoitos é uma ciência, pois requer medidas exatas para resultados perfeitos, cozinhar é uma arte. Uma vez que você entende os princípios básicos de alimentos e combinações de sabores (como um artista entende os princípios das cores), você pode experimentar um pouco aqui, bastante ali e criar suas próprias refeições deliciosas. Esse método de cozinhar lhe permite preparar refeições nutritivas de forma rápida e econômica. Em pouco tempo, você descobrirá que cozinhar sem receita é aprender por tentativa e erro. Esteja ciente, portanto, de que "erros" acontecerão. Talvez seu bolo de carne com amendoim não tenha feito sucesso com a família; incentivo-a a tentar outra vez. Sua família será abençoada... da próxima vez!

Abaixo, algumas dicas para criar seus sabores prediletos ao cozinhar sem receita.

COMBINAÇÕES DE ALIMENTOS E TEMPEROS

TEMPEROS PARA CARNE VERMELHA
- Sal e pimenta do reino
- Pimenta calabresa, para sabor mais condimentado
- Tempero pronto com alho, cebola, sal e ervas
- Sal com alho ou alho em pó

TEMPEROS PARA FRANGO
- Sal e pimenta do reino
- Tempero de pimenta com limão
- Gengibre
- Páprica
- Cominho
- Alecrim
- Tomilho

TEMPEROS PARA CORDEIRO
- Sal e pimenta do reino
- Vinagre de vinho tinto
- Orégano
- Hortelã fresca

TEMPEROS PARA CARNE DE PORCO
- Sal e pimenta do reino
- Sal com alho
- Tempero para churrasco
- Mistura de pimenta, páprica, cebola, alho e tomilho

Use os temperos de sua escolha das listas acima. Frite a carne temperada em uma frigideira quente com um pouco de azeite de oliva ou grelhe-a. Você terá um prato principal delicioso em apenas alguns minutos. Preparada dessa forma, a carne solta líquido que já serve como molho.

EXCELENTES IDEIAS PARA NÃO ACENDER O FORNO

- *Para preparo rápido, use fatias finas de carne (carne vermelha, frango ou carne de porco) e frite na frigideira com um pouco de azeite. Esse método de cozimento leva menos tempo que assar a carne.*
- *Lave e corte batatas vermelhas em pedaços pequenos (com ou sem casca). Cozinhe em água até ficarem macias. Escorra e amasse. Acrescente cebola (caramelizada ou picada em cubos ou cebolinha fatiada). Acrescente manteiga, sal e pimenta a gosto. E, para deixar ainda mais delicioso, coloque alecrim fresco!*

ESTILO DE VIDA NO LAR

⚜ Cozinhe no vapor legumes frescos ou congelados. Não é preciso medir nem acrescentar ingredientes especiais. E pronto! Uma refeição deliciosa, nutritiva e com pouca gordura preparada em meia hora.

VARIAÇÕES E GUARNIÇÕES PARA LEGUMES

⚜ **Legumes verdes congelados:** Depois de cozinhar, acrescente uma colher de sopa de maionese. Ou sirva a maionese à parte com brócolis ou ervilhas cozidas no vapor. Você também pode misturar uma parte de maionese com uma parte de creme de leite para guarnecer legumes verdes.

⚜ **Vagem fresca cozida no vapor:** Misture com manteiga derretida ou azeite de oliva e amêndoas fatiadas.

⚜ **Cenoura:** Acrescente um destes itens ou uma combinação: manteiga, mel, suco de laranja fresco, açúcar mascavo, xarope de maple [bordo].

⚜ **Sopa de legumes:** Guarneça o prato de sopa com uma colher de creme de leite e queijo parmesão ou Cheddar ralado.

⚜ **Legumes grelhados:** Em uma frigideira grossa e quente untada com azeite de oliva coloque legumes frescos picados. Deixe que dourem. Use tempero de pimenta com limão ou suco de limão fresco, sal e pimenta do reino moída.

⚜ **Legumes assados:** Corte vários legumes em pedaços pequenos e misture-os com azeite de oliva. Acrescente sal e pimenta. Leve para assar no forno pré-aquecido a 190 graus por 30 a 45 minutos, até que estejam macios.

PREPARO DE CALDAS E MOLHOS

Cozinhar sem receita é fácil quando você conhece os princípios do preparo de caldas e molhos. Recomendo que consulte um livro de receita sobre como preparar molho branco básico e molho de carne. Meu livro de receitas predileto é o *Betty Crocker's New Cookbook*. Enquanto isso, eis algumas dicas rápidas para fazer caldas e molhos.

CALDAS DE FRUTAS

Calda de laranja: Comece com suco de laranja. Acrescente açúcar. Aqueça até levantar fervura e engrosse com amido de milho diluído. Siga as instruções da embalagem de amido de milho para as proporções corretas. Misture até engrossar.

Calda de limão siciliano: Dilua suco de limão siciliano em água. Acrescente açúcar. Aqueça até levantar fervura. Engrosse com amido de milho diluído.

Calda de framboesa: Amasse framboesas frescas. Acrescente água e açúcar. Aqueça até levantar fervura. Engrosse com amido de milho diluído.

> *Enquanto preparar bolos, tortas e biscoitos é uma ciência, cozinhar é uma arte.*

Agora, use sua imaginação com outras caldas de frutas. Elas podem ser usadas em sobremesas ou como molho para carnes.

MOLHOS DE CARNE
Molho de carne vermelha: Comece com o líquido no fundo da forma em que assou a carne. Coloque o líquido em uma panela no fogão. Remova a gordura. Se desejar, acrescente vinho tinto e/ou água. Junte cubos de caldo de carne para dar mais sabor. Deixe levantar fervura. Tempere com sal e pimenta a gosto. Engrosse com amido de milho. Acrescente salsinha ou outras ervas.

Molho de peru: Siga o procedimento acima, sem usar vinho tinto. Acrescente cubos de caldo de frango em lugar de caldo de carne.

LEIA LIVROS DE RECEITA
Livros de receita são uma excelente fonte de informação culinária e inspiração para combinar ingredientes e temperos diferentes. Estude as receitas e depois crie a própria versão. Com frequência, da primeira vez que faço um prato eu sigo a receita à risca. Da próxima vez, crio minha versão, sem a receita.

BOM APETITE

Estou empolgada com sua aventura culinária de preparar refeições sem receita. Experimente. Creio que você vai gostar! E sei que sua família também vai. Não se esqueça de arrumar a mesa. Tudo fica mais saboroso em uma mesa belamente arrumada.

PASSOS PRÁTICOS

1. Experimente uma receita nova esta semana. Faça uma relação dos ingredientes necessários e acrescente-os à lista de compras.
2. Compre um utensílio novo para a cozinha. Ele a inspirará a usá-lo para criar um prato inédito.
3. Tente preparar uma refeição sem usar receitas. Siga minhas diretrizes para preparar um molho ou use temperos simples apropriados.

> *Tudo fica mais saboroso em uma mesa belamente arrumada.*

ARQUIVO DE RECEITAS DA DEVI

Café da manhã
Aperitivos
Sopas
Saladas
Molhos para salada
Legumes
Pratos principais
Sobremesas

ARQUIVO DE RECEITAS DA DEVI

CAFÉ DA MANHÃ

Suflê de linguiça e queijo

Quiche *para* brunch

Panqueca alemã com calda de limão

Panquecas levíssimas

Bolo de cranberry *do* Bryson

Muffins *de cenoura e maçã*

Bolo de banana com gotas de chocolate da Mimi

Doce dinamarquês

ARQUIVO DE RECEITAS DA DEVI

Suflê de linguiça e queijo

Este não é um suflê de verdade, mas é uma delícia. Pode ser servido em um brunch ou em um café da manhã com um grupo e é fácil de preparar. Está em meu arquivo de receitas há muitos anos. O ideal é montar o prato pouco antes de assar. Gosto de cozinhar a linguiça com antecedência e tenho até pacotes de linguiça cozida no congelador, prontos para usar. Se congelar a linguiça de antemão, descongele-a no micro-ondas antes de usar. Se gostar de comida condimentada, use linguiça apimentada.

- 6 fatias de pão cortadas em cubos
- 8 ovos batidos à mão
- 1 xícara de queijo Cheddar ou prato ralado
- 250 gramas de linguiça calabresa cortada em cubos pequenos, cozida e escorrida
- 2 xícaras de leite (misturadas com os ovos)
- 1 colher de chá de sal
- 1 colher de chá de mostarda em pó*

Unte uma forma refratária de 20 x 25 cm ou 22,5 x 27,5 cm.
Coloque os cubos de pão na forma.
Espalhe a linguiça cozida sobre o pão.
Despeje a mistura de ovos, leite e temperos sobre a linguiça e o pão.
Polvilhe o queijo por cima.
Asse por 40-45 minutos em forno pré-aquecido a 180 graus.

Rende 8 a 10 porções.
* Opcional.

Quiche *para* brunch

Esta deliciosa *quiche* sem massa nos foi servida por minha nora, Kimberley Titus, em uma de nossas primeiras visitas a sua casa. Nosso filho, Aaron, se casou com Kimberley em 1993. Quase sempre que os visito, peço uma das receitas de Kimberley. Ela é uma esposa maravilhosa e uma excelente cozinheira!

- 200 gramas de carne cozida de caranguejo ou camarão, ou espinafre cozido e escorrido
- 1 xícara de queijo Cheddar ou prato ralado
- 100 gramas de *cream cheese* em pedacinhos
- ¼ xícara de cebolinha em fatias finas
- 1 xícara de leite
- 1 xícara de mistura Bisquick*
- 4 ovos
- ¾ colher de chá de sal
- 1 pitada de noz moscada

Unte bem uma forma de torta de 23 centímetros.
Misture o caranguejo, camarão ou espinafre com os dois queijos e coloque na forma.
Bata os demais ingredientes durante 15 segundos no liquidificador em velocidade alta, até formar uma massa lisa.
Despeje sobre os ingredientes na forma de torta.
Asse por 35 a 40 minutos em forno pré-aquecido a 200 graus.
Deixe descansar por 5 minutos antes de servir.

Rende 6 a 8 porções.

* Mistura pronta para panquecas, bolos, tortas e outras receitas doces e salgadas. Para uma versão caseira, peneire 3 xícaras de farinha de trigo com 1½ colheres de sopa de fermento em pó e ½ colher de sopa de sal. Misture ½ xícara de gordura vegetal hidrogenada até formar farelos bem finos. Rende 3 ½ xícaras. Guarde a mistura na geladeira por até 4 meses. Use em receitas que pedem Bisquick.

EXPERIÊNCIA DO LAR | 213

Panqueca alemã com calda de limão

Experimentei esta panqueca pela primeira vez na casa de Bill e Nancy Carmichael, em Sisters, no Oregon. Eles compraram a revista *Virtue* de nosso ministério em 1980. De lá para cá, nossa família tem usado esta receita para o café da manhã em ocasiões especiais. Seja nas festas de fim de ano ou em um aniversário, alguém sempre a pede. Também a servimos no curso intensivo *Experiência do Lar Titus*.

- 3 ovos
- ½ xícara de farinha de trigo
- ½ colher de chá de sal
- ½ xícara de leite
- 2 colheres de sopa de manteiga derretida

Multiplique a receita de acordo com o número de porções desejadas.

- 9 ovos = 6 porções
- 12 ovos = 9 porções

(quando faço a receita com 12 ovos, uso a batedeira em velocidade baixa)

Usando um garfo, bata os ovos até misturá-los.
Acrescente a farinha e o sal em quatro porções, batendo depois de cada adição.
Acrescente o leite em duas porções, batendo bem.
Junte a manteiga, misturando delicadamente.
Unte com bastante manteiga o fundo e os lados de uma assadeira retangular rasa.
Despeje a mistura e asse em forno pré-aquecido a 230 graus por aproximadamente 15 minutos, ou até a massa inflar completamente. Reduza a temperatura para 180 graus e asse por mais 10 minutos.

Sirva com manteiga, açúcar de confeiteiro, calda de limão. Frutas frescas ou *bacon* são bons acompanhamentos.

Observação da Devi:

Uso uma assadeira de rocambole untada. Quando preparo com 12 ovos, divido a massa em duas assadeiras de rocambole. Uma assadeira de rocambole é uma forma retangular rasa.

Calda de limão

Criei esta calda para servir com a panqueca alemã, pois a calda mantém quente a panqueca. Ajuste a água e açúcar a gosto.

- ¾ xícara de suco de limão siciliano
- ¼ xícara de água
- ¾ xícara de açúcar
- 2 colheres de sopa de amido de milho
- ¼ xícara de água

Misture os três primeiros ingredientes em uma panela e leve ao fogo até levantar fervura.
Misture os dois últimos ingredientes em uma tigela à parte. Quando a primeira mistura ferver, acrescente devagar o amido misturado à água, mexendo sem parar até a calda engrossar.

Panquecas levíssimas

Esta receita veio no livro de receitas de meu primeiro liquidificador. É a melhor receita de panquecas que já usei. Desde que nossos filhos eram pequenos, todas as panquecas, quer na forma de Mickey, quer na de Donald, eram feitas com esta massa. Até hoje não encontrei nada melhor.

- 1 xícara de leite
- 1 ovo
- 2 colheres de sopa de óleo
- 1 xícara de farinha de trigo
- 2 colheres de sopa de fermento em pó
- 2 colheres de sopa de açúcar
- ½ colher de chá de sal

Coloque todos os ingredientes no liquidificador.
Bata até formar uma massa lisa.
Frite em frigideira antiaderente pré-aquecida.

Rende 12 panquecas

Para criar formas especiais, use cortadores de biscoito grandes como moldes.

Bolo de cranberry do Bryson

Quando meu neto Bryson estava no jardim da infância, trouxe esta receita todo empolgado para fazê-la comigo para o Natal. Hoje, é uma tradição servir este bolo de café da manhã na época das festas. Carinhosamente, dei à receita o nome dele.

- 2 xícaras de farinha de trigo
- 1 xícara de açúcar
- 1 ½ colheres de chá de fermento em pó
- 1 colher de chá de sal
- ¾ xícara de suco de laranja
- 1 colher de sopa de casca de laranja ralada
- 2 colheres de sopa de gordura vegetal ou margarina
- 1 ovo
- 1 ½ xícaras de *cranberries* [oxicocos] secos*
- ½ xícara de nozes picadas

Misture a farinha, o açúcar, o fermento e o sal.

Acrescente o suco e a casca de laranja, a margarina, o ovo e as nozes e misture bem.

Despeje em uma forma de pão untada.

Asse por 55 minutos em forno pré-aquecido a 180 graus. Também pode ser assado em formas de *muffin*. Nesse caso, reduza o tempo no forno.

* Podem ser substituídos por uvas passas claras.

Muffins *de cenoura e maçã*

Quando dei palestras em Tyler, TX, minha anfitriã serviu esses *muffins* deliciosos. Claro que pedi a receita. Agora é um de meus favoritos. Na inauguração da Mansão Mentorial, em 2002, servimos estes *muffins* na mesa de *brunch*.

- 2 xícaras de farinha
- 4 colheres de chá de fermento em pó
- ¼ colher de chá de sal
- 2 colheres de chá de canela em pó
- 1 xícara de açúcar
- 2 xícaras de cenoura ralada
- ½ xícara de uvas passas escuras
- ½ xícara de nozes picadas
- ½ xícara de coco ralado
- 1 maçã ralada (com ou sem casca)
- 3 ovos
- ½ xícara de óleo
- 2 colheres de chá de essência de baunilha

Misture os ingredientes secos com a cenoura, passas, nozes, coco e maçã. Em uma tigela à parte, misture os demais ingredientes e acrescente à primeira mistura.

Acrescente ¼ de xícara ou mais de suco de fruta se a massa ficar muito seca.*

Divida a massa em formas de *muffin* untadas.

Asse por cerca de 20 minutos em forno pré-aquecido a 180 graus.

* Esses *muffins* conservam bem, sem ressecar, e também podem ser congelados.

Bolo de banana com gotas de chocolate da Mimi

Esta é, absolutamente, a melhor receita de bolo de banana que existe. Veio de um livrinho de receitas para o chá da tarde, onde é chamado Bolo de Banana da Mimi. Uma vez que esse é o nome pelo qual meus netos me chamam, minha receita deveria ser a original. Na verdade, porém, é uma variação, pois tive a ideia de acrescentar as gotas de chocolate. Tornou-se um dos favoritos em nossa casa.

3 a 4	bananas bem maduras
1	xícara de açúcar
1	ovo
1 ½	xícaras de farinha de trigo
¼	xícara de manteiga derretida
2	colheres de chá de fermento em pó
1	colher de chá de sal
1	xícara de gotas de chocolate

Amasse as bananas em uma tigela grande, acrescente os demais ingredientes e misture bem.
Despeje a massa em uma forma de pão untada e enfarinhada e asse por 60 minutos em forno pré-aquecido a 165 graus.
Observação: Pode-se acrescentar nozes à massa. Também pode ser assado em formas de *muffin*. Nesse caso, reduza o tempo no forno.

Dica da Devi: Você pode congelar bananas que estejam maduras e depois usá-las nessa receita. A casca ficará preta ao ser congelada. Simplesmente remova do *freezer*, descongele debaixo de água morna, corte uma das extremidades da banana e esprema a fruta para separá-la da casca. Dessa forma, você sempre terá bananas para fazer esta receita rápida.

Doce dinamarquês

Primeira camada

1	xícara de farinha de trigo
½	xícara de manteiga
2	colheres de sopa de água

Misture a manteiga com a farinha. Use duas facas de jantar, fazendo movimentos cruzados até formar farelos.
Junte a água em pequenas porções e misture com um garfo. Espalhe a massa no fundo de uma assadeira de biscoitos ou de *pizza*, pressionando de leve em uma camada fina.

Segunda camada

½	xícara de manteiga
1	xícara de água
1	colher de chá de essência de amêndoa
1	xícara de farinha
3	ovos

Misture a manteiga e a água em uma panela média.
Leve para o fogo médio e cozinhe até levantar fervura.
Remova do fogo e acrescente a essência de amêndoa.
Junte a farinha, misturando rapidamente para não empelotar. Quando a massa estiver lisa, acrescente um ovo de cada vez, batendo bem depois de cada adição até formar uma massa lisa novamente.
Espalhe sobre a primeira camada.
Asse por 60 minutos em forno pré-aquecido a 180 graus ou até a segunda camada estar dourada. Geralmente, ela encolhe depois de fria e fica com uma textura cremosa no centro.

Glacê de açúcar de confeiteiro

½	xícara de açúcar de confeiteiro
2	colheres de sopa de manteiga amolecida
1 ½	colheres de chá de essência de baunilha
1 a 2	colheres de sopa de água
	Corante líquido (opcional)
½ a 1	xícara de nozes bem picadas

Misture todos os ingredientes, exceto as nozes.
Espalhe sobre o doce. Cubra com as nozes e corte para servir.

APERITIVOS

Patê de fundo de alcachofra

Patê de caranguejo

Tâmaras recheadas

Cogumelos recheados

APERITIVOS

Patê de fundo de alcachofra

Experimentei este patê simples, mas delicioso, pela primeira vez na casa de Pam Otto, enquanto morava em Sarasota, Flórida, em 1982. Uso quando preciso preparar algo de última hora, pois é fácil ter todos os ingredientes à mão. Agora, anos depois, vi diversas variações desse patê básico. Use sua imaginação.

1	vidro grande de fundos de alcachofra picados
1	xícara de maionese
1	xícara de queijo parmesão ralado
2 a 3	gotas de molho de pimenta (Tabasco)
1	pitada de alho em pó

Misture todos os ingredientes e aqueça no forno em recipiente refratário até a mistura borbulhar e ficar ligeiramente dourada por cerca de 25 minutos em forno pré-aquecido a 180 graus.

Sirva com *crackers* ou torradas.

Rende 8 porções.

Patê de caranguejo

Provei esta receita em um evento de final de ano para senhoras que organizei em Harrisburg, Pensilvânia, em 1991. É simples e fácil de preparar, mas tem certa sofisticação. A cor vermelha acentua o ambiente de Natal e, se você enfeitar com salsinha, terá um enfeite comestível para sua mesa.

½	quilo de carne de caranguejo cozida e bem desfiada
250	gramas de cream cheese
1	pitada de alho em pó
1	vidro de ketchup misturado com um pouco de molho de raiz-forte

Misture o *cream cheese*, o alho em pó, metade da carne de caranguejo e uma colher de sopa do molho. Dê à mistura a forma de uma bola.

Adicione o restante do *ketchup* ao restante da carne de caranguejo e misture bem.

Espalhe essa mistura sobre a bola de queijo.

Leve para gelar. Para realçar os sabores, prepare na noite anterior.

Sirva com *crackers* ou torradas.

Tâmaras recheadas

Recheie uma tâmara inteira, sem caroço, com *cream cheese* e um pedaço de noz. Se desejar, polvilhe com açúcar de confeiteiro.

Recheie uma tâmara inteira, sem caroço, com queijo de cabra e regue com mel.

Recheie tâmaras sem caroço com queijo de cabra, envolva com ½ fatia de bacon e leve para assar até que o *bacon* esteja crocante:

- 8 fatias finas de *bacon*
- 16 tâmaras sem caroço
- 120 gramas de queijo de cabra em palitos

Abra a tâmara na vertical e, usando uma colher pequena, recheie com o queijo. Pressione os lados para fechar.
Corte cada fatia de bacon ao meio. Embrulhe cada tâmara com um pedaço de *bacon* e prenda com um palito.
Arrume as tâmaras em uma assadeira retangular.
Asse por 10 minutos em forno pré-aquecido a 180 graus. Remova do forno e use o palito para deitar cada tâmara de lado. Asse por mais 5 a 8 minutos. Repita o processo, virando-as do outro lado e asse por mais 5 a 8 minutos. Remova do forno, transfira para um prato forrado com toalhas de papel e deixe descansar por 5 minutos antes de servir.

Observações:

Se desejar o *bacon* mais crocante e escuro, ajuste o forno para 190 graus. Para que o *bacon* fique ainda mais crocante, deixe assar por mais tempo.
Em geral, o pedaço de *bacon* é suficiente para dar 1,5 voltas na tâmara. Se notar que dará mais de duas voltas, corte para que fique mais curto. Se a camada de *bacon* ficar muito grossa, não assará completamente.

Refrigere o que sobrar.

Cogumelos recheados

Quando pastoreamos nossa primeira igreja, Bethesda Christian Center, em Wenatchee, Washington, de 1968 a 1980, sempre recebíamos pessoas em casa. Reuniões nos lares e ministério de hospitalidade são extremamente importantes para Larry e eu. Naquela época, servia este aperitivo com frequência.

- 1 quilo de cogumelos *champignon* frescos inteiros
- ½ xícara de queijo parmesão
- ¼ xícara de manteiga derretida
- 3 cebolinhas picadas
- ½ xícara de salsinha picada
-   Alho a gosto
- 1 pitada de sal
- ½ xícara de farelo de pão amanteigado*

Remova as hastes dos cogumelos.
Pique as hastes e acrescente todos os outros ingredientes, exceto o farelo de pão.
Recheie os cogumelos com a mistura.
Cubra com o farelo de pão.
Asse por 5 a 7 minutos em forno pré-aquecido a 190 graus ou use a função GRELHAR do forno. Nesse caso, observe atentamente para não queimar.

* Derreta 1 colher de sopa de manteiga em uma frigideira em fogo médio. Acrescente ½ xícara de pão de forma esfarelado. Mexa continuamente até que os farelos estejam dourados e crocantes.

ARQUIVO DE RECEITAS DA DEVI

SOPAS

Sopa de carne e legumes da Devi

Sopa de frango e arroz selvagem

Sopa de carne e legumes da Devi

Uma vez que esta sopa usa legumes congelados, não leva muito tempo para preparar. Assim que levanta fervura, está pronta para servir. Para esta receita, usei uma ideia de minha incrível cunhada Shirley Titus, que tem um maravilhoso dom de hospitalidade. Como sempre, criei minha versão.

- ½ quilo de carne moída refogada
- 1 xícara de cada um dos seguintes legumes congelados (ou à sua escolha): cenoura, vagem, ervilha, milho e batata
- 1 lata grande de tomates sem pele, em cubos
- 1 lata ou pacote de molho de tomate
- 1 caldo de carne dissolvido em 2 xícaras de água fervente
- 1 cebola média picada
- Sal a gosto
- Pimenta do reino a gosto
- 1 colher de chá de orégano
- 2 colheres de chá de manjericão
- 2 folhas de louro (opcional)
- 1 pitada de pimenta calabresa

Misture todos os ingredientes em uma panela grande.
Aqueça completamente em fogo médio.
Não meço os temperos, mas uso quantias generosas, exceto no caso pimenta calabresa (só uma pitada). As medidas acima são apenas um ponto de partida para você experimentar.
Sirva com guarnições:
Fica uma delícia com uma colher de sopa de creme de leite e cebolinhas picadas. Uma colher de queijo parmesão também complementa bem o sabor. Deixe que sua família e seus amigos escolham o que preferem. Sirva com as torradas de pão sírio e ervas.

Torradas de pão sírio e ervas

Corte pão sírio em fatias (como de *pizza*)
Divida as fatias ao meio na horizontal.
Pincele manteiga derretida sobre cada triângulo.
Salpique tomilho seco e sementes de gergelim ou qualquer outro tempero que desejar e um pouco de sal.
Toste no forno. Se preferir, use a função GRELHAR.

Observação: As torradas podem ser guardadas em um saco de plástico hermético e usadas para "beliscar" a qualquer hora.

SOPAS

Sopa de frango e arroz selvagem

Sem dúvida, está é uma sopa *gourmet*. Se desejar impressionar seus convidados ou fazer algo especial para a família, esta é a receita ideal. Creio que a encontrei em uma revista e depois adaptei. Foi um prazer servi-la para minhas irmãs da SWAT. (Só vocês que fazem parte do grupo saberão do que estou falando. Obrigada por me ajudarem a cumprir meus compromissos.)

3	cubos de caldo de frango dissolvidos em 1 litro de água
1	xícara de cenouras fatiadas (gosto de usar *baby carrots*)
½	xícara de salsão fatiado
1/3	xícara de arroz selvagem
½	colher de chá de tomilho seco triturado (uso 1 colher de chá)
½	colher de chá de pimenta do reino
2	colheres de sopa de manteiga
3	colheres de sopa de farinha
1 ½	xícaras de creme de leite
1	peito de frango sem osso cortado em cubinhos e cozido
2	colheres de sopa de xerez seco (ou vinho do Porto ou Madeira)

Misture os ingredientes acima do caldo de frango à pimenta do reino em uma panela funda.
Leve para o fogo alto até levantar fervura; reduza para fogo baixo.
Tampe e deixe cozinhar por 50 minutos, até o arroz selvagem ficar macio.
Enquanto isso, numa panela à parte, derreta a manteiga, junte a farinha e acrescente o creme de leite.
Cozinhe, mexendo sempre, até borbulhar e mantenha no fogo por mais 1 minuto. Acrescente devagar a mistura de creme de leite à mistura de arroz, sem parar de mexer. Adicione o frango e o xerez e aqueça em fogo brando. Não deixe ferver.
Guarneça com cebolinha picada, tomilho fresco picado (opcional) e rosetas de cenoura (opcional).

Rende 4 porções como prato principal ou 8 porções como entrada.

* Faça receita dupla para servir toda a família como prato principal ou receita tripla para convidados. Rende porções generosas. É excelente para jantares com convidados. Sirva com vários tipos de pães e uma sobremesa. Pode ser reaquecida, mas cuide para não deixar ferver.

ARQUIVO DE RECEITAS DA DEVI

SALADAS

Salpicão de frango

Salada de pera, nozes e folhas

Salada de espinafre

Salada de cranberry da mamãe

Salada de outono

SALADAS

Salpicão de frango

Esta é minha combinação predileta para salpicão de frango. Gosto de servi-la sobre um abacaxi fresco cortado ao meio. Suponho que possa dizer que é original, mas com certeza fui inspirada por alguém a criar esta mistura de sabores. É ótimo ver minha filha e neta servirem a mesma receita para suas respectivas famílias.

- 6 peitos de frango sem osso e sem pele
- 1 xícara de salsão picado
- 1 cebola pequena bem picada
- 1 cacho de uvas Thompson verdes sem sementes (inteiras)
- 1 xícara de castanhas de caju inteiras
- 1 xícara de maionese
  Sal
  Pimenta do reino

Cozinhe o frango em água e sal e deixe esfriar completamente.
Corte o frango em cubos depois de frio.
Acrescente o salsão, a cebola, as uvas e as castanhas de caju. Tempere com sal e pimenta a gosto.
Junte a maionese, misturando delicadamente.
Observação: A quantidade de maionese pode ser ajustada de acordo com sua preferência.
Sirva sobre uma folha de alface, uma fatia de abacaxi ou uma fatia de melão.
Enfeite com castanhas de caju.

Rende 4 a 6 porções.

Salada de pera, nozes e folhas

Nozes caramelizadas
Mistura de folhas, como alface crespa, romana, americana etc.
- 1 pera madura, mas firme (Williams ou portuguesa são boas opções)
- 3 cebolinhas picadas
- 100 a 120 gramas de queijo gorgonzola ou roquefort

Molho vinagrete balsâmico (veja o molho recomendado para salada de pera, nozes e folhas)

Lave e seque as folhas. Rasgue-as em pedaços pequenos e coloque-as em uma tigela grande,
Remova as sementes da pera e fatie-a na hora de servir.
Misture as folhas, a pera, a cebolinha, as nozes e o queijo com o vinagrete balsâmico.
Sirva em seguida.

Rende 4 a 6 porções.

Salada de espinafre

Folhas de espinafre *in natura* bem lavadas

- 1 cebola roxa em fatias finas
- 1 dúzia de cogumelos *champignon* frescos em fatias
- 5 fatias de *bacon* frito e picado
- 2 ovos cozidos picados
  Queijo feta como guarnição

Veja o molho recomendado para salada de espinafre

ARQUIVO DE RECEITAS DA DEVI

Salada de cranberry da mamãe

Esta receita de família sempre fez parte de nossa mesa nas festas. Mamãe me ensinou a prepará-la quando eu ainda era criança. Ela a fazia com antecedência e congelava. Agora, coloco a salada em lindas tigelas de cristal e presenteio amigos. Conserva bem por vários dias na geladeira.

3	xícaras de *cranberries* [oxicocos] frescos*
3	xícaras de açúcar
3	pacotes de gelatina de framboesa
3	xícaras de água fervente
1 ½	xícaras de nozes
1 ½	xícaras de salsão picado
1 ½	xícaras de maçãs picadas
1	xícara de abacaxi em calda escorrido e picado

Triture os *cranberries* no processador e coloque em uma tigela.
Acrescente o açúcar e deixe descansar.
Dissolva a gelatina na água fervente (remova a panela do fogo antes de acrescentar a gelatina). Mexa até diluir completamente.
Deixe esfriar, mas não solidificar.
Acrescente a gelatina à mistura de *cranberries* e açúcar. Mexa bem.
Acrescente as nozes picadas, o salsão, a maçã e o abacaxi. Mexa bem. (Você pode picar a maçã, o salsão e as nozes em pedaços grandes no processador.)
Despeje a mistura fria em uma tigela bonita de cristal e leve à geladeira. Sirva na tigela. Se desejar, leve à geladeira em uma vasilha com tampa e depois transfira com uma colher para a tigela de servir. Esta salada pode ser guardada na geladeira por até uma semana.

Observação: A salada também pode ser congelada. Descongele um dia ou dois antes de servir. Sempre faço de antemão e sirvo no Dia de Ação de Graças e no Natal.

* Pode-se usar *cranberries* secos. Deixe-os de molho em água quente para reidratar e escorra bem.

Salada de outono

Criei uma nova salada para nosso almoço de outono no curso intensivo *Experiência do Lar Titus*. É servida como entrada, seguida de sopa de abóbora e bolo invertido de *cranberry*. A salada se tornou uma receita favorita, e não poderia deixar de publicá-la.

Molho para a salada

Prepare o molho e leve à geladeira por, no mínimo, uma hora.

½	xícara de suco de limão
½	xícara de açúcar
2	colheres de chá de cebola bem picada
1	colher de chá de mostarda Dijon
½	colher de chá de sal
⅔	xícara de óleo

Misture bem no liquidificador ou em um recipiente de vidro com tampa (eu uso o liquidificador). Leve à geladeira.

Salada
1	maço de alface romana ou lisa
1	xícara (120 gramas) de queijo suíço ralado

Lave as folhas de alface, rasgue-as em pedaços pequenos e misture-as com o queijo.

Misture os ingredientes abaixo
1	xícara de castanhas de caju
1	maçã média picada
1	pera média picada (gosto de usar pera Bosc com a casca)
¼	xícara de *cranberries* secos

Para servir

Misture a alface e o queijo com dois terços do molho.
À parte, misture as frutas e castanhas com o restante do molho. Sirva em pratos de salada individuais. Arrume a alface com queijo. Coloque uma colher da mistura de frutas e castanhas. Enfeite com uma flor comestível.

MOLHOS PARA SALADA

Molho de semente de papaia

Molho de queijo gorgonzola

Vinagrete de échalotes

Vinagrete balsâmico clássico da Devi

Molho para salada de espinafre

Molho para salada de pera, nozes e folhas

Molho de semente de papaia

Nancy Aprico, minha vizinha querida na década de 1970 em Wenatchee, Washington, me deu a receita básica. Ao longo dos anos, criei diversas variações e transformei em minha própria receita.

- 1 mamão papaia (só as sementes)*
- 1 xícara de óleo
- 1 xícara de vinagre branco
- 1 xícara de açúcar
- 1 colher de chá de sal
- 1 colher de chá de mostarda em pó
- 1 cebola pequena

Coloque as sementes de papaia no liquidificador.
Acrescente os demais ingredientes e bata bem.

Rende cerca de 1 litro de molho. Guarde na geladeira. Bom para ser usado com frutas e salada de folhas. É possível criar variações usando tipos diferentes de vinagre e omitindo as sementes de papaia.

Minha combinação predileta de salada com esse molho é:
    Alface romana
    Fatias de mamão papaia fresco
    Nozes
    Cebola roxa
    Queijo de cabra (ou feta)

Folhas verdes com morangos, framboesas ou mirtilos em lugar do mamão papaia são uma excelente variação.

* As sementes de papaia podem ser congeladas em sacos plásticos herméticos para uso posterior.

Molho de gorgonzola

Para mim, molhos de salada são como experiências científicas. Alguns dão certo, outros não. Apresento aqui as quantidades aproximadas de ingredientes, mas geralmente faço "a olho", até obter o sabor que desejo. Fique à vontade para alterar as quantidades como lhe parecer melhor.

- ½ xícara de queijo gorgonzola ou roquefort em pedaços pequenos
- 1 xícara de *sour cream* [creme azedo]*
- 1 colher de chá de vinagre branco
    Sal e pimenta do reino a gosto
    Ervas como tomilho, endro e alecrim

Misture bem os ingredientes do molho e use com folhas verdes.
Acrescente um pouco de leite se desejar uma consistência mais líquida. Prefiro molho de gorgonzola mais grosso.

* *Sour cream* caseiro: Misture ½ xícara de creme de leite fresco (pelo menos 35% de teor de gordura), ½ xícara de iogurte natural integral, 2 colheres de sopa de suco de limão e ½ colher de chá de sal. Bata na batedeira em velocidade alta até obter a consistência de *chantilly*.

MOLHOS PARA SALADA

Vinagrete de échalotes

Este vinagrete leve foi criado com ingredientes que eu tinha à mão no momento. Fique à vontade para usar uma cebola mais doce, bem picada ou ralada, em lugar das échalotes.

- ½ xícara de échalotes picadas*
- 6 colheres de sopa de vinagre de arroz temperado**
- 1 ½ colheres de chá de mostarda Dijon
- 1 ½ colheres de chá de azeite de oliva
- Sal
- Pimenta do reino

Misture as échalotes, o vinagre e a mostarda em uma tigela pequena. Acrescente aos poucos o óleo, misturando sem parar. Tempere com sal e pimenta.

Rende ¾ *xícara.*

* Échalotes, também chamadas chalotas, têm aparência semelhante a cebolas pequenas, mas sabor parecido com alho, porém mais suave e mais doce.
** Também conhecido como *sushi-su*, vendido em casas de produtos orientais.

Vinagrete balsâmico clássico da Devi

- ⅓ xícara de azeite de oliva
- 1 xícara de vinagre
- 1 colher de sopa bem cheia de açúcar
- ½ colher de chá de sal
- ½ colher de chá de pimenta do reino
- 1 colher de chá de mostarda em pó

Agite todos os ingredientes em um recipiente de vidro com tampa e guarde na geladeira.

Molho para salada de espinafre

- ½ xícara de azeite de oliva
- ½ xícara de gordura de *bacon* (gordura que acumula da fritura do *bacon*)
- ⅓ xícara de vinagre balsâmico
- ½ colher de chá de sal
- ½ colher de chá de pimenta do reino
- 1 colher de chá de mostarda em pó

Agite todos os ingredientes em um recipiente de vidro com tampa e guarde na geladeira.
Aqueça o molho no micro-ondas até ficar morno (não quente) antes de misturar com a salada.

Molho para salada de pera, nozes e folhas

Vinagrete balsâmico

- 2 colheres de sopa de açúcar
- 1 colher de chá de mostarda em pó
- ½ colher de chá de sal com ervas
- ¼ colher de chá de pimenta do reino moída na hora
- 3 colheres de sopa de vinagre balsâmico
- ½ colher de chá de cebola ralada (opcional)
- ½ dente de alho amassado (opcional)
- ¾ xícara de azeite de oliva

Misture a mostarda em pó, o sal e a pimenta em uma tigela pequena.
Acrescente o vinagre, o açúcar, a cebola e o alho. Deixe descansar por uma hora.
Passe por um coador fino pouco antes de servir para remover a cebola e o alho.
Acrescente o azeite de oliva, batendo com um *fouet* ou agitando em um recipiente de vidro com tampa.
Despeje sobre a salada e misture.

ARQUIVO DE RECEITAS DA DEVI

LEGUMES

Abóbora assada

Arroz selvagem com frutas

Cenouras caramelizadas

Gratin dauphinois

Batatas com alecrim

Tomate assado com queijo parmesão

EXPERIÊNCIA DO LAR | 229

LEGUMES

Abóbora assada

Criei esta receita, mas com certeza me inspirei em algo que li. É uma forma deliciosa e divertida de servir abóbora. Até as crianças vão raspar o prato.

2	abóboras japonesas (cabotcha) pequenas cortadas ao meio
1 ½	colheres de sopa bem cheias de açúcar mascavo
1	colher de sopa de manteiga
1	pitada de noz-moscada
½ a 1	xícara de água

Corte as abóboras ao meio e remova as sementes e membranas. Raspe o interior até limpá-lo.
Coloque as metades, com o lado cortado para baixo, em uma assadeira rasa com pouco mais de ½ centímetro de água.
Asse, em forno pré-aquecido a 190 graus, por 45 minutos ou até a abóbora estar macia. O tempo no forno dependerá do tamanho das abóboras.
Remova da assadeira as metades de abóbora e vire-as para cima.
Coloque açúcar mascavo e manteiga nas cavidades.
Polvilhe com noz-moscada

Rende 4 porções.

Se a abóbora for grande, asse da mesma forma, cortando-a ao meio. Depois de assada, corte as metades novamente ao meio, coloque os demais ingredientes e sirva.

Arroz selvagem com frutas

A *chef* profissional, Claire Comparato, que hoje é uma amiga querida, serviu este arroz com lombo de porco no jantar de gala de inauguração de Mansão Mentorial em Youngstown, Ohio, em dezembro de 2002. Desde então, acrescento alguns dos itens da receita a uma mistura de vários tipos de arroz. A criatividade de Claire sempre me inspira a experimentar algo novo, e diferente.

1 ½ xícaras de arroz selvagem puro (não misturado com outros tipos de arroz)

Cozinhe conforme as instruções do pacote.
Acrescente ao arroz cozido os seguintes ingredientes

½	xícara de uvas passas claras
½	xícara de *cranberries* [oxicocos] secos
½	xícara de nozes pecãs picadas
½	xícara de cebolinha picada
½	xícara de casca de laranja ralada
½	xícara de suco de laranja
½	xícara de azeite de oliva
	Sal a gosto

Rende ½ xícara por pessoa junto com um prato principal de carne.

230 | EXPERIÊNCIA DO LAR

Cenouras caramelizadas

Encontrei esta receita em uma revista, há muitos anos. Faça com cenouras bem frescas. O sabor é irresistível. As crianças amam, pois é doce. É um prato colorido, excelente para Natal e Ano Novo.

1½	colheres de sopa bem cheias de açúcar mascavo
1	colher de sopa de manteiga
½	xícara de caldo de frango*
½	xícara de água
½	colher de chá de sal
600	gramas de cenoura cortada em palitos de 6 centímetros
1	colher de chá de limão siciliano ou taiti
2	colheres de chá de salsinha picada
	Sal
	Pimenta do reino

Leve o açúcar mascavo, a manteiga, o caldo, a água e o sal para o fogo em uma frigideira grande até dissolver o açúcar.

Acrescente as cenouras, tampe e cozinhe por 4 a 5 minutos, até as cenouras começarem a ficar macias.

Transfira as cenouras para uma tigela usando uma escumadeira e ferva o líquido restante até formar uma calda (cerca de 1 ½ colheres de sopa).

Coloque as cenouras de volta na frigideira e cozinhe em fogo baixo até aquecê-las e cobri-las de calda.

Acrescente o suco de limão e a salsinha.

Tempere com sal e pimenta do reino.

* Dissolva ¼ de cubo de caldo de frango em ½ xícara de água quente.

Gratin dauphinois

Participei de um curso de culinária *gourmet* divertido em Carlisle, Pensilvânia, e acrescentei esta receita a minha coleção. É um prato delicioso, que pode ser cortado em quadrados para servir. Dá um toque *gourmet* às conhecidas batatas de forno.

1	quilo de batatas apropriadas para assar (vermelhas, por exemplo)
1	dente de alho
4	colheres de sopa de manteiga
1	colher de chá de sal
	Pimenta do reino a gosto
¼	de colher de chá de noz-moscada ralada na hora
1 ½	xícaras de leite quente
1	ovo batido
120	gramas de *cream cheese* em pedaços
120	de queijo Gruyère ralado
¼	de xícara de queijo Gruyère para a cobertura

Passe o dente de alho cortado em uma forma refratária. Unte bem com 2 colheres de sopa de manteiga.

Descasque as batatas e corte em fatias finas. Coloque-as na forma.

Misture o sal, a pimenta, a noz-moscada, o leite quente, o ovo, o *cream cheese* e os 120 gramas de queijo Gruyère.

Despeje sobre as batatas. Cubra com ¼ de xícara de queijo Gruyère e as 2 colheres de sopa restantes de manteiga cortada em pedaços pequenos.

Asse em forno pré-aquecido, a 180 graus, por 45 minutos, ou até as batatas estarem macias.

Rende 6 porções.

A receita original usava 240 gramas de *cream cheese* e 4 colheres de sopa de manteiga para cada ½ quilo de batata. (Calorias demais!)

LEGUMES

Batatas com alecrim

- 2 ½ quilos de batatas
- ½ xícara de manteiga (100 gramas)
- Sal e pimenta do reino
- ¼ xícara de alecrim fresco picado
- 1 xícara de cebolas caramelizadas (veja receita abaixo) ou ½ xícara de cebolinha picada

Cozinhe as batatas com a casca, cortadas em cubos, até ficarem macias.

Escorra toda a água.

Acrescente a manteiga, o sal e a pimenta a gosto, o alecrim e a cebola.

Amasse os ingredientes com um amassador manual, deixando alguns pedaços inteiros de batata.

Prove e ajuste o tempero, se necessário.

Rende 8-10 porções de ½ xícara.

Cebolas caramelizadas

Coloque dez cebolas fatiadas em uma frigideira com ½ xícara de manteiga em fogo médio-baixo. Cozinhe até dourarem. Deixe esfriar. Divida em porções de ½ a 1 xícara em sacos plásticos herméticos e congele. Você terá sempre à mão essas cebolas deliciosas para este e outros pratos. Descongele dentro do saco plástico no micro-ondas ou coloque o saco plástico em água quente. Leva apenas alguns minutos.

Tomate assado com queijo parmesão

Lave os tomates e corte-os ao meio.

Arrume as metades com o lado cortado para cima em formas de *muffin* ou empada.

Coloque sobre os tomates queijo parmesão ralado fino.

Asse ou grelhe. Se usar a função GRELHAR do forno, observe com atenção, pois douram rapidamente. Se preferir, pré-aqueça o forno a 230 graus e leve para assar por 10-15 minutos. Os tomates devem aquecer e ficar macios, mas não se desmanchar. O queijo deve dourar.

ARQUIVO DE RECEITAS DA DEVI

PRATOS PRINCIPAIS

Filé Wellington com molho cremoso rosado

Costela de cordeiro Casa Titus

Lombo de porco com maçãs ao creme

Peito de frango com aspargos em molho de vinho

Macarrão com queijo delicioso

Tender com curry

PRATOS PRINCIPAIS

Filé Wellington
com molho cremoso rosado

Essa receita foi servida durante o breve tempo que Larry e eu participamos de um Clube Gourmet. Reuníamo-nos com pessoas maravilhosas, de diferentes contextos, nas casas uns dos outros e compartilhávamos uma refeição, amizade e receitas. Cada reunião era uma experiência nova e revigorante.

- 2 peças de filé *mignon* (3 a 4 quilos no total) limpas, em temperatura ambiente
- 4 colheres de sopa de óleo
- Sal e pimenta do reino
- 2 pacotes de massa folhada resfriada ou congelada (usar conforme instruções do pacote)
- 1 ovo batido
- 1 colher de sopa de água
- Alecrim fresco para enfeitar
- *Duxelle* (veja receita abaixo)

Pré-aqueça o forno a 200 graus.

Sele cada peça de carne por inteiro na frigideira com óleo quente, por aproximadamente 5 minutos.

Deixe esfriar e tempere com sal e pimenta a gosto. Dobre a extremidade mais fina debaixo de cada peça de carne e prenda com um palito.

Cubra cada peça com uma camada fina de *duxelle*.

Abra a massa folhada e envolva completamente cada peça de carne, sobrepondo as extremidades para fechá-las bem.

Coloque, com a parte sobreposta para baixo, em uma assadeira forrada com papel alumínio.

Enfeite com massa folhada adicional cortada em estrelas ou outros formatos.

Misture o ovo e a água e aplique sobre a massa folhada com um pincel culinário. Deixe secar e pincele novamente. Se a primeira camada de ovo não secar em 5 a 10 minutos, coloque na geladeira por 5 minutos.

Leve as peças de carne envoltas em massa folhada para assar.

Asse conforme sua preferência: 45 minutos para carne mal passada; 50 minutos para carne ao ponto; 55 minutos para carne bem passada. Remova do forno e deixe esfriar por 10 minutos antes de fatiar.

Enfeite com alecrim fresco. Sirva cada fatia com molho cremoso rosado (veja receita abaixo).

Rende 12 a 14 porções.

Duxelle

- 2 colheres de sopa de manteiga
- 2 échalotes bem picadas*
- ½ quilo de cogumelos champignon frescos picados no processador
- 1 colher de sopa de tomilho fresco ou 1 colher de chá de tomilho seco

Derreta a manteiga em uma frigideira grossa. Acrescente as échalotes, os cogumelos e o tomilho. Para formar uma pasta, cozinhe em fogo baixo até engrossar, cerca de 5 minutos, mexendo ocasionalmente. Deixe esfriar

* Échalotes, também chamadas chalotas, têm aparência semelhante a cebolas pequenas, mas sabor parecido com alho, porém mais suave e mais doce.

Molho cremoso rosado

- 1 xícara de vinho tinto
- 1 colher de sopa de échalotes picadas
- 1 colher de sopa de tomilho fresco
- 5 grãos de pimenta branca
- 1 folha de louro
- 1 litro de creme de leite fresco
- Sal
- Pimenta branca

Ferva todos os ingredientes exceto o creme de leite em uma frigideira em fogo médio até quase secar, mexendo ocasionalmente.

Acrescente o creme de leite, abaixe o fogo e deixe o creme aquecer até engrossar, mexendo ocasionalmente.

Coe o molho. Acrescente sal e pimenta branca a gosto.

Costela de cordeiro Casa Titus

Na Mansão Mentorial, anos atrás, contratei a *chef* Claire para dar a aula de culinária. Ela nos apresentou esta refeição que, agora, é meu cardápio predileto ao receber convidados para o jantar. Arrumo todos os itens do cardápio em um prato só para cada pessoa, seguido de uma sobremesa. É delicioso, agrada os homens do grupo e é simples de preparar.

2   peças de costelas de cordeiro, cada uma com 7 a 8 costeletas
    Vinagre de vinho tinto
    Azeite de oliva
    Orégano desidratado
    Sal e pimenta do reino

Cubra uma assadeira retangular com papel alumínio.
Arrume as costeletas, separadas individualmente, sobre a assadeira.
Regue com o vinagre.
Regue com o azeite.
Tempere com sal e pimenta a gosto e bastante orégano.
Leve ao forno com a função GRELHAR por 3 minutos e meio. Vire as costeletas e coloque de volta no forno para grelhar por mais 3 minutos e meio. Estão prontas para servir.

Sirva 3 costeletas por pessoa. Gosto de arrumá-las ao redor de batatas com alecrim ou purê de batata.

Sugestão de cardápio

Costeletas de cordeiro grelhadas
Batatas com alecrim
Tomate grelhado com parmesão
Folhas verdes com molho balsâmico

Sirvo tudo em um prato só, inclusive a salada. Acrescento o líquido das costeletas grelhadas ao molho balsâmico. (Lembre-se de que o molho da carne é feito de azeite de oliva, vinagre, orégano e gordura da carne cheia de sabor.) Todos os sabores se misturam. É delicioso. Graças à *chef* Claire, esse cardápio faz parte da aula de culinária dos cursos intensivos Experiência do Lar Titus há vários anos.

PRATOS PRINCIPAIS

Lombo de porco com maçãs ao creme

Pré-aqueça o forno a 220 graus.

2 lombos de porco
   Sal e pimenta do reino em quantidade generosa

Sele cada peça de lombo em fogo médio-alto, em uma frigideira grande levemente untada com azeite de oliva, até que toda a parte externa esteja dourada.
Coloque as duas peças em uma assadeira forrada com papel alumínio.
Leve para assar por 15 a 20 minutos, até que um termômetro espetado na carne indique a temperatura interna de 63 graus. Deixe a carne descansar por 5 a 10 minutos antes de fatiar e servir. Sirva quente.

Maçãs ao creme

3 maçãs descascadas e picadas em cubos
1 xícara de água
1 xícara de creme de leite em temperatura ambiente
1 colher de gordura do lombo assado
1 pitada de noz moscada em pó

Cozinhe as maçãs na água até ficarem macias, mas não se desmancharem. Cubra a panela para que cozinhem no vapor.
Retire do fogo.
Acrescente, aos poucos, o creme e a gordura do lombo assado e a noz moscada.
As maçãs devem ficar cremosas, com um molho. Prove para ajustar o tempero.

Se colocar o creme de leite gelado sobre as maçãs quentes, ele poderá coagular. Deixe que as maçãs esfriem um pouco e adicione o creme em temperatura ambiente. Estas maçãs podem ser preparadas com antecedência e aquecidas antes de servir. Cuide, porém, para não ferver.

Sirva sobre fatias de lombo.

Sugestão de cardápio

Salada de sua preferência
Lombo de porco com maçãs ao creme
Arroz selvagem com frutas
Vagens na manteiga
Abóbora assada
Sobremesa de sua preferência

Peito de frango com aspargos em molho de vinho

Criei esta receita usando o que tinha à mão. Larry adorou, e eu também! Agora, é um dos pratos principais favoritos que servimos para nossos convidados. Para acompanhar, faço uma mistura de vegetais, como cogumelos, abobrinha e cebola. Agora é sua vez de ser criativa.

- 2 colheres de sopa de manteiga
- 2 peitos de frango sem osso e sem pele
- Sal e tempero de pimenta com limão
- 1 xícara de pontas de aspargos frescos
- 1 ½ xícaras de vinho branco
- ¾ de xícara de creme de leite (prefiro creme fresco)
- 1 colher de chá (ou mais, a gosto) de pimenta branca moída
- Vários ramos de alecrim fresco
- Aspargos frescos
- Tomates cereja
- Queijo parmesão
- Arroz integral ou uma mistura de arroz branco e arroz selvagem

Derreta a manteiga numa frigideira e doure ligeiramente os peitos de frango.

Tampe a frigideira e deixe a carne cozinhar no vapor (cerca de 10 minutos).

Remova o frango da frigideira e reserve.

Acrescente à frigideira 1 xícara de pontas dos aspargos frescos e refogue por 2 a 3 minutos.

Acrescente cerca de 1 ½ xícaras de vinho branco e o alecrim fresco à manteiga e aos aspargos na frigideira e deixe cozinhar alguns minutos até que tenha reduzido.

Retire do fogo.

Acrescente ¾ xícara de creme de leite e pimenta a gosto.

Leve de volta ao fogo e reduza. Se necessário, engrosse um pouco com farinha (agite 2 colheres de sopa de farinha com ½ xícara de água em um recipiente de vidro com tampa até diluir). Junte a mistura de farinha e água aos poucos à mistura de vinho até obter a consistência desejada. Mexa com um *fouet*.

Enquanto isso, cozinhe aspargos frescos no micro-ondas por cerca de 5 minutos. (Limpe, lave e coloque em um recipiente refratário com algumas colheres de sopa de água. Cubra com filme plástico. Deixe um canto aberto para sair o excesso de vapor.)

Sirva o peito de frango sobre o arroz integral. Cubra com molho de aspargos e enfeite com aspargos inteiros e tomates cereja grelhados.

Tomates cereja grelhados

Arrume os tomates em uma assadeira com a parte do cabo voltada para baixo.

Remova uma tampa e polvilhe com queijo parmesão.

Grelhe até ficar dourado. Use para enfeitar pratos prontos.

Uma guarnição perfeita.

PRATOS PRINCIPAIS

Macarrão com queijo delicioso

Minha amiga, Lois Evans, tem um *site* (loisevans.org) em que esposas de pastor publicam suas receitas prediletas. Não lembro quem publicou esta receita, mas acrescentei o adjetivo "delicioso" por um bom motivo. É um prato indispensável para os bisnetos em nossas reuniões de família. Os adultos também amam.

2 ½ xícaras de macarrão formato caracol
2 ovos batidos
1 ½ xícaras de creme de leite leve
½ xícara de manteiga derretida
½ lata pequena de sopa de cogumelo concentrada*
1 ½ xícaras de queijo Cheddar ralado
1 ½ xícaras de queijo Colby, Monterey Jack (ou uma mistura de ambos) ralado**
    Sal e pimenta do reino a gosto

Cozinhe o macarrão até ficar *al dente*, cerca de 10 minutos. Mexa ocasionalmente. Escorra, passe em água fria e reserve.
Bata os ovos, o creme de leite, a manteiga derretida e o sal e a pimenta. Uso uma batedeira elétrica de mão.
Arrume em um refratário grande, com capacidade para 2 litros, untado: metade do macarrão, metade da sopa de cogumelo, metade da mistura de queijos.
Repita com o restante do macarrão e da sopa.
Despeje a mistura de creme de leite sobre as camadas no refratário. Cubra com o restante do queijo.
Asse por 40 a 45 minutos em forno pré-aquecido a 180 graus. Sirva quente.

Rende 8-10 porções.

* Sopa importada da marca Campbell's pode ser encontrada em alguns supermercados e empórios. Pode ser substituída por ¾ xícara de sopa instantânea de queijo preparada.
** Pode ser substituído por queijo prato, mas resultará em um prato com sabor mais suave e consistência mais cremosa.

Tender com curry

Encontrei esta receita em um livro de receitas do início da década de 1970. Sirvo-a há mais de trinta anos. Era a refeição de abertura no curso intensivo na Mansão Mentorial.

1 ½ xícaras de cebola picada
6 colheres de sopa de manteiga
¼ xícara de farinha de trigo
2 colheres de sopa de *curry* em pó
2 latas grandes de sopa de cogumelo concentrada*
5 xícaras de leite
12 xícaras de tender ou presunto cozido cortado em cubos
4 xícaras de *sour cream* [creme azedo]** ou creme de leite fresco

Refogue a cebola na manteiga em uma panela grande até dourar.
Junte a farinha e o *curry*.
Acrescente a sopa e adicione o leite gradativamente.
Cozinhe até engrossar e borbulhar.
Acrescente o tender ou presunto e aqueça completamente.
Acrescente o *sour cream*.
Cozinhe, mexendo sempre, até aquecer completamente (não deixe ferver).
Sirva com arroz branco e guarnições.

Rende 24 porções.

Guarnições

Amêndoas laminadas tostadas
Salsinha picada
Chutney
Cebolinha fatiada
Coco ralado
Uvas passas ou *cranberries* [oxicocos] secos

* Sopa importada da marca Campbell's pode ser encontrada em alguns supermercados e empórios. Pode ser substituída por um pacote de creme de legumes (4 porções) preparado.
** Misture 2 xícaras de creme de leite fresco com pelo menos 35% de teor de gordura, 2 xícaras de iogurte natural integral, 8 colheres de sopa de suco de limão e 1 colher de chá de sal. Bata na batedeira em velocidade alta até obter a consistência de *chantilly*.

ARQUIVO DE RECEITAS DA DEVI

SOBREMESA

Torta cremosa de maçã

Bolo de creme italiano

Bolo invertido de cranberry com creme de conhaque

Bolo de framboesa

Biscoitos de coco

Torta de nozes Walker

SOBREMESA

Torta cremosa de maçã

Da primeira vez que experimentei esta torta, havia sido preparada por Star Asimakoupolus em Wenatchee, Washington, na década de 1970. Tornou-se uma torta tradicional de Natal em nossa casa. Lembra neve e é uma variação singular da torta de maçã comum.

- 6 a 8 maçãs
- 1 xícara de açúcar
- 2 colheres de sopa de amido de milho
- ½ xícara de creme de leite fresco
- 1 massa de torta assada

Descasque, fatie e cozinhe as maçãs até ficarem macias.
Misture o açúcar, o amido de milho e o creme de leite em uma panela em banho-maria. Cozinhe até engrossar.
Acrescente as maçãs. Remova do fogo e deixe esfriar.
Despeje sobre a massa de torta assada.

Cobertura

- 240 gramas de *cream cheese*
- 1 ovo
- 1 xícara de açúcar
- 1 xícara de coco em flocos
- ½ xícara de nozes picadas

Bata o *cream cheese*, o ovo e o açúcar na batedeira e espalhe sobre o recheio de maçã.
Cubra com o coco em flocos e as nozes.
Asse por 15 minutos em forno pré-aquecido a 165 graus.

Bolo de creme italiano

Bonnie Coates me passou esta receita. Bonnie e sua família frequentavam nossa igreja em Wenatchee, Washington. Larry foi pastor da igreja Bethesda Christian Center de 1968 a 1980. Foi a primeira igreja que pastoreamos. Bonnie preparava esse bolo para nós com frequência. Sabia que era uma das sobremesas prediletas do pastor.

- 1 xícara de iogurte natural
- 1 colher de chá de bicarbonato de sódio
- 5 ovos, gemas e claras separadas
- 2 xícaras de açúcar
- 1 xícara de margarina
- 2 xícaras de farinha
- 1 colher de chá de essência de baunilha
- 1 xícara de pecãs ou nozes trituradas
- 1 pacote pequeno de coco ralado

Misture o iogurte e o bicarbonato e reserve.
Bata as claras até o ponto de neve firme e reserve.
Bata o açúcar e a margarina até formar um creme.
Acrescente as gemas, uma de cada vez, batendo bem depois de cada adição.
Acrescente a esse creme a mistura de iogurte em porções alternadas com a farinha.
Acrescente a essência de baunilha.
Misture delicadamente as claras em neve, as nozes e o coco ralado.
Asse em forno pré-aquecido a 180 graus em três formas de 20 centímetros untadas e enfarinhadas. Deixe esfriar. Monte o bolo com a cobertura de *cream cheese* (veja receita abaixo).

Cobertura de cream cheese

- 240 gramas de *cream cheese*
- ½ xícara de margarina
- 3 xícaras de açúcar de confeiteiro
- 1 colher de chá de baunilha
- ½ xícara de nozes trituradas

Misture os quatro primeiros ingredientes.
Recheie e cubra o bolo. Espalhe as nozes trituradas sobre a última camada.

Bolo invertido de cranberry com creme de conhaque

Esta receita veio da revista *Cooking Lite*. O ex-editor assistente de culinária, Regan Miller Jones, pegou uma receita engordativa com 720 calorias por porção e a transformou em um doce para ser saboreado sem culpa, com 316 calorias por porção (sem o creme de conhaque). Este bolo é excelente para as festas, e prefiro servi-lo no café da manhã ou em um *brunch*.

- 2 colheres de manteiga derretida
- Óleo para untar
- ½ xícara de açúcar mascavo bem compactado
- ½ xícara de nozes pecãs picadas
- 360 gramas de *cranberries* [oxicocos] frescos*
- 1 de farinha de trigo
- 1 ½ colheres de chá de fermento em pó
- ⅛ colher de chá de sal
- ¾ xícara de açúcar branco
- 3 colheres de sopa de manteiga amolecida
- 2 gemas grandes
- ½ xícara de leite (pode ser desnatado ou semidesnatado)
- 2 claras grandes

Pré-aqueça o forno a 180 graus.
Coloque a manteiga em uma assadeira quadrada de 20 centímetros de lado, untada com óleo.
Polvilhe o açúcar mascavo sobre a manteiga.
Leve ao forno por 2 minutos para misturar o açúcar e a manteiga.
Acrescente as pecãs e os *cranberries*.

Prepare a massa

Misture a farinha, o fermento e o sal em uma tigela usando um *fouet*. Reserve.
Bata o açúcar e a manteiga até formar um creme, usando a batedeira.
Acrescente as gemas, uma de cada vez, à mistura de açúcar. Continue a bater em velocidade média até o creme ficar leve e fofo.
Acrescente a esse creme porções alternadas da mistura de farinha e do leite. Continue a bater.

Bata as claras em ponto de neve firme (use batedores limpos, sem gordura), na velocidade alta da batedeira.
Misture as claras delicadamente ao restante da massa.
Espalhe a massa sobre os *cranberries* e pecãs na assadeira.
Asse por 45 minutos a 180 graus.
Deixe esfriar na assadeira por 5 minutos.
Inverta a assadeira sobre um prato de tamanho apropriado. Antes de virar, solte as laterais. Depois de virar, bata de leve na assadeira para soltar o bolo. Levante a assadeira com cuidado.

Observação: Se você usar uma travessa de servir refratária, poderá preparar este bolo com antecedência e aquecê-lo a 150 graus por cerca de 15 minutos. É mais saboroso quando servido morno, mas não quente.

Creme de conhaque

- 1 xícara de creme *chantilly* pronto
- 1 colher de sopa de conhaque (pode ser reduzido para 2 colheres de chá)

Misture delicadamente o conhaque no creme *chantilly*. Coloque uma colher de chá sobre cada pedaço ao servi-lo.

Rende 9 pedaços médios.

SOBREMESA

Bolo de framboesa

Joyce Williams serviu este bolo para mim no início da década de 1980. Tornou-se um de meus bolos prediletos. Tem uma apresentação elegante quando colocado em um pedestal para bolo.

- 1 xícara de manteiga ou margarina
- 1 ½ xícaras de açúcar
- 5 ovos, claras e gemas separadas
- 2 colheres de sopa de leite
- 2 colheres de chá de essência de baunilha
- ¾ colher de chá de sal
- ½ colher de chá de fermento em pó
- 2 xícaras de farinha de trigo peneirada
- ¾ xícara de geleia de framboesa
- 1 xícara de coco ralado
- 2 xícaras de *sour cream* [creme azedo]* ou creme de leite fresco batido em *chantilly* conforme instrução da embalagem

Bata a manteiga.
Acrescente ½ xícara de açúcar e continue a bater até formar um creme.
Adicione as gemas, o leite, 1 colher de chá de essência de baunilha, ½ colher de chá de sal e o fermento.
Junte a farinha.
Coloque em três assadeiras antiaderentes bem untadas, de 22 a 23 centímetros de diâmetro.
Espalhe ¼ de xícara de geleia de framboesa sobre cada camada, até uma distância de 4 centímetros da beirada da assadeira.
Bata as claras com ¼ colher de chá de sal até formar picos moles.
Acrescente aos poucos uma xícara de açúcar, batendo depois de cada adição. Continue a bater até o ponto de neve firme.
Junte o coco e 1 colher de chá de baunilha, misturando delicadamente.
Espalhe sobre a geleia, até a beirada da assadeira.
Asse por 30-35 minutos, até dourar, em forno pré-aquecido a 180 graus.
Deixe esfriar por 15 minutos. Remova das formas e deixe esfriar completamente.
Espalhe o *sour cream* ou *chantilly* entre as camadas.
Enfeite a parte de cima com geleia de framboesa. Na estação das frutas, cubro o centro com framboesas frescas e enfeito com folhas de hortelã.
Leve para gelar por várias horas. Não é necessário cobrir as laterais do bolo. Não é um bolo tradicional. O que o torna especial é poder ver as camadas. Sirva fatias finas.

Rende 10 porções.

---

* Misture 1 xícara de creme de leite fresco com pelo menos 35% de teor de gordura, 1 xícara de iogurte natural integral, 4 colheres de sopa de suco de limão e uma pitada de sal. Bata na batedeira em velocidade alta até obter a consistência de *chantilly*.

Biscoitos de coco

A receita desses biscoitos é de minha mãe, embora ela não os preparasse com frequência. Eu os fazia no Natal quando era recém-casada, e estão entre os prediletos de Larry. Agora, as crianças os pedem. São diferentes da maioria dos biscoitos de Natal e se parecem com bolinhos brancos e fofos, como neve.

- ½ xícara de manteiga
- ¾ xícara de açúcar
- 1 xícara de coco em flocos (não coco ralado)
- 1 xícara de cenouras cozidas e amassadas
- 2 ovos
- ¼ colher de chá de sal
- 3 xícaras de farinha

Pré-aqueça o forno a 180 graus.
Bata a manteiga e o açúcar na batedeira até formar um creme.
Acrescente o coco, a cenoura e os ovos.
Misture bem.
Acrescente a farinha e o sal aos poucos, até incorporar à massa.
Pingue colheradas em um tabuleiro coberto com papel manteiga, cerca de 1 colher de sopa cheia para cada biscoito.
Asse por dez minutos a 180 graus. Não deixe assar demais. Ficarão opacos, mas não dourados. Cuide para não dourar demais a parte de baixo dos biscoitos. Deixe esfriar, cubra com glacê (veja receita abaixo) e com coco em flocos.

Glacê

- 1 xícara de suco de laranja
- 3 xícaras de açúcar de confeiteiro, ou o suficiente para fazer dar uma consistência espessa
  Casca de laranja ralada a gosto (uso a casca de uma laranja)

Misture os três ingredientes.
Espalhe sobre os biscoitos.
Cubra com coco em flocos.

Observação: Asso os biscoitos e guardo-os em um pote hermético sem glacê. Se desejar, congele no mesmo dia que prepará-los. Deixe para colocar o glacê e o coco no dia em que for servir.

Torta de nozes Walker

Esta é torta de nozes prediletas de meu marido. Tomei como base uma receita do livro de culinária Betty Crocker, usando nozes comuns em lugar de pecãs. Na verdade, aprendi essa receita com minha mãe. Morávamos perto de uma plantação de nogueiras na Califórnia e podíamos pegar de graça as nozes que ficavam no chão depois da colheita. Lembro-me de descascarmos as nozes juntos ao redor da mesa. Mamãe usava o que tinha e fazia essa torta. Hoje, a preferimos em lugar da torta de pecã mais tradicional. Esta sobremesa faz parte de nosso cardápio em todas as ocasiões especiais.

- 3 ovos
- ⅔ xícara de açúcar
- ½ colher de chá de sal
- ⅓ xícara de manteiga derretida
- 1 xícara de xarope de glucose de milho
- 1 xícara de nozes partidas ao meio
- 1 massa de torta pronta, mas não assada

Bata todos os ingredientes no liquidificador, exceto as nozes.
Coloque as nozes no fundo da massa de torta.
Despeje sobre as nozes a mistura feita no liquidificador.
Leve para assar por 40 a 50 minutos em forno pré-aquecido a 180 graus.

Observação: Se desejar, use uma batedeira de mão em velocidade alta em lugar do liquidificador. A mistura espumante com ovos confere a esta torta sua textura leve. Certifique-se de que o açúcar foi bem incorporado à mistura.

Guia da

PARTICIPE DA REVOLUÇÃO

16 A revolução da mentoria no lar
17 Transmita os princípios
18 O que é uma mentora?

mentora

TORNE-SE UMA MENTORA

19 Como mentorear
20 Como organizar uma Experiência de Mentoria no Lar
21 Programa do curso Experiência de Mentoria no Lar

16
A REVOLUÇÃO DA MENTORIA NO LAR

Agora, portanto, com Deus como nossa testemunha, e diante de todo o Israel, a comunidade do Senhor, eu lhes digo: tenham o cuidado de obedecer a todos os mandamentos do Senhor, seu Deus, para que continuem a possuir esta boa terra e a deixem para seus filhos como herança permanente.

1Crônicas 28.8

Experiência do lar não é apenas um livro. É um curso para criar uma revolução de revelação a fim de restaurar a dignidade e a santidade do lar. Junte-se a nós ao treinarmos uma nova geração que elevará o padrão de virtudes e valores em nossos lares.

CONVIDE TRÊS MULHERES

Por meio desse movimento entre mulheres, temos o potencial de restaurar a dignidade e a santidade de nossos lares. Juntas, podemos fortalecer nossas famílias e promover melhorias em nossa nação. Que tal participar dessa revolução? Veja como:

- *Organize uma Experiência de Mentoria no Lar.*
- *Seja mentora de mulheres de sua comunidade.*
- *Promova valores familiares piedosos.*
- *Incentive amizades saudáveis.*

COMO VOCÊ PODE EXERCER IMPACTO PARA MELHOR

Convide pelo menos três mulheres para participar, em sua casa, de uma Experiência de Mentoria no Lar. Sugiro que ofereça uma refeição. Ao compartilhar alimentos e se revigorar como grupo, aprenderão umas com as outras. Juntas, tratarão dos princípios apresentados em *Experiência do lar*. É recomendável que cada mulher que você mentorear tenha um exemplar deste livro.

Eis alguns benefícios maravilhosos para quem escolhe organizar uma Experiência de Mentoria no Lar.

MAIS RESPONSABILIDADE. Você se responsabilizará por praticar o que aprendeu neste livro ou enquanto participou do curso intensivo Experiência do Lar Titus ou de um grupo de Experiência de Mentoria no Lar.

MAIS FOCO PARA A VIDA. Preparar sua casa e sua mesa para os membros de sua família e para convidados a ajudará a manter o foco. Lembre-se de que dois ou três meses é tempo suficiente para quebrar velhos hábitos e criar novos hábitos saudáveis.

INSPIRAÇÃO PARA OUTROS. As mulheres que você convidar para seu grupo de Experiência de Mentoria no Lar serão motivadas e inspiradas a restaurar valores mais nobres em seus lares.

CONSTRUÇÃO DE AMIZADES. Seus relacionamentos se desenvolverão enquanto trabalham, conversam e oram juntas. Você promoverá a autoconfianças nas mulheres que mentorear, para que elas possam transmitir a outras essa empolgante revolução do lar. Essas novas amizades continuarão a crescer.

DEMONSTRAÇÃO DE HOSPITALIDADE. Você terá a alegria de convidar outros a sua casa e de usar o que tem. As coisas que você tem adquirirão um novo propósito.

PARTICIPAÇÃO NA REVOLUÇÃO. Ao concordar em mentorear outras mulheres, você exercerá impacto não apenas em muitos outros lares por meio de mudanças duradouras, mas também em sua própria casa. Contribuirá de modo relevante para restaurar a dignidade e a santidade do lar.

*Experiência do lar
não é apenas um livro.*

A MULTIPLICAÇÃO REVOLUCIONÁRIA DA EXPERIÊNCIA DE MENTORIA NO LAR

COMO COMEÇOU

No segundo semestre de 2002, reuni um pequeno grupo de mulheres dedicadas para começar, na Mansão Mentorial, aquilo que chamamos revolução de revelação. Essa revolução nasceu de orações, trabalho árduo e obediência. Agora, a revolução da *Experiência do lar* está se multiplicando em vários países.

A MANSÃO MENTORIAL RECEBE UM NOVO NOME

Para dar continuidade a nosso ministério mundial e para estar próximos de nossa família, nós nos mudamos para o Texas. Alguns anos depois, retomei os cursos intensivos de mentoria no lar. Uma vez que esses cursos intensivos são realizados em nossa casa e que a instrutora de nossa equipe é nossa filha, Trina Titus Lozano, resolvemos mudar o nome do ministério para Experiência do Lar Titus.

A Experiência do Lar Titus oferece um curso intensivo de quatro dias criado para valorizar seu lar. Enquanto participam da Experiência do Lar Titus, as mulheres aprendem princípios bíblicos, técnicas criativas de administração do lar e aptidões fundamentais de relacionamento. Esse envolvimento próximo inspira e prepara mulheres para que desenvolvam um ambiente de amor, paz e alegria em seus lares.

Em seguida, as mulheres são incentivadas a passar adiante o que aprenderam ao mentorear no mínimo outras três mulheres. Escolhi o número três porque até um apartamento pequeno pode acomodar três pessoas. Qualquer um pode receber três pessoas em casa.

TREINAMENTO PARA MULTIPLICAÇÃO RÁPIDA

Como começar em minha igreja?

Larry pastoreou cinco igrejas ao longo de 37 anos antes de dedicar-se inteiramente ao ministério mundial. Desenvolvi e liderei grandes ministérios para mulheres e entendo a necessidade de um bom material para esses trabalhos. Com isso em mente, criei *Experiência do lar*. Adapte o material para atender à sua realidade. Você pode seguir as recomendações do capítulo 21 deste livro para reuniões semanais, quinzenais ou mensais. Milhares de mulheres foram mentoreadas em igrejas locais usando este livro.

Como começar um grupo de Experiência de Mentoria no Lar

Faça a seu modo. Defina uma data. Crie um convite on-line ou envie um convite bonito pelo correio. Telefone ou envie mensagens de texto para suas amigas e convide-as pessoalmente. Prepare seu ambiente e comece. É simples assim. Seja criativa e adote este programa como lhe parecer melhor.

IMPACTO REVOLUCIONÁRIO

Você tem o potencial de alcançar sua comunidade, construir relacionamentos e impactar um grande número de famílias. Deixe-me explicar como funciona a multiplicação. Você se reunirá com pelo menos três mulheres em sua casa uma vez por semana ou a cada duas semanas em sete encontros. Escolhi o número três porque até mesmo uma quitinete tem espaço para você e mais três pessoas. Incentivo-a, porém, a convidar o número de mulheres que preencha o espaço ao redor de sua mesa. Minha esperança é de que você inspirará cada uma dessas três mulheres a se reunirem com mais três mulheres. É dessa forma que a Experiência de Mentoria no Lar se multiplica a cada três meses. As oito participantes iniciais têm o potencial de alcançar mais de 114 milhões de mulheres depois de apenas três anos!

Eis um exemplo de como apenas oito mulheres (o número de participantes que recebo em minha casa para os cursos intensivos de mentoria) podem transmitir uma mensagem que alcançará milhões no mundo inteiro. Juntas, realizaremos uma revolução de revelação da Experiência do Lar, mostrando que o lar é um lugar de amor e paz. Podemos transformar a próxima geração em apenas quinze anos. Suas meninas de 5 anos terão 20 anos, serão seguras de sua identidade graças ao amor e à paz, e prosperarão em seus relacionamentos. Nossas moças honrarão os homens, e nossos rapazes respeitarão as mulheres.

PARTICIPE DA REVOLUÇÃO

MULTIPLICAÇÃO NO PRIMEIRO ANO

A Experiência do Lar Titus prepara oito mulheres para que restaurem o amor e a paz em seus lares e se tornem mentoras de outras mulheres para que façam o mesmo.

- *Cada uma das 8 treina 3 mulheres = 24 mulheres alcançadas.*
- *Cada uma das 24 treina 3 = 72 mulheres alcançadas.*
- *Cada uma das 72 treina 3 = 216 mulheres alcançadas.*
- *Cada uma das 216 treina 3 = 648 mulheres alcançadas.*
- *Cada uma das 648 treina 3 = 1.944 mulheres alcançadas.*

MULTIPLICAÇÃO NO SEGUNDO ANO

- *Cada uma das 1.944 treina 3 = 5.832*
- *Cada uma das 5.832 treina 3 = 17.496*
- *Cada uma das 17.496 treina 3 = 52.488*
- *Cada uma das 52.488 treina 3 = 157.464*
- *Cada uma das 157.464 treina 3 = 472.392*

MULTIPLICAÇÃO NO TERCEIRO ANO

- *Cada uma das 472.392 treina 3 = 1.417.176*
- *Cada uma das 1.417.176 treina 3 = 4.251.528*
- *Cada uma das 4.251.528 treina 3 = 12.754.584*
- *Cada uma das 12.754.584 treina 3 = 38.263.752*
- *Cada uma das 38.263.752 treina 3 = 114.791.256 mulheres alcançadas.*

Se apenas 1% das mulheres levar esse trabalho adiante, ainda assim poderemos alcançar mais de 1 milhão de mulheres a partir de nosso primeiro grupo de oito. Lembre-se, porém, de que os cursos intensivos Experiência do Lar Titus mentoreiam um novo grupo de mulheres a cada mês. O potencial é imenso!

Você pode fazer diferença para melhor!

Participe de nossa revolução de revelação. Ofereça como dádiva de amor a outra mulher ou adolescente uma Experiência de Mentoria no Lar.

POR FAVOR, AVISE-NOS

Ao iniciar uma Experiência de Mentoria no Lar em sua casa ou participar de um grupo, você é convidada a tornar-se parte de nossa comunidade. Avise-nos para que possamos acompanhar o impacto dessa revolução para restaurar famílias. Juntas, podemos transformar ambientes de contenda e divisão em lares de amor e vínculos de afeto. Juntas, podemos transformar vidas ao permitir que nossos filhos cresçam em ambientes de amor e paz, mudando, dessa forma, nossa próxima geração.

Queremos saber seu nome e o nome de suas mentoreadas.
Por favor, envie-nos um *e-mail* em info@kingdomglobal.com
Você pode adquirir exemplares adicionais de *Experiência do lar* aqui: <www.titushome.com.br>.

Semelhantemente, as mulheres mais velhas devem viver de modo digno. Não devem ser caluniadoras, nem beber vinho em excesso; antes, devem ensinar o que é bom. Devem instruir as mulheres mais jovens a amar o marido e os filhos, a viver com sabedoria e pureza, a trabalhar no lar, a fazer o bem e a ser submissas ao marido. Assim, não envergonharão a palavra de Deus.

Tito 2.3-5

TRANSMITA OS PRINCÍPIOS

Agora, portanto, [...] eu lhes digo: tenham o cuidado de obedecer a todos os mandamentos do Senhor, seu Deus, para que continuem a possuir esta boa terra e a deixem para seus filhos como herança permanente.

1Crônicas 28.8

USE SEU LAR PARA INCENTIVAR OUTROS

Governos e culturas não manterão os padrões bíblicos de moralidade, casamento e família. Esses valores serão mantidos apenas por meio de transferência relacional. Quando assumimos a responsabilidade de ensinar, nossos valores permeiam cada geração, mesmo dentro de sociedades liberais e ímpias.

CHAMADO PARA MENTOREAR

Jesus disse: "Vão e façam discípulos de todas as nações [...]. Ensinem esses novos discípulos a obedecerem a todas as ordens que eu lhes dei" (Mt 28.19-20). Mulheres mais velhas têm um papel importante a desempenhar nesse chamado. Recebemos o privilégio extraordinário de treinar mulheres mais jovens.

Semelhantemente, as mulheres mais velhas devem viver de modo digno. Não devem ser caluniadoras, nem beber vinho em excesso; antes, devem ensinar o que é bom. Devem instruir as mulheres mais jovens a amar o marido e os filhos, a viver com sabedoria e pureza, a trabalhar no lar, a fazer o bem e a ser submissas ao marido. Assim, não envergonharão a palavra de Deus.

Tito 2.3-5

O exemplo de obediência a Deus de uma mulher mais velha a prepara para instruir outras a fim de que tornem seu lar um lugar de amor e paz. Para as mulheres, essas amizades de mentoria são especialmente importantes. Não é uma sugestão ou pergunta; é plano de Deus que cada geração incentive e oriente a geração seguinte.

Se amar o marido, cuidar dos filhos, trabalhar no lar, honrar as pessoas e ser submissa fosse fácil para todas as mulheres, não precisaríamos ser instruídas nessas áreas. Essa passagem nos lembra de que esses comportamentos precisam ser ensinados para que outras sejam inspiradas a imitá-los.

POR QUE MENTOREAR MULHERES MAIS JOVENS?

A mentoria envolve os cinco sentidos. Não basta dizermos a outras mulheres o que devem fazer. Temos de mostrar. Elas precisam receber um toque de incentivo, ouvir como você fala com outras pessoas, sentir o que você quer dizer e inalar o aroma do ambiente que você criou. Devido à desintegração das famílias de hoje, mulheres jovens que se casam sentem-se perdidas quando tentam criar um ambiente agradável, cheio de amor e paz, em seus lares.

Mulheres mais jovens precisam de instrução e incentivo. Por quê? Porque, do contrário, "envergonharão a palavra de Deus" (Tt 2.5). O que isso significa? A "palavra de Deus" se refere aos princípios universais e perenes de vida salutar descritos na Bíblia. Quando as mulheres não valorizam as áreas descritas nessa passagem, desonram a Deus.

Por exemplo, quando uma mulher desrespeita o marido em particular, em público ou na frente dos filhos, ela desonra a Deus. Esse comportamento transmite aos filhos a mensagem sutil de que é aceitável desrespeitar o pai. O efeito em cascata desse comportamento é devastador. Mais adiante, as meninas se tornam mulheres que não honram os homens, e os meninos se tornam homens que não respeitam as mulheres.

Encontramos no livro de Ester um exemplo vívido de como uma mulher desonra a Deus ao desrespeitar o marido. A rainha Vasti recusou-se a atender ao pedido de seu marido para

Instrua outras mulheres a tornarem o lar um lugar de amor e paz.

PARTICIPE DA REVOLUÇÃO

Não basta dizermos a outras mulheres o que devem fazer. Temos de mostrar.

que ela comparecesse a um banquete. O rei Xerxes ficou tão aborrecido com a atitude dela que pediu a opinião de seus conselheiros. Eles viram o perigo mais amplo desse comportamento e disseram: "Mulheres de toda parte começarão a desprezar o marido quando souberem que a rainha Vasti se recusou a comparecer diante do rei" (Et 1.17). E acrescentaram: "Haverá grande desprezo e indignação sem fim" (Et 1.18).

É fundamental que façamos todo o possível para não desonrar a Deus. Se nosso maior desejo é servi-lo, devemos estar abertas para a instrução de mulheres mais maduras, em vez de viver de forma independente. Desse modo, a palavra de Deus permanece pura e não é envergonhada.

NÃO CONHECIAM A DEUS!

Um dos versículos mais tristes da Bíblia está em Juízes:

> *Depois que aquela geração morreu e se reuniu a seus antepassados, surgiu uma nova geração que não conhecia o SENHOR nem tinha visto as grandes coisas que ele havia feito por Israel.*
>
> Juízes 2.10

Por que a nova geração não conhecia a Deus nem sabia o que ele havia realizado por seu povo? Creio que isso aconteceu porque a primeira geração não transmitiu suas experiências e seu co-

256 | EXPERIÊNCIA DO LAR

nhecimento de Deus à geração mais nova. Não podemos cometer o mesmo erro. Estabeleça como objetivo transmitir virtudes e valores para a geração seguinte. Não importa qual seja sua idade, você é "mais velha" que alguém. Pode mentorear pessoas mais jovens com aquilo que você já sabe. À medida que crescer, outras mulheres crescerão com você.

BENEFÍCIOS DE MENTOREAR OUTRAS MULHERES

É melhor serem dois que um, pois um ajuda o outro a alcançar o sucesso. Se um cair, o outro o ajuda a levantar-se.

Eclesiastes 4.9-10

Ao mentorear outras, você:

- Assume a responsabilidade de praticar aquilo que aprendeu.
- Tem a satisfação de saber que ajudou outra pessoa.
- Vê as amizades se aprofundarem à medida que vocês trabalham, conversam e oram juntas.
- Experimenta a alegria de usar o que tem para servir outros.
- Desempenha um papel importante na restauração da dignidade e santidade do lar.
- É abençoada por Deus em razão de sua obediência.

O PASSO DE FÉ

Descubra mais do que você sonhou ser possível ao assumir o compromisso de mentorear outras mulheres. Talvez neste momento você se sinta inadequada para essa tarefa. Mas não é! Não se deixe intimidar pela ideia de instruir. Depois de passar algum tempo revolucionando seu lar, você estará pronta para compartilhar conceitos e princípios com outras mulheres. Quem ensina alguém também ensina a si mesmo. Como mentora, seu retorno será maior que seu investimento. Nossos lares e relacionamentos estarão em um processo constante de aprimoramento!

PASSOS PRÁTICOS

1. Identifique três a cinco mulheres das quais gostaria de se aproximar.
2. Tome a iniciativa. Convide-as para um café e pergunte se gostariam de se reunir com mais frequência.
3. Dê exemplo de comportamento piedoso a todo tempo para mulheres mais jovens. Peça ajuda de Deus. Outras estão observando quando você não percebe. Seja um exemplo de temor a Deus.

> *À medida que crescer, outras mulheres crescerão com você.*

PARTICIPE DA REVOLUÇÃO

O QUE É UMA MENTORA?

Sejam meus imitadores, como eu sou imitador de Cristo.

1Coríntios 11.1

Uma mentora é alguém que convida você a participar da vida dela. Envolve seus cincos sentidos para incentivá-la e instruí-la ao mesmo tempo que lhe mostra, na prática, princípios valiosos. O modelo mais excelente de mentoria é o relacionamento de Jesus com seus discípulos.

Jesus obedecia a Deus, seu Pai. Então, disse a seus discípulos: "Sigam-me".

Esse método simples constitui a essência da mentoria. Depois que Paulo teve um encontro com Jesus na estrada para Damasco, dedicou-se inteiramente a levar outros a Jesus Cristo e instruí-los na vida de obediência. Ao fazê-lo, usou esse mesmo método. Foi obediente e, então, disse àqueles a quem influenciava: "Sejam meus imitadores, como eu sou imitador de Cristo" (1Co 11.1). O método é o mesmo para nós. Devemos obedecer e, então, convidar outros a seguir nosso exemplo.

A RELAÇÃO DE MENTORIA

Essa relação maravilhosa de mentoria se baseia em amor e confiança. A mentora demonstra amor pelas mulheres que ela treina e confia que Deus fará o resto. Essa amizade singular se aprofunda com a autenticidade e a transparência da mentora. A dedicação e o comprometimento da mentora ficam visíveis em sua forma bondosa de tratar outros.

A pessoa mentoreada deve estar disposta a aprender e a receber correção aplicada com amor. Não importa quão excelente seja a mentora, ela não tem como conduzir alguém que não deseje segui-la. A mulher mais jovem segue de bom grado o exemplo da mais velha em áreas de sua vida.

A RESPONSABILIDADE DA MENTORA

A mentora é uma mulher mais velha, de confiança, que caminha com você. Ela a instrui e a guia por meio do próprio exemplo de obediência a Deus. A responsabilidade mais importante da mentora é orar pelas mulheres que ela mentoreia.

> *Semelhantemente, as mulheres mais velhas devem viver de modo digno. Não devem ser caluniadoras, nem beber vinho em excesso; antes, devem ensinar o que é bom. Devem instruir as mulheres mais jovens a amar o marido e os filhos, a viver com sabedoria e pureza, a trabalhar no lar, a fazer o bem e a ser submissas ao marido. Assim, não envergonharão a palavra de Deus.*
>
> Tito 2.3-5

A mentora coloca em prática os princípios que ela compartilha. Cuida para não negligenciar suas responsabilidades enquanto mentoreia outras mulheres.

- *É pacificadora. Não faz fofoca; antes, é bondosa e mansa com todos.*
- *Exercita domínio próprio e evita excessos. "Semelhantemente, as mulheres mais velhas devem viver de modo digno. Não devem ser caluniadoras, nem beber vinho em excesso" (Tt 2.3).*
- *A mentora não permite que as emoções dirijam sua vida. Antes, aprendeu a confiar em Deus e fazer escolhas acertadas.*
- *Ela dirige, inspira, incentiva e ajuda mulheres durante momentos difíceis da vida.*
- *As mulheres que ela procura ajudar podem lhe confiar os temores, as inquietações e as decepções que sofrem.*
- *Dá exemplo positivo por meio de suas expressões de humildade e amor pelas mulheres que mentoreia. Participa das alegrias delas.*
- *A preocupação maior da mentora é o crescimento e a maturidade das pessoas que ela influencia. Ao mesmo tempo que cultiva uma amizade próxima, permanece objetiva. Desse modo, pode dizer a verdade em amor quando necessário.*

Vidas são tocadas e o mundo é transformado pela construção de relacionamentos pessoais.

TEMAS BÍBLICOS PARA A MENTORIA

Esta lista de temas foi extraída de Tito 2.3-5. Você notará que nosso livro trata de todas as áreas mencionadas abaixo, com exceção de vícios. Para mais informações a esse respeito, consulte sua igreja ou um profissional especializado no assunto.

- *Modo de falar*
- *Pureza*
- *Gentileza*
- *Vícios*
- *Domínio próprio*
- *Conduta ordeira*
- *Amor pelo marido*
- *Amor pelos filhos*
- *Submissão ao marido*
- *Cuidado da casa*
- *Papel de guardiã da casa*

Esteja disposta a reconhecer suas fraquezas.

O QUE DIFERENCIA A MENTORA?

Palestrantes, apresentadores de televisão, autores e líderes mundiais não podem ser considerados mentores de seu público. São mestres e autoridades. Não são mentores porque seu papel não envolve um relacionamento com as pessoas que influenciam.

Jesus falou a milhares de pessoas, mas mentoreou apenas doze discípulos que andaram junto dele. Ensinou os segredos do reino de Deus àqueles que interagiam com ele diariamente. Separou tempo para explicar seus caminhos e ajudá-los a entendê-los.

Esse é o alvo da mentora. Ela não apenas mostra como tornar seu lar mais amoroso e organizado, mas também explica por que é importante fazê-lo.

SOU QUALIFICADA?

Muitas mulheres não têm o conhecimento que você tem e que está colocando em prática. Não imagine que precisa esperar até colocar a vida perfeitamente em ordem para poder ajudar outras. Se fôssemos esperar por esse dia, ninguém seria qualificado para mentorear. O apóstolo Paulo afirmou: "Não estou dizendo que obtive tudo isso, que já alcancei a perfeição. Mas prossigo a fim de conquistar essa perfeição" (Fp 3.12). Portanto, prossigamos e realizemos o trabalho de mentoria conforme o nível de nossa obediência.

QUANDO POSSO COMEÇAR?

Você pode começar a mentorear em qualquer idade. Sempre há alguém com menos maturidade ou menos conhecimento que você. Não espere até ficar mais velha. Uma menina de 9 anos pode mentorear uma de 6 anos, ensinando-a a guardar os brinquedos e arrumar o quarto. Adolescentes podem ser excelentes modelos para meninas mais jovens. Mães de adolescentes podem ser de grande ajuda para mães de crianças pequenas, pois já passaram pelos primeiros anos da educação dos filhos. Os exemplos são intermináveis. Use os dons, os talentos e o conhecimento que você já tem para exercer impacto sobre a vida de outras pessoas.

Amigos, fiquem firmes comigo. Observem os que correm a mesma carreira e prosseguem para o mesmo alvo. Muita gente está tomando outros caminhos, escolhendo outros alvos e tentando levar vocês com eles. [...] Esperamos a vinda do Salvador, o Senhor Jesus Cristo, que [...] nos fará belos e perfeitos com o mesmo poder que deixa tudo como deve ser, em toda parte.

Filipenses 3.17,20-21, A Mensagem

Pois Deus está agindo em vocês, dando-lhes o desejo e o poder de realizarem aquilo que é do agrado dele.

Filipenses 2.13

COMO MENTOREAR

por Trina Titus Lozano

Continuem a praticar tudo que aprenderam e receberam de mim, tudo que ouviram de mim e me viram fazer. Então o Deus da paz estará com vocês.

Filipenses 4.9

COMO FORMAR VÍNCULOS

O amor ágape, incondicional, é a pedra angular dos relacionamentos de mentoria em que ambas as partes formam vínculos. Nada, a não ser amar o próximo como Deus nos instruiu, abre a porta do coração para deixar outra pessoa entrar. O amor ágape é a força mais poderosa do universo. Deus é a essência do amor ágape: revestido de humanidade, ele se entregou como dádiva a ser recebida por nós e oferecida a outros.

Todo relacionamento de mentoria tem como base esse tipo de amor sacrificial, comprometido, incondicional, não julgador e fiel. Esse amor transcende as circunstâncias e persiste apesar delas. Quando se sentem importantes, protegidas, seguras e aceitas exatamente como são, mesmo em seus piores momentos, as pessoas baixam a guarda e tornam-se vulneráveis. Nessa situação, têm condições de receber de você a dádiva do amor ágape e, no devido tempo, retribuir esse presente numa bela troca dentro de um relacionamento chegado e sólido, formado com amor.

Na página seguinte você encontrará uma lista descritiva que explica o que são relacionamentos de mentoria saudáveis e próximos.

RELACIONAMENTOS DE MENTORIA ENVOLVEM...

- Escolha sempre procurar o que é melhor para outra pessoa.
- Interação com transparência e vulnerabilidade.
- Uso de ocasiões propícias para aprendizado.
- Humildade: não ser presunçosa nem orgulhosa ao ensinar outras a seguirem sua direção como mentora.
- Oferta de hospitalidade e acolhimento às mulheres que você está mentoreando em sua casa e em sua vida com ações generosas, compassivas e atenciosas para amá-las e servi-las.
- Paciência: ter consciência de que somente Deus pode mudar o coração no tempo dele, à medida que a pessoa se abrir para a convicção do Espírito. Como diz minha filha Brooke: "O crescimento pessoal é algo pessoal". As mulheres que você mentorear precisam decidir quando estarão plenamente preparadas para aceitar mudanças. O amor é paciente. Espere!
- Preservação da privacidade pela manutenção da confidencialidade. A história dessas mulheres pertence a elas e deve ser compartilhada quando estiverem prontas. Enquanto isso, seja uma confidente digna de confiança.
- Amor da mentora pelas mulheres que ela mentoreia, amor que conquista a confiança necessária para formar esse relacionamento especial. O foco da mentoria é ajudar a mulher mais jovem a descobrir o prumo de Deus para os relacionamentos, a família e o lar. Relacionamentos de mentoria são uma fonte de bênção para quem dá e quem recebe. Qualquer um, não obstante idade ou experiência, pode se beneficiar desses encontros marcados por Deus. Esses relacionamentos são uma dádiva divina.

A ABORDAGEM

Seja você mesma. Deus quer tocar a vida de outras pessoas por meio da personalidade que ele lhe deu. Sua abordagem singular será definida pelas necessidades, pela personalidade, pela idade e pelas circunstâncias das mulheres mais jovens. Se estiver mentoreando uma mulher mais velha que você, certifique-se de mostrar o devido respeito. Se estiver mentoreando mulheres de diversas idades e contextos, deixe que aprendam umas com as outras. Em outras palavras,

Deus quer tocar a vida de outras pessoas por meio da personalidade que ele lhe deu.

Relacionamentos de mentoria são uma fonte de bênção para quem dá e para quem recebe.

não se preocupe em formar um grupo com mulheres de idade, etnia ou contexto semelhantes. A variedade tornará o grupo mais interessante. Algumas mentoras têm um estilo mais direto e, outras, mais indireto. Esteja disposta a adaptar sua abordagem de acordo com as necessidades do grupo. O uso constante da abordagem direta de dizer a outras como devem agir e viver pode parecer ofensiva e desagradável. Em vez disso, procure usar uma abordagem mais sensível, menos direta, sempre dando o exemplo das verdades que está ensinando. Um método prático, que envolva as participantes, funciona bem. Por vezes, trabalhar com uma pessoa de cada vez é mais eficaz que trabalhar com um grupo. No entanto, a mentoria de um grupo desenvolve comunidade e amizade de pessoas com afinidades, o que contribui para cada pessoa.

CONFIDENCIALIDADE

Quando uma mulher lhe contar um segredo, ore por sabedoria enquanto a ouve. Garanta que tudo o que ela disser será confidencial. Você não o passará adiante, nem mesmo para seu cônjuge ou sua amiga mais chegada. A confidencialidade só não deve ser mantida quando alguém corre perigo. Comportamentos suicidas e abusivos precisam ser comunicados às devidas autoridades. Nesses casos, você terá de pedir graça para contar um segredo a fim de ajudar a pessoa que está sofrendo abuso.

O TEMPO CERTO É FUNDAMENTAL

Haverá momentos em que você sentirá necessidade de exortar e corrigir "com autoridade" (Tt 2.15). Certifique-se, porém, de que está atenta à direção e ao tempo de Deus. Talvez você tenha razão naquilo que deseja dizer a alguém. No entanto, pode não ser o momento certo, e talvez sua exortação caia em ouvidos moucos e ofenda a pessoa ou cause distanciamento. Ao esperar pelo tempo perfeito de Deus, você permite que ele conduza o processo de mentoria e corrija no momento certo. Confie que o amor mudará o coração da pessoa.

NÃO EXISTEM MENTORAS PERFEITAS

Tome cuidado para não se comparar com outras pessoas. Não existem mentoras perfeitas. Não imagine que você precisa superar todas as suas falhas antes de poder mentorear outras pessoas. Relaxe! Confie na ajuda de Deus para aceitar a si mesma como você é. Lembre-se de que ele está trabalhando em você e que sua vida está sendo transformada de glória em glória.

Aprenda a rir de seus erros. Seja vulnerável e transparente. Tenha consciência de que outras mulheres observarão como você se relaciona com as pessoas, honra seu cônjuge, cuida de seus filhos, mantém sua casa arrumada e lida com inúmeras outras situações boas ou más. Ao observarem-na, não estão, necessariamente, julgando ou criticando. Em geral, essa observação tem por objetivo tentar encontrar maneiras de lidar melhor com as situações da vida delas. Estão aprendendo com você.

COMO MENTOREAR

APROPRIAÇÃO

Apresente instruções sábias com alegria, por meio de princípios bíblicos, e dê exemplo de sua aplicação. Mostre amor por todos. Em seguida, dê a cada mulher a oportunidade de escolher de quais princípios ela deseja se apropriar para sua vida. Esse estilo de ensino coloca a responsabilidade de mudança na pessoa que recebe o conhecimento, e não na mentora. Lembre-se de que você não tem poder para transformar a outra pessoa. Essa é uma tarefa que cabe a Deus.

Tanto a mentora como as mulheres que estão sendo mentoreadas são responsáveis por aquilo que ouviram. Não podem mais dizer: "Não conheço princípios bíblicos para uma vida saudável". Anime-se e perceba que não está só. Você dá o primeiro passo de fé e obediência. Deus a capacita. O apóstolo Paulo diz:

> *Trabalhem com afinco a sua salvação, obedecendo a Deus com reverência e temor. Pois Deus está agindo em vocês, dando-lhes o desejo e o poder de realizarem aquilo que é do agrado dele.*
> **Filipenses 2.12b-13**

O amor ágape é a força mais poderosa do universo.

EXPERIÊNCIA DO LAR | **269**

Faça aflorar os tesouros escondidos em outros.

ACREDITAMOS EM VOCÊ

O relacionamento de mentoria se fortalece à medida que acreditamos nas pessoas. Observei como meu pai, Larry Titus, comunicador talentoso, aplicou esse princípio para desenvolver diversas congregações numerosas. Ele não forma grandes igrejas por meio de estratégias; acredita nas pessoas. Sua abordagem é semelhante à de Jesus. Papai acredita que vidas são tocadas e o mundo é transformado ao construir relacionamentos pessoais.

A essência da mentoria consiste em amar o próximo e perceber que todos têm potencial. O amor contagiante de meus pais exerceu impacto sobre mais de oitenta pessoas que foram convidadas a participar de nossa família e morar em nossa casa. Ao longo de minha infância, os indivíduos que meus pais mentoreavam se tornaram como irmãs e irmãos mais velhos para meu irmão Aaron e eu.

Seguindo o exemplo de meus pais, meu marido e eu convidamos, ao todo, quase vinte jovens para morar em nossa casa e ser mentoreados diariamente por nós ao seguirmos Jesus, amarmos outros e termos uma vida cristã vitoriosa. Meu irmão, sua esposa e suas duas filhas fazem o mesmo. Essa prática da hospitalidade libera o poder do exemplo e a transmissão de bênção de uma geração para outra. Aliás, ao escrever a esse respeito, recordo-me de que os pais de mamãe também mentoreavam outros ao convidá-los a morar em sua casa.

Meus pais sempre gostaram de fazer aflorar os tesouros escondidos em outros. São apaixonados por mostrar às pessoas como melhorar sua qualidade de vida e como viver sem negatividade. "Seu pai me ensinou o poder do amor; ele ama as pessoas mais do que lhes dá respostas", diz minha mãe, Devi. Não é de admirar que ela seja a principal autora deste livro. Ela mentoreou milhares de mulheres por meio de seus cursos intensivos Experiência do Lar.

PASSOS PRÁTICOS

1. *Pense nas mulheres mais jovens em sua vida. Você tem dado um exemplo positivo para elas com sua vivência diária, suas palavras e suas ações?*
2. *Em que você pode melhorar como mentora?*
3. *Anote as qualidades que gostaria que outras pessoas vissem em você.*
4. *Ore e peça a Deus que lhe conceda essas qualidades em medida crescente.*

Se seu dom consistir em encorajar pessoas, encoraje-as. Se for o dom de contribuir, dê com generosidade.

Romanos 12.8

COMO ORGANIZAR UMA EXPERIÊNCIA DE MENTORIA NO LAR

Ajudem com prontidão. Estejam sempre dispostos a praticar a hospitalidade.

Romanos 12.12b-13

Os benefícios de organizar uma Experiência de Mentoria no Lar são imensos. Primeiro, convidar outras mulheres para participar dos sete encontros em sua casa a ajudará a permanecer firme nos princípios que aprendeu. Segundo, será uma oportunidade de compartilhar esse aprendizado com elas. A Experiência de Mentoria no Lar não apenas enriquecerá a vida de outras mulheres, mas também contribuirá grandemente para seu crescimento pessoal. Ao compartilhar o que tem aprendido, esse conhecimento se torna, de fato, parte de você.

A Experiência de Mentoria no Lar extrapola qualquer descrição. É uma reunião de mulheres que desejam obter sabedoria de você, a anfitriã, e umas das outras. Essa experiência que tem o lar como base incentivará mulheres de todas as idades a mudar hábitos, atitudes negativas e padrões destrutivos em si mesmas e em seu ambiente doméstico.

POR QUE MENTOREAR NO LAR?

O lar é o lugar ideal para esse treinamento, pois é um ambiente pessoal e porque a unção de Deus repousa sobre ele como seu lugar de amor pelas famílias. Quando a mentoria é realizada em sua casa, ela envolve os cinco sentidos: visão, paladar, toque, olfato e audição. As mulheres experimentam novas maneiras de ter um estilo de vida mais saudável. Em um contexto doméstico, mulheres que desejarem ver mudanças radicais em si mesmas e em seus lares receberão poder de Deus e serão motivadas a colocar em prática aquilo que experimentaram.

A mentoria no contexto de uma igreja ou de um curso externo não exerce o mesmo efeito transformador proporcionado pelo ambiente doméstico. Se você incorporar este material a um ministério com mulheres na igreja, será uma excelente introdução para um trabalho que poderá se tornar, posteriormente, a mentoria de um grupo no lar. A sinergia desse movimento e a transformação pessoal podem ser sentidas de modo mais intenso quando as mulheres se reúnem de casa em casa.

O TAMANHO DO GRUPO
Forme um grupo pequeno, de modo que caiba confortavelmente ao redor de sua mesa. Um grupo de três a oito mulheres geralmente funciona bem. Em vez de formar um grupo de mentoria grande, considere a possibilidade de formar dois grupos menores.

O CONTATO INICIAL
Faça contato com o pequeno grupo de mulheres que você se sentir impelida a convidar. Podem ser pessoas de diferentes contextos. Não se limite a uma só faixa etária. Ter variedade é uma boa experiência para todas.
Converse com cada mulher individualmente. Compartilhe com ela sua experiência de ser mentoreada. Explique em poucas palavras seus valores e como o ambiente de seu lar melhorou em decorrência desse treinamento.

O QUE DIZER
Incentive cada mulher a juntar-se a você nessa reorganização das prioridades de vida, a investir em si mesma, em sua família e em seu lar. Convide-a a reconstruir seus valores domésticos ao aprender novas aptidões e aprimorar aptidões já adquiridas. Compartilhe seu objetivo de tornar seu lar *um lugar de amor e um lugar de paz*. Diga que o tempo que passarem juntas será divertido, revigorante e animador.

RECURSOS
Mostre este livro para cada mulher. Diga que, para ter aproveitamento máximo, é recomendável que ela adquira o próprio exemplar.

Forme um grupo pequeno, de modo que caiba confortavelmente ao redor de sua mesa.

> Quando a mentoria é realizada em sua casa, ela envolve os cinco sentidos.

Este livro não foi criado para ser lido de uma vez só, mas para ser digerido lentamente, de modo que os princípios possam ser assimilados e praticados. Também é um livro de referência para ter por perto.

DEFINA DATA E HORÁRIO

Marque uma data e um horário para sua Experiência de Mentoria no Lar que sejam convenientes para todas as participantes. Reserve de três horas a três horas e meia para os encontros, que podem ser realizados todas as semanas ou a cada duas semanas. Reuniões quinzenais permitem que as mulheres tenham tempo de fazer ajustes no estilo de vida em seus lares e mantêm o entusiasmo para a reunião seguinte. Também é possível realizar reuniões mensais. Caso o grupo resolva reunir-se apenas uma vez por mês, mantenha contato com as participantes durante esse período.

Peça às participantes que sejam pontuais para os encontros. Deixe claro que devem avisar caso percebam que vão se atrasar. Esse é um ato simples de gentileza da parte delas. Evite atrasar o início da reunião quando alguém não chegar a tempo. É inconveniente para a anfitriã e para aquelas que se esforçaram para ser pontuais. Sempre demonstre respeito por todas as participantes ao terminar as reuniões no horário combinado.

ORE

Quer você conheça bem cada mulher, quer não, ore por ela antes dos encontros. Conte com o Espírito Santo para dirigi-la em orações expressivas. Deus conhece o coração de cada mulher e sabe do que ela precisa. Enquanto você ora por essas pessoas maravilhosas, Deus encherá seu coração com mais amor e compaixão por elas.

PLANEJE OS CARDÁPIOS

Escolha refeições saborosas, econômicas e fáceis de preparar. Planeje seu tempo com sabedoria, de modo a trabalhar sem pressa e sem desespero de última hora. É possível começar o preparo de muitas refeições com um dia ou mais de antecedência. Você também pode comprar comida pronta.

Em um dos encontros, pode ser interessante planejar uma demonstração prática de como cozinhar sem receita. Nesse caso, prepare a cozinha e os ingredientes necessários a fim de usar bem o tempo disponível.

A cada semana, você pode pedir que uma das participantes traga uma sobremesa feita em casa. Ela pode fazer sua receita predileta e trazer cópias da mesma para compartilhar com as outras participantes. A fim de experimentar vários tipos de refeição, você pode organizar um bufê, uma refeição ao redor da mesa, um *brunch*, um café da manhã especial, uma festa de fim de ano, um almoço com alimentos da estação ou um belo chá da tarde com pequenos sanduíches e guloseimas.

Não se sinta na obrigação de servir uma refeição a cada encontro. Se não houver planejado uma refeição, sirva bebidas e uma sobremesa, ou aperitivos leves.

COMPRE OS INGREDIENTES

Faça uma lista de todos os ingredientes necessários para sua refeição. Elabore o cardápio do lado esquerdo de uma folha de papel e anote todos os ingredientes do lado direito. Verifique nos armários quais ingredientes você já tem. Remova-os da lista. Em seguida, compre os alimentos não perecíveis com uma semana de antecedência. Outros itens como pães e frutas podem ser comprados na véspera. Agora, você está pronta para ir às compras.

O DIA DA EXPERIÊNCIA DE MENTORIA NO LAR

UM AMBIENTE DE PAZ

Para que essa empreitada seja bem-sucedida, é fundamental manter um ambiente tranquilo. Sem isso, não há unção de Deus. Ele é um Deus de ordem e paz. Ele nos concede sua paz e espera que andemos nela. Se você estiver correndo de um lado para o outro a fim de se preparar e se estiver sentindo-se estressada, essa atitude transparecerá para as pessoas que você receber.

Seguir um cronograma a ajudará a manter o foco e usar bem seu tempo. Ao planejar os encontros, sempre deixe margens adicionais de tempo. Se você perceber que não conseguirá fazer tudo o que havia planejado, concentre-se nas áreas mais importantes. É melhor fazer menos e manter a paz que tentar cumprir apressadamente tudo o que estava na agenda.

Espere o inesperado.

Uma das maneiras mais simples de evitar estresse é preparar tudo com bastante antecedência. Não se angustie nem se preocupe. Mantenha uma atitude positiva e louve a Deus quando as coisas não saírem como planejado. Espere o inesperado. Não permita que nada nem ninguém roubem sua paz.

PREPARE SUA CASA

O tamanho de sua casa não importa. Quer você more em uma quitinete com um cômodo só, quer more em uma casa grande e luxuosa, você pode preparar seu lar para o encontro de mentoria. Eis algumas dicas que talvez lhe sejam úteis.

Certifique-se de que a cozinha, a área de estar e de jantar e o banheiro estejam limpos e arrumados. Escolha a toalha ou jogo americano, os pratos e os copos que usará em sua mesa. Arrume a mesa antes de as participantes chegarem para o encontro. Torne-a especial com aquilo que você tiver. Não é preciso adquirir itens novos. Se tiver guardanapos de tecido, use-os em lugar de guardanapos de papel. Prepare a comida e as bebidas de antemão para que não precise gastar tempo na cozinha, longe das convidadas.

Se tiver filhos que requerem sua atenção, providencie para que fiquem na casa de amigos ou parentes durante o encontro. Esse também é um bom conselho para as participantes. Desse modo, você poderá concentrar todo o tempo e a atenção em suas convidadas.

PROGRAMA RECOMENDADO

Todos os encontros têm um programa recomendado para facilitar o planejamento de cada reunião da Experiência de Mentoria no Lar. Essas informações lhe darão diretrizes para cada reunião. Você também encontrará dicas práticas sobre vários assuntos, desde a recepção das convidadas até o encerramento da reunião no horário marcado.

Tenho certeza de que aquele que começou a boa obra em vocês irá completá-la até o dia em que Cristo Jesus voltar.

Filipenses 1.6

21
PROGRAMA DO CURSO EXPERIÊNCIA DE MENTORIA NO LAR

FACILITAMOS PARA VOCÊ

Fornecemos um programa para quem estiver interessada em organizar uma Experiência de Mentoria no Lar. O livro *Experiência do lar* é repleto de maneiras empolgantes de transformar o lar em *um lugar de amor e um lugar de paz*. Ao experimentar esses princípios bíblicos importantes para a mulher de hoje, você descobrirá como substituir hábitos negativos com escolhas que produzem vida.

Temos três propósitos:

1. *Mentorear você.*
2. *Fornecer recursos para que transforme seu lar.*
3. *Prepará-la para mentorear outras mulheres.*

UMA LACUNA A SER PREENCHIDA

Em todas as culturas, existe a necessidade de mulheres mais maduras que orientem e instruam as mais jovens sobre princípios do lar e aptidões relacionais básicas. Anos atrás, a maioria das mulheres adquiria da mãe, de uma avó, tia ou vizinha próxima virtuosa uma gama de conhecimentos que abrangia desde culinária até a capacidade de lidar com dificuldades.

Hoje em dia, esse tipo de transferência de conhecimento praticamente não existe mais. Devido a mudanças nas estruturas familiares, nos relacionamentos entre vizinhos e no mercado de trabalho, essas valiosas aptidões para a vida não estão sendo transmitidas de uma geração para a outra. Esperamos que este livro ajude a preencher essa lacuna.

COMO FUNCIONA?

Você será responsável por mentorear um grupo em encontros chamados Experiência de Mentoria no Lar. Esse grupo se constituirá de uma mentora, das participantes e de uma equipe para ajudar a mentora. Cada encontro em sua casa será dividido em duas partes principais. A primeira parte, chamada *um lugar de amor*, explica um princípio bíblico profundo e perene. A segunda parte, chamada u*m lugar de paz*, oferece aplicações práticas com o intuito de desenvolver aptidões valiosas para a vida.

Mais adiante neste capítulo, fornecemos a descrição dos programas para sete encontros. A mentora experiente tem a opção de ajustar os programas dos encontros, desde que os princípios não sejam comprometidos.

UM ENCONTRO DE EXPERIÊNCIA DE MENTORIA NO LAR

Tenha a expectativa de que cada encontro será estimulante. Não fique ansiosa nem nervosa com seu novo papel como mentora. Diga para si mesma de antemão que estará aberta para aquilo que Deus tem para você nessa nova experiência. Se desejar, sirva bebidas, petiscos ou uma refeição nos encontros. Avise as participantes sobre o que será servido.

Cabe a cada mentora definir a frequência e duração dos encontros. Sugerimos que se reúnam a cada duas semanas. Assim, as participantes terão tempo de praticar o que estão aprendendo, mas o curso não perderá fluência.

> *Em todas as culturas, existe a necessidade de mulheres mais maduras que orientem e instruam as mais jovens sobre princípios do lar e aptidões relacionais básicas.*

CRIE UM AMBIENTE SEGURO

A verdadeira mudança na vida de uma pessoa acontece em um ambiente de amor e aceitação. Durante os encontros da Experiência de Mentoria no Lar não se deve pedir que as mulheres compartilhem nada muito pessoal. É uma *experiência de mentoria no lar*, e não um tempo de aconselhamento pessoal. Como mentora, é seu trabalho ajudar a criar um ambiente em que as participantes se sintam seguras, amadas e encorajadas.

Esse ambiente seguro é criado ao instruir todos no mesmo nível. Por exemplo, talvez alguém no grupo seja uma autoridade em etiqueta à mesa ou em organização da casa. A mentora, no entanto, deve partir do pressuposto de que as participantes não sabem coisa alguma sobre esses assuntos. Desse modo, ninguém se sentirá constrangida ou pressionada.

PRATIQUE O QUE OUVIR

A maneira mais fácil de explicar como nossos lares serão revolucionados é seguir passagens conhecidas da Bíblia. Jesus escolheu a casa como ilustração vívida em que contrasta um construtor insensato e um construtor sábio. Ambos tiveram oportunidade de ouvir a verdade, mas apenas o sábio escolheu colocá-la em prática.

> *"Quem **ouve** minhas palavras **e as pratica** é tão sábio como a pessoa que constrói sua casa sobre uma rocha firme. Quando vierem as chuvas e as inundações, e os ventos castigarem a casa, ela não cairá, pois foi construída sobre rocha firme."*
>
> Mateus 7.24-25, grifo nosso

Observe que um lar saudável é construído por aqueles que não apenas ouvem as palavras de Jesus, mas as colocam em prática nas interações diárias. A obediência a Deus é o alicerce para um ambiente doméstico tranquilo e amoroso. Gostaria de desafiá-la com as seguintes palavras: assuma hoje mesmo o compromisso de colocar em prática os princípios maravilhosos que você recebeu neste livro. Não deixe que aconteça com você o que aconteceu com o construtor insensato.

> *"Mas quem **ouve** meu ensino e **não o pratica** é tão tolo como a pessoa que constrói sua casa sobre a areia. Quando vierem as chuvas e as inundações e os ventos castigarem a casa, ela cairá com grande estrondo."*
>
> Mateus 7.26-27, grifo nosso

Entenda que é melhor não saber essas verdades e permanecer ignorante do plano de Deus do que ouvi-las e não obedecer-lhes. Estabeleça o objetivo, como construtora sábia de seu lar, de praticar continuamente aquilo que você está aprendendo.

> *A mulher sábia edifica o lar, mas a insensata o destrói com as próprias mãos.*
>
> **Provérbios 14.1**

SEJA PACIENTE CONSIGO E COM OUTRAS PESSOAS

A experiência interativa de mentoria tem por objetivo encorajar tanto a mentora como as mentoreadas. Com paciência, deixe espaço para tentativas e erros. Tudo o que vale a pena ser feito exige tempo e esforço. Guarde-se de desânimo e angústia. O poder de Deus a levará até o fim dessa experiência transformadora.

> *Tenho certeza de que aquele que começou a boa obra em vocês irá completá-la até o dia em que Cristo Jesus voltar.*
>
> **Filipenses 1.6**

Uma Experiência de Mentoria no Lar com Sete Encontros

A seguir, apresentamos os programas recomendados para você usar ao convidar outras mulheres para uma Experiência de Mentoria no Lar. Esses programas são exatamente isto: uma recomendação. Fique à vontade para ajustá-los e adaptá-los conforme sua preferência pessoal. Você também encontrará disponíveis *on-line* guias de estudo que podem ser baixados gratuitamente. Imprima um por pessoa e distribua-os em cada encontro.

Veja nossos recursos no final do livro.

PRIMEIRO ENCONTRO
PROGRAMA RECOMENDADO

RESERVE TRÊS HORAS E QUINZE MINUTOS PARA ESTE ENCONTRO

15 minutos	Saudações e apresentação
60 minutos	Uma refeição juntas (opcional)*
	Capítulo 13: "Etiqueta — um valor de gentileza"

UM LUGAR DE AMOR

45 minutos	Capítulo 1: "A dignidade e santidade do lar"
30 minutos	Discussão

UM LUGAR DE PAZ

30 minutos	Capítulo 14: "Decoração — destaque com iluminação"
15 minutos	Encerramento

PRIMEIRO PASSO: 15 MINUTOS — SAUDAÇÕES E APRESENTAÇÃO

Receba cada convidada à porta com entusiasmo. Leve-as até a sala de estar para a apresentação. Em poucas palavras, diga o que *Experiência do lar* significou para você e explique por que as convidou para esse encontro. Comente que terão a oportunidade de transformar seus lares.

Diga que, embora elas já possam ter amplo conhecimento em algumas áreas, você ensinará todas como se fossem iniciantes. Desse modo, todas poderão receber instrução desde o nível mais básico e ninguém se sentirá inadequada. Explique também que vocês aprenderão por meio dos cinco sentidos: paladar, toque, olfato, visão e audição.

Faça um quebra-gelo para as convidadas conhecerem umas às outras. Eis um que usamos na Casa Titus. Cada mulher diz o nome e um adjetivo que comece com a primeira letra do nome.

A palavra escolhida deve descrever algo positivo a respeito dela. Por exemplo: Cristina Compassiva, Aline Amorosa, Thaís Tranquila. A mulher seguinte começa repetindo os adjetivos e nomes das mulheres anteriores. Em seguida, diz o próprio nome e adjetivo. Deixe claro que não é um teste. Permita que todas ajudem e veja quão rapidamente conseguem lembrar os nomes umas das outras.

SEGUNDO PASSO: 60 MINUTOS – REFEIÇÃO À MESA

Peça que todas deixem o telefone celular em um local longe da mesa. Se alguém desejar fotografar a mesa antes da refeição, dê instruções e tempo para fazê-lo antes de se acomodarem.

Compartilhar uma refeição promove união e fortalece relacionamentos. Uma refeição informal, em estilo bufê, é uma excelente maneira de começar. Se as participantes não conhecem umas às outras, use a primeira parte da refeição para entrosamento. Peça que cada uma compartilhe em poucas palavras algo a respeito de si mesma, como estado civil, idade dos filhos e vocação.

> *Se suas condições financeiras permitirem, prepare uma refeição para as participantes. Caso não seja possível, eis algumas opções para considerar:*
> - *Divida o preparo e os custos da refeição com outra mulher.*
> - *Ofereça bebidas e uma sobremesa.*
> - *Ofereça alguns aperitivos saudáveis.*

INSTRUÇÃO À MESA: CAPÍTULO 13 — ETIQUETA

Compartilhe com as participantes alguns dos detalhes importantes do capítulo 13, "Etiqueta — um valor de gentileza". Você pode fazê-lo durante a refeição ou ao servir a sobremesa. As participantes não precisam estar com seus livros durante esse tempo.

UM LUGAR DE AMOR

TERCEIRO PASSO: 45 MINUTOS — CAPÍTULO 1

Passem para a sala de estar. A mentora pode falar sobre os princípios apresentados no capítulo 1, "A dignidade e santidade do lar".

QUARTO PASSO: 30 MINUTOS — DISCUSSÃO

Permita um tempo curto para que as participantes comentem sobre "a dignidade e santidade do lar". Lembre-se de manter o foco e não ultrapassar o período definido.

Espere o inesperado

UM LUGAR DE PAZ

QUINTO PASSO: 30 MINUTOS — DEMONSTRAÇÃO DE APTIDÕES DOMÉSTICAS CRIATIVAS

A seção "organização da casa" deste livro oferece sugestões práticas para realçar a beleza de sua casa. Você pode escolher usar o material do capítulo 14, seção "Destaque com iluminação", que descreve como usar iluminação para criar climas diferentes.

Algumas outras opções são: decoração da casa, decoração da porta de entrada, arrumação de um cômodo, organização de um armário ou de um quarto de criança, dicas de culinária, dicas de limpeza, decoração para festas, como fazer compras de forma econômica, uso de ervas e temperos, como fazer cortinas para as janelas.

Sem dúvida, você conhece alguma pessoa disposta a fazer uma demonstração rápida em uma das áreas mencionadas acima. Não imagine que você precisa ter aptidão em todas essas áreas. Dê um descanso para si mesma e envolva outras mulheres criativas e que gostam de compartilhar seus talentos.

SEXTO PASSO: 15 MINUTOS — ENCERRAMENTO

Informe a data do próximo encontro. Peça às participantes que leiam o capítulo 2, "O Princípio da Mesa". Lembre-as de trazer o livro e a Bíblia a cada encontro. Termine com um sorriso, um abraço e um agradecimento por terem vindo.

Encerre no horário combinado. Não incentive as participantes a ficarem muito tempo depois que o encontro terminar. Essa é uma cortesia importante para suas convidadas e as famílias delas e para sua família também.

SEGUNDO ENCONTRO
PROGRAMA RECOMENDADO

RESERVE TRÊS HORAS PARA ESTE ENCONTRO

10 minutos   Saudações

UM LUGAR DE AMOR

60 minutos   Capítulo 2: "O Princípio da Mesa"
15 minutos   Discussão
45 minutos   Refeição informal

UM LUGAR DE PAZ

15 minutos   Capítulo 13: "Etiqueta — um valor de gentileza"
25 minutos   Capítulo 10: "Organização da casa — um valor de paz"
10 minutos   Encerramento

PRIMEIRO PASSO: 10 MINUTOS — SAUDAÇÕES

Receba cada convidada à porta com entusiasmo.

UM LUGAR DE AMOR

SEGUNDO PASSO: 60 MINUTOS — CAPÍTULO 2

Passem para a sala de estar. Conversem sobre os princípios apresentados no capítulo 2: "O Princípio da Mesa".

TERCEIRO PASSO: 15 MINUTOS — DISCUSSÃO

Em seguida, reserve algum tempo para discutir o tema.

QUARTO PASSO: 45 MINUTOS — REFEIÇÃO

Essa refeição pode ser um *brunch* ou almoço informal, servido em estilo bufê. Não desejamos que você transforme "O Princípio da Mesa" em uma prática rígida e legalista segundo a qual é obrigatório sempre fazer uma refeição à mesa. Portanto, depois de ensinar "O Princípio da

Mesa", pode ser proveitoso que as participantes se sirvam da refeição e levem o prato para a sala de estar.

UM LUGAR DE PAZ

QUINTO PASSO: 15 MINUTOS — CAPÍTULO 13

Depois da refeição, conversem sobre como preparar-se para receber convidados e hóspedes em casa e arrumar a mesa. Essas informações podem ser encontradas no capítulo 13, "Etiqueta — um valor de gentileza".

SEXTO PASSO: 25 MINUTOS — CAPÍTULO 10

Peça às participantes que abram o livro no capítulo 10, "Organização da casa — um valor de paz". Use esse tempo para ir de cômodo em cômodo e mostrar como você organizou partes específicas de sua casa. Não se sinta na obrigação de mostrar todas as partes da casa. Apenas escolha aquelas que você deseja usar como ilustração. Você pode, por exemplo, começar pela cozinha, mostrando uma gaveta, um armário ou a dispensa. Em seguida, passe para a área de serviço, um quarto ou um armário.

SÉTIMO PASSO: 10 MINUTOS — ENCERRAMENTO

Informe a data do próximo encontro. Peça às participantes que leiam o capítulo 5, "O Princípio da Honra". Lembre-as de trazer o livro e a Bíblia a cada encontro. Termine com um sorriso, um abraço e um agradecimento por terem vindo. Encerre no horário combinado.

TERCEIRO ENCONTRO
PROGRAMA RECOMENDADO

RESERVE TRÊS HORAS PARA ESTE ENCONTRO

10 minutos	Saudações
60 minutos	Uma refeição à mesa ou uma sobremesa

UM LUGAR DE AMOR

60 minutos	Capítulo 5: "O Princípio da Honra"
30 minutos	Discussão

UM LUGAR DE PAZ

25 minutos	Capítulo 11: "Limpeza — um valor de gratidão"
Capítulo 12:	"Hospitalidade — um valor de serviço"
10 minutos	Encerramento

PRIMEIRO PASSO: 10 MINUTOS — SAUDAÇÕES

Receba cada convidada à porta com entusiasmo. Leve-as para a mesa.

SEGUNDO PASSO: 60 MINUTOS — REFEIÇÃO

Arrume a mesa antes de as participantes chegarem. Você pode servir em estilo informal, em que as travessas de alimento são colocadas na mesa. Se escolher esse estilo, explique a regra de passar as travessas para a direita. Você também pode preparar os pratos individuais na cozinha e trazê-los para a mesa depois que todas as convidadas estiverem acomodadas.

UM LUGAR DE AMOR

TERCEIRO PASSO: 60 MINUTOS — CAPÍTULO 5

Passem para a sala de estar. A mentora pode falar sobre os princípios apresentados no capítulo 5, "O Princípio da Honra". Se as participantes forem casadas, focalize especialmente "honrar o marido".

QUARTO PASSO: 30 MINUTOS — DISCUSSÃO E ORAÇÃO

Reserve tempo para uma discussão positiva. Gosto de orar pelos relacionamentos entre marido e esposa representados no encontro.

UM LUGAR DE PAZ

QUINTO PASSO: 25 MINUTOS — CAPÍTULO 11

Peça às participantes que abram o livro no capítulo 11, "Limpeza — um valor de gratidão". Trate rapidamente de alguns procedimentos de limpeza. Compartilhe dicas específicas de limpeza que funcionam para você. Algumas participantes talvez queiram acrescentar suas dicas também. Seja criativa. Essa parte pode ser apresentada como uma breve demonstração.

SEXTO PASSO: CAPÍTULO 12

Se possível, apresente o capítulo 12, "Hospitalidade — um valor de serviço", em outra parte da casa.

SÉTIMO PASSO: 10 MINUTOS — ENCERRAMENTO

Informe a data do próximo encontro. Peça às participantes que leiam o capítulo 3, "O Princípio do Também". Termine com um sorriso, um abraço e um agradecimento por terem vindo. Encerre no horário combinado.

QUARTO ENCONTRO
PROGRAMA RECOMENDADO

RESERVE TRÊS HORAS E QUINZE MINUTOS PARA ESTE ENCONTRO

10 minutos	Saudações

UM LUGAR DE PAZ

60 minutos	Capítulo 15: "Cozinhar sem receita" — demonstração
45 minutos	Refeição
15 minutos	Discussão

UM LUGAR DE AMOR

45 minutos	Capítulo 3: "O Princípio do Também"
15 minutos	Discussão
5 minutos	Encerramento

PRIMEIRO PASSO: 10 MINUTOS — SAUDAÇÕES

Receba cada convidada à frente com entusiasmo. Leve-as para a cozinha.

UM LUGAR DE PAZ

SEGUNDO PASSO: 60 MINUTOS — CAPÍTULO 15

Arrume a mesa antes de as participantes chegarem. Cada participante pode fazer o prato na cozinha e levá-lo para a mesa.

Apresente uma demonstração de como "Cozinhar sem receita". Mostre para as participantes como preparar uma refeição sem receita. Essa refeição precisa ser preparada em, no máximo, 30 minutos. Escolha algo que você se sinta à vontade de cozinhar e servir.

Antes de as participantes chegarem, prepare a cozinha para facilitar essa demonstração. Tenha à mão todos os utensílios e ingredientes necessários. Qualquer preparação como cortar cebolas ou marinar carne deve ser feita com antecedência. Explique o que você está fazendo. Não pressuponha que todas saibam como cozinhar. Durante a demonstração, forneça algumas dicas práticas de culinária. Essa demonstração pode ser feita por você mesma ou por alguém que você conheça.

TERCEIRO PASSO: 45 MINUTOS — REFEIÇÃO E DISCUSSÃO DO CAPÍTULO 15

Durante a refeição ou logo em seguida, fale sobre dicas de culinária. Se tiver pouco tempo, essa discussão pode ser eliminada. É possível que você já tenha apresentado algumas dicas durante a demonstração. Lembre-se de que seguir o horário o máximo possível é um ato de gentileza.

UM LUGAR DE AMOR

QUARTO PASSO: 60 MINUTOS — CAPÍTULO 3

Passem para a sala de estar. A mentora tratará dos princípios do capítulo 3, "O Princípio do Também".

QUINTO PASSO: 15 MINUTOS — DISCUSSÃO

Reserve tempo para discutir o que as participantes extraíram do capítulo 3. Lembre-se de manter-se dentro do horário.

SEXTO PASSO: 5 MINUTOS — ENCERRAMENTO

Informe a data do próximo encontro. Peça às participantes que leiam o capítulo 4, "O Princípio de Usar O Que Você Tem", e o capítulo 9, "Administração de prioridades — um valor de ordem". Termine com um sorriso, um abraço e um agradecimento por terem vindo. Lembre-se de demonstrar cortesia encerrando no horário combinado.

QUINTO ENCONTRO
PROGRAMA RECOMENDADO

RESERVE TRÊS HORAS PARA ESTE ENCONTRO
10 minutos   Saudações
60 minutos   Jantar formal

UM LUGAR DE PAZ
45 minutos   Capítulo 9: "Administração de prioridades"
10 minutos   Discussão

UM LUGAR DE AMOR
45 minutos   Capítulo 4: "O Princípio de Usar O Que Você Tem"
10 minutos   Encerramento

PRIMEIRO PASSO: 10 MINUTOS — SAUDAÇÕES
Receba cada convidada à porta com entusiasmo. Leve-as para a mesa.

SEGUNDO PASSO: 60 MINUTOS — JANTAR FORMAL
Você pode pedir que alguém de fora do grupo a ajude a preparar e servir esta refeição e fazer a arrumação depois. Use luzes e música suave para criar um clima agradável. Arrume a mesa antes de as participantes chegarem. Use o que tiver para enfeitar a mesa de forma atraente. Você pode ter à mesa água gelada e velas prontas para acender nessa ocasião especial. O prato de cada convidada pode ser preparado na cozinha e servido à mesa depois que todas tiverem se acomodado.

UM LUGAR DE PAZ

TERCEIRO PASSO: CAPÍTULO 13
Durante a refeição apresente algumas dicas importantes sobre como arrumar corretamente a mesa e servir a refeição, usando como referência o capítulo 13, "Etiqueta — um valor de gentileza". Lembre-se de nunca trazer o livro para a mesa a fim de apresentar instruções a menos

que todas tenham terminado e os pratos e utensílios tenham sido removidos. Livros, telefones e outros itens nunca devem ser colocados sobre a mesa durante a refeição.

QUARTO PASSO: 45 MINUTOS — CAPÍTULO 9

Passem para a sala de estar. A mentora pode falar sobre os princípios apresentados no capítulo 9, "Administração de prioridades".

QUINTO PASSO: 10 MINUTOS — DISCUSSÃO

Depois de apresentar o capítulo 9, reserve algum tempo para discussão.

UM LUGAR DE AMOR

QUINTO PASSO: 45 MINUTOS — CAPÍTULO 4

Peça às participantes que abram o livro no capítulo 4, "O Princípio do de Usar O Que Você Tem". Se desejar, mostre maneiras pelas quais você usou o que tem. Reserve algum tempo para discussão.

SEXTO PASSO: 10 MINUTOS — ENCERRAMENTO

Informe a data do próximo encontro. Pode ser interessante planejar um chá da tarde para a próxima reunião. Nesse caso, informe as participantes para que não esperem uma refeição completa. Lembre-as de ler o capítulo 7, "Dinâmicas de personalidade", e o capítulo 8, "Resolução de conflitos familiares". Termine com um sorriso, um abraço e um agradecimento por terem vindo.

A EXPERIÊNCIA DE MENTORIA NO LAR

SEXTO ENCONTRO
PROGRAMA RECOMENDADO

RESERVE TRÊS HORAS E QUINZE MINUTOS PARA ESTE ENCONTRO

10 minutos   Saudações

Um lugar de amor
60 minutos   Capítulo 7: "Dinâmicas de personalidade"
45 minutos   Chá da tarde
45 minutos   Capítulo 8: "Resolução de conflitos familiares"
15 minutos   Discussão

UM LUGAR DE PAZ
15 minutos   Capítulo 14: "Decoração — um valor de beleza"
5 minutos   Encerramento

PRIMEIRO PASSO: 10 MINUTOS — SAUDAÇÕES

Receba cada convidada à porta com entusiasmo, um sorriso e um abraço. Leve-as para a sala de estar.

UM LUGAR DE AMOR

SEGUNDO PASSO: 60 MINUTOS — CAPÍTULO 7

Na sala de estar, a mentora fala sobre o capítulo 7, "Dinâmicas de personalidade". Reserve algum tempo para discussão depois da apresentação.

TERCEIRO PASSO: 45 MINUTOS — CHÁ DA TARDE

Um chá da tarde é uma excelente maneira de proporcionar charme e beleza para as mulheres que você mentoreia. Torne-o tão elegante quanto desejar. Use o que tiver para deixar a mesa atraente.
As xícaras de chá, os pratos pequenos, as bandejas e outros itens não precisam combinar.

Velas, luz suave e música de fundo tornarão o ambiente mais agradável. Arrume a mesa e deixe tudo pronto antes de as participantes chegarem. Se desejar, peça que alguém de fora do grupo a ajude a servir e fazer a arrumação depois.

O que servir em um chá da tarde? Ele pode incluir uma variedade de sanduíches delicados com recheio de pepino, ovos, presunto e patê de atum. Você também pode servir massas folhadas e *petit-fours*. Um chá não tradicional pode ter biscoitos caseiros, bolo ou outra sobremesa. Qualquer que seja o cardápio, lembre-se de que a melhor parte é a comunhão afetuosa e a conversa.

QUARTO PASSO: 45 MINUTOS — CAPÍTULO 8

Passem à sala de estar para a apresentação do capítulo 8, "Resolução de conflitos familiares". Reserve tempo para discussão depois da apresentação.

UM LUGAR DE PAZ

QUINTO PASSO: 15 MINUTOS — CAPÍTULO 14

Divirta-se com o capítulo 14, "Decoração — um valor de beleza", ao criar uma demonstração. Coloque em prática o "Princípio do de Usar O Que Você Tem". Prepare-se com antecedência e apresente algo prático, fácil de fazer e divertido!

SEXTO PASSO: 5 MINUTOS — ENCERRAMENTO

Informe a data do último encontro. Essa reunião não incluirá uma refeição. Lembre as participantes de comerem antes de vir e sirva apenas um lanche leve ou uma sobremesa. Peça que leiam o capítulo 16, *"A revolução da mentoria no lar"*, e o capítulo 17, "Transmita os princípios", antes do próximo encontro. Aquelas que desejarem organizar uma Experiência de Mentoria no Lar também devem ler o capítulo 18. Para o encontro final, precisarão trazer o livro e a Bíblia. Esse encontro será muito especial e a presença de todas é importante, pois terá um tempo de oração e impetração de bênção.

SÉTIMO ENCONTRO
PROGRAMA RECOMENDADO

RESERVE TRÊS HORAS PARA ESTE ENCONTRO
Esta será sua última reunião, e será bem diferente das anteriores. Seu propósito é conversar, adorar juntas e orar umas pelas outras. Será um tempo especial para todas as participantes.

10 minutos		Saudações

UM LUGAR DE AMOR
30 minutos		Capítulos 16-17: "A revolução da mentoria no lar" e "Transmita os princípios"
30 minutos		Sobremesa e bebidas

UM LUGAR DE PAZ
50 minutos		O final
30 minutos		Oração e impetração de bênção
10 minutos		Encerramento

PRIMEIRO PASSO: 10 MINUTOS — SAUDAÇÕES
Receba cada convidada na porta da frente com entusiasmo, um sorriso e um abraço. Leve-as para a sala de estar ou jantar para esse tempo final em grupo.

UM LUGAR DE AMOR

SEGUNDO PASSO: 30 MINUTOS— COMISSIONAMENTO PARA TRANSMITIR OS PRINCÍPIOS
Apresente os capítulos 16 e 17, "A revolução da mentoria no lar" e "Transmita os princípios", e explique a ordem para transmitir o que aprenderam a outras mulheres e à geração seguinte. Leia Tito 2.3-5 e converse sobre o motivo pelo qual essa passagem é tão importante. Ajude as participantes a entender que fazem parte de uma grande revolução para transformar lares em toda parte. Elas ingressaram nessa revolução de revelação para restaurar a dignidade e santidade do lar.

TERCEIRO PASSO: 30 MINUTOS — SOBREMESA E BEBIDAS

Sirva a comida à mesa ou na sala de estar. Esse é um momento para edificar pessoalmente umas às outras e dizer a suas novas amigas como são singulares e especiais. Certifique-se de que todas trocaram as informações necessárias para que possam manter contato umas com as outras. Informe-as, ainda, como tornar-se parte de nossa comunidade ao visitar <https://pt.homeexperience.global>.

UM LUGAR DE PAZ

QUARTO PASSO: 50 MINUTOS — O FINAL

O propósito do último encontro é enviar cada amiga maravilhosa para casa com uma comissão e uma bênção. Comissione-a a transmitir os princípios a outros. Faça uma oração de bênção por mais revelação para ela em todos os aspectos da vida.

Depois de um tempo de confraternização ao redor dos alimentos, leve-as para a sala de estar. As cadeiras devem estar arrumadas em círculo para que cada pessoa esteja visível para as demais. Explique o que foi planejado para esse tempo, de modo que saibam o que esperar e fiquem à vontade. Diga que o encontro final terá quatro partes:

- *Adoração com a Palavra*
- *Meditação*
- *Declaração pessoal*
- *Impetração de bênção*

PRIMEIRO: ADORAÇÃO COM A PALAVRA

O propósito dessa experiência é voltar o foco para o Senhor por meio da leitura e meditação de versículos específicos da Bíblia. Entregue uma passagem a cada participante. Como você observará, são textos que exaltam a Cristo em toda a sua majestade e em todo o seu poder. Não faça comentários nem apresente nenhum ensino depois da leitura. Deixe que as passagens bíblicas falem por si mesmas. Os versículos são:

- *Salmos 97.1-6*
- *Isaías 6.1-4*
- *2Samuel 22.7-14*
- *Apocalipse 1.12-18*
- *Apocalipse 4.1-11*
- *Apocalipse 5.6-14*
- *Apocalipse 7.9-12*
- *Colossenses 1.9-20*

Dê alguns minutos para que cada participante faça uma leitura silenciosa de sua passagem. Os versículos devem ser lidos na sequência indicada acima. Em seguida, peça que cada uma leia sua passagem em voz alta, começando com a referência. Quando uma pessoa tiver terminado, a seguinte deve começar a ler a próxima passagem. Desse modo, a leitura se parecerá com uma única voz contínua. Terminada a leitura, coloque em volume baixo uma música suave de louvor e adoração para o tempo de meditação.

SEGUNDO: MEDITAÇÃO E ADORAÇÃO

Deixe que as participantes se acomodem confortavelmente, em clima de meditação, e ouçam as palavras das canções que você selecionou. Dê espaço para que cada uma adore à sua maneira. Algumas talvez queiram permanecer sentadas, outras talvez queiram ficar em pé, ajoelhar-se, levantar as mãos, cantar, curvar-se ou usar outras expressões bíblicas de adoração.

Esclareça que este não é o momento de pedir algo para Deus. É um tempo para exaltar o Senhor por quem ele é e por aquilo que ele fez em sua vida. É um tempo para entregar a ele velhos hábitos e alinhar o coração com um padrão mais elevado de obediência em seu lar.

TERCEIRO: DECLARAÇÃO PESSOAL

Você pode deixar música de fundo suave enquanto cada participante compartilha o que a Experiência de Mentoria no Lar significou para ela. Três a cinco minutos por pessoa devem ser mais que suficiente. Fique atenta para o tempo, de modo que todas possam compartilhar. Você pode explicar que usará um cronômetro e pedir que respeitem o limite de tempo.

Defina o foco desse compartilhamento com duas perguntas:

1. O que esta Experiência de Mentoria no Lar significou para você, pessoalmente?
2. Que princípio ou que encontro exerceu maior impacto? Por quê?

QUARTO: ORAÇÃO

Aumente o volume da música de fundo e comecem a orar umas pelas outras. Desse modo, haverá mais privacidade. Orem por:

- *Poder do Espírito Santo na vida de cada uma a fim de obedecer em todas as áreas.*
- *Paz de Deus que excede todo entendimento.*
- *Coragem para sujeitar-se à Palavra de Deus.*
- *Sabedoria e amor de Deus permeando toda a sua vida e todos os seus relacionamentos.*

Leia em voz alta a seguinte oração sobre todas as participantes de seu grupo:

Obrigada, Senhor, pelo poder de tua Palavra. Peço a ti, ó Deus, que concedas a minhas amigas coragem para aplicar todos os princípios que aprenderam durante nosso tempo juntas. Cerca-as com teu amor e com tua paz; fortalece-as para que guardem o amor e a paz de seus lares. Enche-as com tua alegria ao fazerem novas escolhas todos os dias. Abençoa cada pessoa que elas influenciarem com sua vida. Que elas façam o bem, e não o mal, todos os dias de sua vida.

Oro em nome de Jesus. Amém.

BÊNÇÃO FINAL DA MENTORA

Pronuncie esta bênção sobre as participantes ao encerrar o encontro. Abaixo você encontrará um exemplo do que incluir. Ore e deixe que o Espírito Santo a guie. Faça contato visual com cada uma das presentes ao ler a bênção.

Eu a comissiono e a abençoo para que seja uma guardiã de seu lar. Eu a envio com uma percepção maior de responsabilidade, com uma compreensão mais elevada do valor de seu lar como auxílio para formar o coração humano. Não tenha medo. Confie no amor — o amor de Deus por seu intermédio — para mudar seu coração e o coração das pessoas mais próximas de você.

PASSAGEM BÍBLICA DE ENCERRAMENTO

Não vivam preocupados com coisa alguma; em vez disso, orem a Deus pedindo aquilo de que precisam e agradecendo-lhe por tudo que ele já fez. Então vocês experimentarão a paz de Deus, que excede todo entendimento e que guardará seu coração e sua mente em Cristo Jesus.

Filipenses 4.6-7

QUINTO PASSO: 10 MINUTOS — DESPEDIDA

Despeça-se de suas amigas com amor. Acompanhe-as até a porta e dê um abraço. Mantenha contato com elas para incentivá-las em seus novos compromissos com as verdades aprendidas e os padrões elevados durante a Experiência de Mentoria no Lar.

UMA NOTA DA DEVI

Talvez você tenha observado que o capítulo 6, "Relacionamentos entre pais e filhos", não foi incluído no plano dos sete encontros recomendados. Dependendo da idade e da situação familiar das participantes de seu grupo, pode ser proveitoso incluir esse capítulo.

Sugiro que acrescente uma reunião, seguindo o plano de um encontro anterior. Nos segmentos práticos, você pode demonstrar como organizar os brinquedos e os armários e gavetas das crianças, ou como administrar a agenda do adolescente, dependendo do que for relevante para as famílias das participantes.

Encontros sobre educação de filhos exigem mais tempo. Tendo em vista a natureza complexa do tema, pode-se focalizar apenas o conteúdo do capítulo, seguido de uma discussão e de oração.

Agora, portanto, com Deus como nossa testemunha, e diante de todo o Israel, a comunidade do SENHOR, eu lhes digo: tenham o cuidado de obedecer a todos os mandamentos do SENHOR, seu Deus, para que continuem a possuir esta boa terra e a deixem para seus filhos como herança permanente.

1Crônicas 28.8

" *Devi Titus é amiga de nossa família e de nosso ministério há mais de 25 anos. Cremos de todo o coração em sua missão de restaurar a dignidade e santidade do lar. Lois e eu, e também nossa família e aqueles que influenciamos, fomos tocados pessoalmente por sua revelação bíblica a respeito do lar. Temos certeza de que você também será.*

*Drs. Lois e Tony Evans
Oak Cliff Bible Fellowship
The Urban Alternative — Dallas, Texas*

" *Experiência do lar é um dos livros mais importantes que li. Influenciou a trajetória de minhas escolhas como esposa, mãe, dona de casa e mulher como poucos outros recursos. Os princípios que Devi Titus compartilha trarão renovação e revigoramento até aos lugares mais áridos e desolados, não apenas no lar, mas no coração humano.
Adquira este livro. Leia-o. Coloque em prática seus princípios do modo mais coerente e intencional possível.*

*Priscilla Shirer
Professora de estudos bíblicos e autora
— Dallas, Texas*

" *Ao longo da última década, usamos Experiência do lar em nossa igreja para ensinar as mulheres sobre a importância de nortear a vida conforme princípios bíblicos e ter experiências à mesa com a família. Em seu novo texto expandido, Devi nos lembra do poder e da beleza de tornar nossa casa um lugar de amor e paz e de compartilhar refeições ao redor da mesa com nossos entes queridos.*

*Prs. Debbie e Robert Morris
Pastores titulares fundadores da Gateway Church e autores de
obras best-sellers — Southlake, Texas*

" *Devi Titus exerceu grande impacto sobre as mulheres de meu país, o Brasil. Dedicou mais de sete anos a viagens, congressos e relacionamentos que resultaram em uma verdadeira revolução contracultural. Experiência do lar é uma excelente forma de dar continuidade a sua sabedoria. É uma imensa alegria ver que Trina Titus Lozano participou dessa edição! Seu testemunho e suas aptidões como conselheira familiar são extraordinários!*

*Ana Paula Valadão Bessa
Cantora, palestrante e autora
Ministério Diante do Trono — Belo Horizonte, Minas Gerais*

" Devi Titus nos ofereceu soluções para o maior setor em crise na sociedade: a família! Este livro precisa ser lido por todos os pais e todas as mães de nosso país e por aqueles que têm uma família que necessita de cura.

Dra. Cindy Jacobs
Autora e palestrante
Generals International — Dallas, Texas

" Devi Titus é uma mulher de extrema importância em minha jornada. Com clareza e sabedoria, ela aborda as questões da poderosa influência feminina no lar e compartilha sua ampla experiência, instruindo diferentes gerações por meio desta ferramenta maravilhosa que é o livro Experiência do lar. Mais que um livro, um estudo necessário para mulheres que buscam a excelência.

Helena Tannure
Pastora, conferencista, cantora e escritora
— Belo Horizonte, Minas Gerais

" Não tenho dúvidas de que o aprendizado obtido com este livro mudou positivamente o curso da minha vida, família e ministério. Reconhecer e praticar os princípios bíblicos ensinados aqui é receita certa de sucesso. Agradeço muito a Deus pela sabedoria que foi dada por ele à Devi Titus, autora desta obra, e também por ver o legado dela estabelecido na vida de sua filha Trina. Meu desejo é ver essa mensagem conhecida por todos os povos.

Laudjane Veloso
Pastora e conferencista
Igreja Batista Filadélfia de Taguatinga — Distrito Federal

" Devi tem sido um presente de Deus pra nossa nação. O que ela tem compartilhado conosco por meio de seus ensinamentos representa um tesouro de valor incalculável, um verdadeiro legado de mãe para filhas. E quantas filhas! Eu sou uma delas. Também tenho comido desse pão quentinho do céu, bebido dessa água fresca, deitado nesse colo e participado de sua mesa. Vivi a experiência do lar com minhas amigas, e foi incrível! A primeira edição deste livro já foi um descortinar de segredos de Deus pra nós. A segunda edição, que conta com a colaboração da sua filha Trina está ainda melhor. Unção dobrada!

Eyshila
Cantora, pastora e compositora
— Fortaleza, Ceará

" *Devi Titus dominou a arte do lar. Em vez de nos ensinar a ter casas dignas de Pinterest, ela nos reorienta para os valores bíblicos e relacionais de nossos lares. Ela é um exemplo brilhante do poder transformador de Cristo honrando mulheres. Eu recomendo fortemente o seu livro e seu ministério!*

Donna Gaines
Autora, fundadora e presidente do ARISE2Read
Bellevue Baptist Church — Memphis, Tennessee

" *Eu aprendi com, presenteei e compartilhei este livro diversas vezes! Agora, estou ansiosa pela nova oportunidade de aprender e compartilhar mais uma vez a nova* Experiência do Lar*!*

Jenna Floyd
Avó, autora e sobrevivente do câncer
Cross Church — Fayetteville, Arkansas

" *O coração de uma mulher é atraído pela beleza, mas muitas vezes caímos na mentira de que deixamos a desejar e que nunca seremos boas o suficiente. O livro de Devi,* Experiência do Lar*, desmantela essa mentira e a substitui pela verdade. Você é suficiente e tem tudo o que precisa para dar beleza, amor e cuidado àqueles que estão próximos a você. Este lindo livro é mais do que meras palavras, é uma esperança viva para a mulher que deseja ser tudo aquilo que ela foi criada para ser.*

Becky Hennesy
Pastora auxiliar e professora
Trinity Church — Cedar Hill, Texas

" *Devi Titus tem dedicado sua vida a ensinar aos outros como ter uma empolgante vida em família. A sabedoria prática e poderosa de Devi está profundamente enraizada em princípios bíblicos e são fundamentados em sua própria experiência. Esta nova edição de* Experiência do Lar *terá um impacto marcante no modo como as mulheres veem seus lares e as preparará para influenciar significativamente as futuras gerações.*

Chrystal Evans Hurst
Professora de estudo bíblicos e autora — Dallas, Texas

> *Devi Titus é um amor de pessoa que eu tive o privilégio de conhecer. Seu amor pelo lar, pela família e por adicionar beleza a tudo é contagiante! Aproveite este livro incrível!*
>
> Holly Wagner
> Autora, pastora e fundadora do GodChicks
> Oasis Church — Los Angeles, Califórnia

> *A dinâmica do tempo em família mudou nos últimos dez anos, e muitos estão sofrendo com isso. Estou tão emocionada em saber que Devi está lançando esta nova edição de Experiência do Lar para desafiar o comodismo e iluminar o desconhecido! Vi em minha própria família a importância de dedicar tempo para tornar o lar um lugar de paz por meio de princípios divinos que nunca mudam.*
>
> Joni Lamb
> Cofundadora, autora e palestrante
> Daystar Television Network — Dallas, Texas

> *Quando preciso de um belo livro que fale sobre lar, eu sempre procuro algum que tenha sido escrito por Devi Titus. Este livro é o que eu preciso para transformar o meu lar em um lugar de amor e paz para minha grande família. Aprecie cuidadosamente cada página e veja se você não se sente eloquente, relaxada e acalentada enquanto prepara o ambiente familiar para um poderoso legado de beleza e amor em sua casa!*
>
> Thelma Wells (Mama T)
> Palestrante, autora e mentora
> A Woman of God Ministries — Dallas, Texas

> *Fico extremamente feliz em saber que Devi Titus está relançando seu livro clássico, Experiência do Lar. Este livro é biblicamente forte, cheio de ideias divertidas, práticas e criativas, além de ser simplesmente lindo! O título já diz tudo: o lar cristão deveria ser o lugar de florescimento humano, e Devi e sua filha, Trina, nos mostram como isso pode acontecer. Um livro que toda mulher deveria ter!*
>
> Susie Hawkins
> Professora de estudos bíblicos, autora e palestrante
> — Dallas, Texas

> *Devi Titus alcançou o coração das mulheres de uma maneira lindamente artística e graciosa — o modo como ela desenvolve sua premissa sábia e verdadeira: "O lar é onde o coração se forma". Nossos lares, nossa cultura e nosso país serão transformados se seguirmos suas ideias a respeito da importância de priorizar o lar, o coração e a hospitalidade. Assim como Tito, Devi levou a sério a missão que Deus lhe deu. Sua vontade de ensinar o que é bom — com clareza, simplicidade e beleza — tem o poder de guiar, ajudar e curar muitos lares.*
>
> *Nancy Schulze*
> *Palestrante, fundadora do Congressional Wives Speakers e cofundadora do American Prayer Initiative*
> *— Washington D.C.*

> *Vivemos em um tempo em que a casa, como ambiente seguro e pacífico para crescimento e desenvolvimento, foi esquecida e desvalorizada. Em seu livro, Experiência do Lar, Devi Titus está elevando a dignidade e a importância do lar. Neste livro, ela fornece informações e orientações práticas para tornar o lar no ambiente que Deus pretendia quando estabeleceu a família, e essa instrução não poderia ser mais importante e oportuna para os dias atuais. Um livro com ensinos que todos deveriam aprender e aplicar em seus lares!*
>
> *Jan & Tom Lane*
> *Apostolic Ministries*
> *Gateway Church — Southlake, Texas*

RECURSOS ADICIONAIS

Nossos recursos influenciam vidas e fortalecem homens e mulheres para que façam escolhas mais sábias.

Adquira os livros

- *Experiência do lar*, Devi Titus e Trina Titus Lozano
- *Experiência da mesa*, Devi Titus
- *Teleios, o homem completo*, Larry Titus
- *Liderando como Jesus*, Larry Titus
- *Ele diz, ela diz*, Devi e Larry Titus

PT.HOMEEXPERIENCE.GLOBAL

- *Calendário de eventos: Trina Titus Lozano*
- *Participe de um curso de mentoria intensivo na Casa Titus com Trina*
- *Mais informações sobre os grupos de Experiência de Mentoria no Lar*
  Como iniciar grupos de Experiência de Mentoria no Lar em sua casa, igreja local ou comunidade.
- *Compartilhe sua história*
  Mais informações sobre como se tornar parte de uma comunidade mundial para restaurar a dignidade e a santidade do lar.
- *Adquira o curso online de mentoria do Lar com Devi Titus e Trina Titus Lozano*
- *Faça o download gratuito do Guia de Estudo Experiência do Lar por Trina Titus Lozano*

 @experienciadolar.oficial
 @homeexperienceglobal
 @homeexperience.global

 @trina_titus_lozano
 @trinatituslozano
 @TrinaTitusLozano

 @devitituslegacy
 @devititus
 @devititus

MEMORIAL

Devorah Nell Titus

Devora Nell Titus, esposa amada de Larry Titus por 58 anos e fundadora do ministério Experiência do Lar, faleceu em 28 de dezembro de 2022, aos 75 anos, de câncer de endométrio. "Devi" estava com seu marido, sua mãe e sua filha quando faleceu serenamente em casa, em Grapevine, Texas.

Alguém disse a seu respeito: "Você não apenas se encontra com Devi... você a vivencia!".

Devi era uma mulher EXTRAORDINÁRIA, de absoluta excelência. Vivenciá-la era amá-la.

Devorah Nell Walker, filha de Moffitt e Oleta Walker, nasceu em 12 de fevereiro de 1947 em Salinas, Califórnia, e viveu a plena expressão da mulher de Provérbios 31. A mais nova de dois filhos, cresceu em um lar cristão, onde seus pais e avós lhe ensinaram a Palavra de Deus. Contou com exemplos ao seu redor da importância de ter uma vida de integridade, caráter impecável, forte ética de trabalho, fé prática e abnegada devoção a outros. Ainda jovem, Devi aceitou Jesus Cristo como seu Senhor e Salvador. Aos 13 anos, apaixonou-se e começou a sonhar em ser esposa de um jovem pastor chamado Larry Titus, com quem ela se casou quatro anos depois. Dedicou-se fielmente, de todo o coração, a servir a Jesus no lar, como esposa de pastor e como missionária.

Devi Titus foi renomada palestrante internacional e autora. Sua grande paixão era restaurar a dignidade e a santidade do lar, na forma que homens e mulheres pensam sobre o lar em relação ao coração humano, usando para isso o segundo capítulo da epístola de Tito. Devi fundou a Mansão de Mentoria e, por meio desse programa, recebeu mais de 1.300 mulheres na casa da família Titus por períodos de quatro dias. Esses cursos intensivos deram origem a milhares de Grupos Experiência do Lar, que se reúnem em diversos países com o propósito de restaurar o amor e a paz no lar. Sua mensagem central era "O Princípio da Mesa" e a importância deste na formação de relacionamentos mais profundos e repletos de significado. A citação mais conhecida de Devi é: "Lar é onde o coração é formado".

O livro *Experiência do lar* é sua dádiva para o mundo e representa o trabalho realizado por ela ao longo da vida. Além dele, Devi escreveu vários outros livros que propagam sua mensagem e que foram publicados em três idiomas: inglês, espanhol e português. Ela falou a milhões de pessoas, transformou corações e exerceu forte impacto em famílias ao redor do mundo. Devi tinha especial carinho pelo Brasil.

Em 1978, Devi fundou a premiada revista *Virtue*. Participou de vários conselhos e foi CEO do Kingdom Global Ministries (KGM), organização sem fins lucrativos cujo propósito é conectar e desenvolver indivíduos pra que cumpram sua missão de vida. Atualmente, a KGM atua em quarenta países.

Ela deixa seu marido, Larry Titus, sua mãe, Oleta Walker, seu irmão, Noel Walker, dois filhos, Trina Titus Lozano e Aaron Titus, seis netos e doze bisnetos.

Devi foi uma corajosa desbravadora. Glamorosa, sofisticada e criativa, ela amava a vida e a viveu plenamente até o fim. Seu último conselho para sua família, quatro dias antes de ir para seu lar celestial, foi: "Tornem cada dia especial". E foi o que ela fez!

12 DE FEVEREIRO DE 1947 — 28 DE DEZEMBRO DE 2022

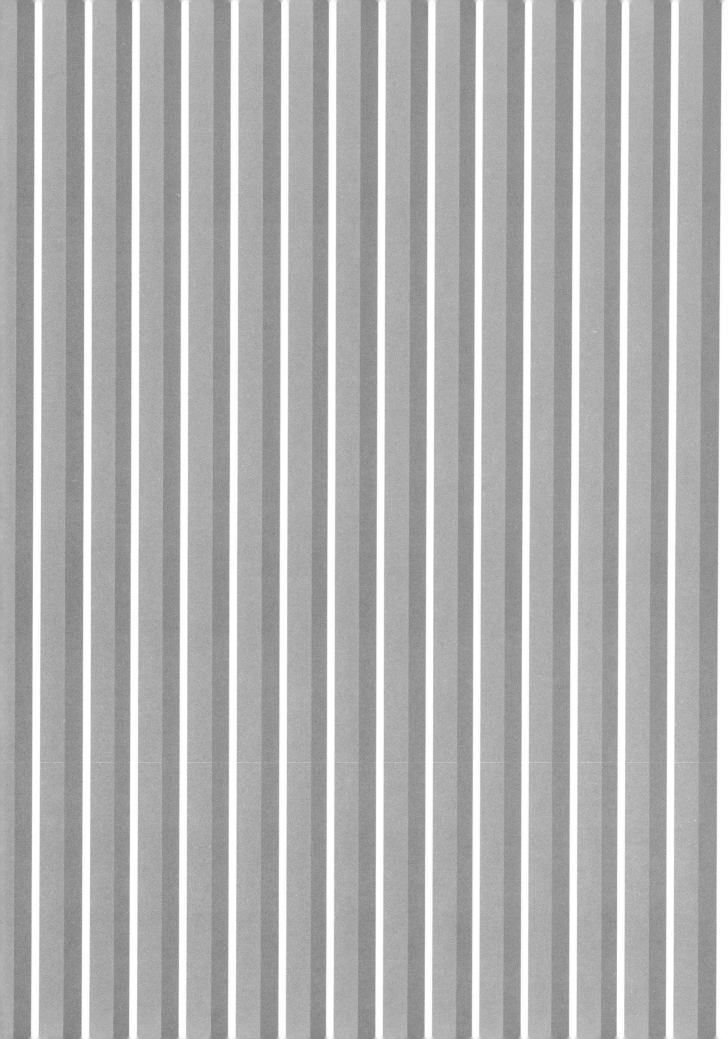